AF414733

Al rescate
de los VALORES

Frente a la influencia del postmodernismo

Dr. Luis A. Gómez Chávez

Índice

Agradecimiento

Después de un largo tiempo de investigar, predicar y enseñar acerca del tema de los valores, quiero expresar agradecimiento sincero a Dios por darme el privilegio de servirle a través de este medio. Y como en los dos primeros libros, agradezco a mi esposa y a mis hijos, por ser parte de este tercer proyecto literario al ofrecerme toda su comprensión y apoyo.

Agradezco con toda el alma a las personas amadas que dedicaron mucho tiempo a la revisión y corrección del manuscrito, y que además hicieran valiosas y positivas observaciones y sugerencias. Ellos son, mi amado hermano biológico, Lic. Isaú Jesús Chávez Gómez, Coordinador Regional de Canales para América Latina y el Caribe. Agradezco a la Licenciada en Teología, Martha de Berberián, escritora y editora de muchos libros en Guatemala. Además, agradezco a Emmanuel Méndez por la última revisión y edición.

Una nota de agradecimiento a mis amados hermanos de Iglesia Bíblica Peniel y a Mansfield Bible Church en Español quienes han servido de motivación, escenario, e inspiración para enseñar, predicar y escribir sobre los valores. Dios bendiga a todos, a todos los cristianos del Continente Americano, a todos los cristianos del mundo, a quienes insto a ser parte de este movimiento, ***rescate de valores***.

Dedicatoria

Dedico este libro a Dios, a mi amada esposa Loida, a mis tres hijos, Raúl Antonio, Samantha Cecilia y Luis Josué, quienes son mi inspiración y motivación; y finalmente, no con menos aprecio, importancia y admiración, a todos los pastores, maestros y misioneros alrededor del mundo.

Filipenses 4:8-9
A *Jesús, el pastor por excelencia.*

Introducción

He pasado muchas noches sin poder dormir ni un solo minuto por estar pensando en la realidad de nuestra sociedad a nivel mundial, pero específicamente en la de este país donde estoy viviendo, Estados Unidos de América, el cual se ha convertido desde hace unos 8 años en mi segunda nación. Estoy desilusionado de los dirigentes de la república, del gobernador del estado, de los senadores y congresistas del país, quienes por intereses políticos han traicionado la confianza de más de 60 millones de cristianos, y de otra gran cantidad de personas que, aunque no son cristianos, son defensores de los valores tradicionales y conservadores que sostienen a esta sociedad y que contribuyen para una generación con valores, con una ética justa y recta. Mi mayor desilusión es por los evangélicos que nos hemos quedado callados pudiendo hacer mucho para detener el avance del pluralismo, modernismo, secularismo, liberalismo, y del postmodernismo siendo que representamos casi el 20% de la población mundial. En Estados Unidos, los cristianos representamos el 25%[1] de toda la población, porcentaje suficiente para luchar por detener esta avalancha.

La sociedad de los Estados Unidos en los últimos 25 años ha experimentado una erosión de valores sin precedente.[2] La erosión o pérdida de valores va desde la falta de respeto a Dios hasta la permisión sin escrúpulo de la libre producción, venta y uso de marihuana en más de 16 estados de la nación, la prohibición de prácticas religiosas, la permisión de prácticas diabólicas,[3] y el colmo de todo, la más reciente orden del expresidente de Los Estados Unidos, Barak Obama de perseguir a los cristianos que abogan por la familia tradicional. Esto ha llevado al señor Russell Moore, presidente del Comité de Ética y Libertad Religiosa de los Bautistas, a dar las siguientes conclusiones, "hay un 'colapso de

1 Ideas to implementation to impact, Leadership Network www.leadnet.org, 2013.

2 Bill Bright, *El avivamiento que viene*, Editorial Unilit, Miami, Florida: 1996.

3 Revista, Fuerza Latina Cristiana. EE. UU: ESCUELAS QUIEREN UNA NAVIDAD SIN JESÚS, Monday, 25 November 2013.

valores bíblicos' que está en curso y la responsabilidad de los líderes evangélicos es que han dejado de predicar el Evangelio y de luchar por los valores tradicionales", en su discurso inaugural, desafió a los cristianos a recuperar la voz profética de la Iglesia, a partir de una transformación interna para no perder de vista su misión central. Estoy totalmente anonadado con lo que está sucediendo en este gran país, llamado la primera potencia del mundo. El país anhelado por muchos (as) alrededor del mundo, el país del cual se sentían orgullosos los ancestros, pero ahora, hombres como Billy Graham, y otros están avergonzados por la inmoralidad y el libertinaje en que está.

Un reciente documento revela la orden emitida por el expresidente de Los Estados Unidos, Obama de perseguir a los cristianos Profamilia, provida, y Tea party. El señor Obama considera que estos grupos son una amenaza para la nación, por lo cual todo militar que apoye a estos grupos podría ser castigado por el código de justicia. **Todd Starnes**, quien firma la información de Fox, habló personalmente con un soldado (que no da su nombre por temor a represalias) que el pasado 17 de octubre estuvo presente en un adoctrinamiento de media hora a cargo de **un agente de contrainteligencia** que señaló que organizaciones como **Christian Coalition of America, Ciprofam Internacional, American Family Association, entre otros son un grupo cristiano de defensa de la familia, que están destrozando el país.** [4] **Esto unido a la felicitación del mismo presidente al Estado de Hawái por la aprobación del matrimonio entre personas del**

4   Para leer todo el artículo, en www.agencialavoz.blogspot.com. **Dr. José Linares Cerón: Es una verdadera lástima que el presidente Obama ha dado la orden de adoctrinar a los militares para perseguir a las Profamilia.** El periodista de Fox recuerda en cualquier caso que el pasado mes de abril se conoció un informe reservado del Ejército que **consideraba al catolicismo y al cristianismo evangélico como "extremismo religioso".** Y hace solo dos semanas, a varias docenas de comandos que se entrenaban en Camp Shelby (Mississippi), se les dijo que las organizaciones Profamilia debía ser considerada como un "**grupo de odio**" porque defiende los valores familiares tradicionales. Según el citado Perkins, él mismo también antiguo marine, la única explicación a esta sucesión de hechos que el Pentágono considera aislados y no oficiales es "el **deliberado intento por parte de la Administración Obama de intimidar** y apartar a los militares de los grupos cristianos a los que apoyan o que les apoyan". Ya es hora, concluyó, de que el Pentágono "se

mismo sexo, donde textualmente dijo que esas decisiones hacen más fuerte la sociedad. Es una contradicción de la verdad y de la realidad. Estados Unidos, cada día es menos fuerte, menos saludable, menos respetuoso, menos equitativo, y menos moral, etc.

Gobernantes de este país y de muchos otros venden o cambian sus convicciones o sus valores con tanta facilidad traicionando a las personas que les dieron sus votos en apoyo en las elecciones. "Papi", me dijo mi hijo Raúl en las pasadas elecciones de Estados Unidos, nuevamente, "yo voté por el partido independiente porque ninguno de los dos me garantiza que velarán por los valores, ni me inspiran confianza". Estoy desilusionado con aquellos congresistas, senadores, gobernadores y otras autoridades federales y estatales de este gran país que, con tal de mantenerse en sus puestos, venden los valores que dan identidad a la nación. Permitir los matrimonios del mismo sexo es ir en contra del propósito de Dios, traicionar la herencia de los ancestros, no tomar en cuenta a las personas que buena dirección habían dado a la sociedad por muchos años. Finalmente, es como pasar sobre muchos de nosotros que creemos y defendemos los buenos valores abusando de la autoridad que Dios les ha delegado para hacer el bien y corregir al que hace el mal.

Yo represento la voz de millones que están en contra de la dirección liberal que se está dando a esta nación de Los Estados Unidos de América y consecuentemente en muchos otros países. Se toma como modelo este país, porque el mundo entero tiene su mirada puesta en esta nación, en el mal uso de la tolerancia, libertinaje, y en los movimientos liberales y los promotores de la ética situacional. Es por ello por lo que, con mi corazón apesadumbrado, quiero dar un grito de convocación al mundo entero, pero específicamente al pueblo de Dios, para que nos unamos para rescatar los valores fundamentales, tradicionales y conservadores sobre los cuales se establece una sociedad sana, saludable

---

asegure de que los instructores, en vez de impulsar la **propaganda anticristiana**, forman a nuestras tropas para defender nuestra libertad". 11-23-13.

y próspera.

Los valores se enseñan, se modelan y este esfuerzo comienza en el hogar, luego en la escuela, y la Iglesia hace su parte, pero cuando nos unimos todos, el rescate es mayor. Si estamos juntos somos más fuertes y si estamos unidos y en acuerdo somos mejores y vencedores. Es hora de que los cristianos nos unamos, que los gobernantes sean conscientes de que es necesario reevaluar la manera en que están gobernando, y que todos los habitantes reconozcamos que podemos mejorar si tan solo volvemos a nuestras raíces. El valor de la familia, el respeto, la educación, el amor, la integridad, la autenticidad, el perdón, y el valor de la formación integral son unos pocos de los muchos valores que necesitamos rescatar como prioridad antes que ya sea tarde.

La Agenda Universal de las Naciones Unidas Post 2015 es: 1) No dejar a nadie atrás 2) Colocar el desarrollo sostenible en el centro, 3) Transformar la economía para empleos y crecimiento inclusivo, 4) Construir paz e instituciones eficaces, abiertas y responsables para todos y 5) Forjar una nueva alianza mundial.[5] No dice nada de rescatar los valores morales, espirituales y cívicos, al contrario, con la tendencia liberal solo está impulsando la corriente postmoderna. Necesitamos formar un frente fuerte para detener la avalancha liberal y desproporcionada de la sociedad postmoderna que últimamente la ONU con un plan clandestino pretende hacer desaparecer iglesias cristianas. A continuación, daré una parte de las intenciones de la ONU.

La ONU dice: que se convertirá en religión mundial para imponer leyes humanitarias, no espirituales, para que el mundo no esté sujeto a la doctrina cristiana para que no puedan imponer sus leyes espirituales. La ONU declara que sus principios y declaraciones sirvan como religión mundial para tomar el dominio de la humanidad. En su proyecto ID 2020 dicen que es obligatorio acorralar a los cristianos para dividir sus creencias y fe, no pueden

---

5 Ponencia presentada por Esaú Chávez.

seguir ganando más vida para su doctrina cristiana, hay que quitarle poder a la iglesia. Los cristianos cometen un crimen contra la igualdad de género prohibiendo sus derechos humanos, son enemigos de la humanidad, este proyecto fue declarado en el año 2000, y comenzó a aplicarse en el 2006 de forma parcial y para darle uso total en el 2020 como ley de derechos igualitarios. Según la ONU o Futura Religión Mundial, los cristianos quieren adoctrinar a los grupos LGBT para quitarle sus derechos y se conviertan a ellos para renunciar a sus derechos. Dicen que es una discriminación a su ideología, que los cristianos no permiten el aborto ni el divorcio porque sus leyes se lo prohíben y no aceptan la poligamia, entre otros males y esto violenta sus derechos, según la ONU.[6]

Siempre hay algo más detrás del carácter

El tiempo que estamos viviendo requiere de personas con carácter no solo para decir lo que creen sino para defenderlo con autoridad, convicción y seguridad. Hacer esto, presupone disposición y conocimiento de que puede traer consecuencias inmediatas, pues es una lucha contra las fuerzas del mal. Querámoslo o no, cuando las autoridades que han sido puestas por Dios no reconocen a Dios, estas obedecen a otro dios, al príncipe de este siglo, a Satanás. Por consiguiente, enfrentar a aquellos que se oponen a Dios, al mensaje de Dios, al mensaje de la Palabra, están siguiendo las instrucciones del enemigo de Dios, Satanás.[7] De manera que cuando resistimos a las autoridades legítimamente ba-

6   ¡ALERTA, ALERTA, IGLESIA! LLEGÓ EL TIEMPO. LA ONU SE DECLARA ENEMIGA DE LA IGLESIA. Tomado de la página de facebook de J Hernan Medina Mariño, Emisora Bajo la Unción.

7   Alternativos Cl. Las noticias que hacen pensar, publicado en noticias el 4 de febrero, 2014, 4:07 pm.

sados en la Biblia, de hecho, hemos de saber que esto nos traerá consecuencias.

En el caso de los discípulos de Jesús, en Hechos 5:29-31, Pedro tomando la Palabra ante la limitación de no permitirles hablar del evangelio de Cristo, dijo, que no podían desobedecer a Dios por obedecer a las autoridades. Hacer esto era como poner fuego en un tanque de gasolina, pero lo hizo con carácter porque estaba seguro, y tenía la convicción de que en estos casos lo prioritario es obedecer a Dios antes que a las autoridades. Es por esta razón que misioneros, pastores, maestros en ciertas ocasiones violan las leyes, las desobedecen porque la orden superior, la de Dios, es predicar el evangelio a toda criatura, y si alguna autoridad se opone a esto, podemos desobedecerla. Claro está, hacer esto conlleva un costo, ser arrestado, castigado, con todo, como los amigos de Daniel que prefirieron ser lanzados al horno de fuego, antes que desobedecer a Dios (Daniel 3), nosotros debemos estar dispuestos a esto también.

Mis amados colegas, consiervos, hermanos en Cristo, y lectores en general, no sé que tanto carácter tienes para defender lo que crees aun cuando esté tu vida en medio del fuego cruzado. Cuando se está convencido de algo, de que ese algo es la verdad, y que esa es la verdad que nos ha sido encomendada por Dios, debemos estar dispuestos hasta morir para que se cumpla. Jesús nos dijo, ***vayan por todo el mundo y den a conocer a Dios, díganles a las personas que Jesús murió en la cruz por los pecados de ellos, para darles oportunidad que, por creer en él, puedan ser librados de la muerte eterna.*** Es por obediencia, convicción y amor que muchos misioneros sabedores que por hacer esto pueden hasta morir, han llevado Biblias clandestinamente a países donde no es permitida la entrada de estas. Es por ello por lo que hombres y mujeres a costa de sus vidas están evangelizando clandestinamente a personas en países como Marruecos, Jordania, Pakistán, Afganistán, Turquía, China, India, Indonesia, Cuba, etc. ¡Pido un aplauso para estos siervos fieles de Dios!

También, es tiempo que nosotros los cristianos tengamos el valor, el carácter y la determinación de defender los valores eternos que Dios ha plasmado en la Biblia. Ejemplo: que el matrimonio es solo entre un hombre y una mujer, que la clonación está en contra de la soberanía de Dios, que la eutanasia, eugenesia y el aborto, son decisiones que retan la autoridad de Dios y que los divorcios es un invento humano, un fracaso que no agrada a Dios. Por consiguiente, debemos defender estos valores apoyados en las enmiendas de la constitución que nos confiere el derecho de expresarnos libremente y defender lo que creemos. Somos más de 2 mil millones de cristianos en el mundo, suficientes como para que seamos escuchados, y aunque fuéramos menos, Dios nos respalda como respaldó a David en contra de Goliat, él está con nosotros, solo que requiere valor y convicción. Ressell More, en su discurso inaugural de la Convención Bautista del Sur hizo el siguiente llamado:

> Para Moore, los creyentes de la Biblia están cada vez más obligados a aceptar los dictados de los líderes de la nación. Lo que alivia la presión sobre ellos, pero les hace olvidar que fueron "llamados a ser testigos fieles" y que "pertenecen a otra esfera".

> En su discurso, señaló que la llamada "guerra cultural", se está perdiendo cada vez más por las iglesias que aceptan los valores del mundo, absorbiendo el discurso materialista y haciendo caso omiso de lo que debería ser una "minoría profética".

> Él fue enfático: "Ahora tenemos la oportunidad de deshacernos de los viejos nominalismos obsoletos… la oportunidad de escapar de las teologías de izquierda [la liberación] y de derecha [bienestar]… y volver a preocuparnos por ser la Iglesia de Jesucristo".

El líder bautista denunció que "el cristianismo nominal, meramente cultural, ha incorporado a Jesús el discurso capitalista. Usted puede tener todo lo que siempre quiso". Por último, lamentó que la iglesia de hoy está de acuerdo con permisividades, idea en que en un siglo sería impensable, como el sexo prematrimonial, el divorcio, la cohabitación y la prostitución. Y los temores de que el aborto y la homosexualidad sean pronto también incorporados y aceptados. Llamó a la iglesia a seguir más de cerca la palabra del Señor Jesús, estar dispuesto a dar, si es necesario, la vida porque "La misión está anclada a la cruz".[8]

La sociedad en que vivimos necesita la sal de los cristianos, la luz de la Iglesia de Cristo, la sabiduría para tomar mejores decisiones en los gobiernos, en los gabinetes, en los congresos, en los senados, y en las gubernaturas. Necesitamos tener el valor y el carácter de Daniel y sus amigos, de Juan el Bautista, de Pedro, de los apóstoles, y de Pablo que se enfrentaron a las autoridades cuando estas procuraban violentar u oponerse a la voluntad de Dios. Nuestro gran Dios es mayor que todos, y ningún gobierno puede vencerlo, pero somos nosotros los ojos de Dios, la boca de Dios, las manos de Dios y los pies de Dios, y por nosotros Dios se está dando a conocer. No nos avergoncemos de llamarnos cristianos, pero no solo lo digamos, sino defendamos lo que creemos, vivamos lo que enseñamos y eso significa estar dispuestos hasta dar la vida para que la verdad de Dios prevalezca. Porque el que quiera ganar la vida la perderá (Juan 12:25-26).

Vamos, defiende lo que crees, pues de lo contrario no estás seguro en lo que crees. Felicito a los costarricenses por defender los derechos por el bienestar de la familia.

Bajo un intenso sol y vestidos de blanco, evangélicos

---

8   Tom Strode, *Russell Moore, en investidura, enraíza la misión de ERLC de proclamar el evangelio*, www.baptistpress.com

y católicos se unieron para preservar a la familia «conforme al diseño de Dios», es decir, hombre y mujer. Además, mostraron su oposición a la fecundación in vitro, el matrimonio entre personas del mismo sexo y el aborto. Douglas Altamirano, regidor municipal y líder del movimiento, dijo que no fue la 'marcha del odio', sino la marcha por la familia, y agregó que convocarán a nuevas manifestaciones.[9]

También felicito al Presidente Ruso, Vladimir Putin quien el 4 de febrero reprendió a Estados Unidos por haber abandonado los valores tradicionales. Literalmente dijo:

Muchos países euroatlánticos, se han alejado de sus raíces incluyendo los valores cristianos. Las políticas que se están llevando a cabo en estos lugares al poner en el mismo nivel las familias con hijos y una asociación de personas del mismo sexo o al poner al mismo nivel una fe en Dios y una creencia en Satanás. Este es el camino de la degradación.[10]

El comentarista de Alternativos Cl. Las noticias que hacen pensar prosiguieron contando lo que el presidente ruso dijo.

Estados Unidos ha renunciado a Dios y está adorando a Satanás y como consecuencia, está siendo conducido a la degradación y a un caótico oscurantismo. Putin también retrató a Rusia como una firme defensora de los valores tradicionales en contra de lo que él describe como la bancarrota moral de Occidente. Según Putin, el conservadurismo social y religioso es una forma de evitar que el mundo caiga en una caótica oscuridad. Sin embargo,

---

9   Comentario en vivo de Radio monumental.

10   Alternativos Cl. Las noticias que hacen pensar, publicado en noticias el 4 de febrero, 2014, 4:07 pm.

aún hay esperanza con la decisión de la ONU: Derrota del lobby gay: ONU aprueba histórica resolución a favor de la protección de la familia.[11]

Dilema entre dos cosas

Uno de los temas difíciles de entender, explicar y aceptar u obedecer es el de la libertad o el derecho o las limitaciones que tiene toda persona. La nueva tolerancia es una corriente de pensamiento, conducta y decisión que ha ganado fuerza en los últimos 25 años porque está vinculada con la ola del pensamiento de la nueva era, mismas responsables que sea aún más difíciles aceptar y obedecer el concepto de la libertad, derecho y limitaciones que Dios ha establecido en la Biblia para el ser humano.[12] Movimientos resultantes del liberalismo del siglo XVII se ha extendido hasta el siglo XXI con otros matices. Estas nuevas corrientes, con raíces en antiguos pensadores, sostienen que ***toda decisión humana debe estar de acuerdo con la razón y que toda persona tiene el derecho, la libertad y la capacidad de decidir lo que es verdadero y lo que le conviene, independientemente de lo que piensen o crean las demás personas.*** En otras palabras, uno mismo es quien decide lo que es correcto, bueno y verdadero, aunque el resto del mundo diga lo contrario o la misma Biblia lo catalogue como incorrecto, malo, inmoral y fuera del estándar de la sociedad.

Esta es la realidad de la sociedad en que tú y yo estamos imbuidos. Cada persona quiere vivir como se le antoje, hacer lo que bien le parece y estar donde desee porque ninguna persona tiene derecho, ni libertad para decirle lo que debe hacer, y mucho menos juzgarlo por lo que piensa, siente y hace. **Esto se llama *anarquismo mental, egoísmo personal, rebeldía social y <u>decadencia espiritual</u>.** Mucha gente de esta sociedad postmo-

11 Ibíd.

12 Josh McDowell, *La nueva tolerancia*, Editorial Unilit (enero 1, 1999).

derna ha cambiado el orden natural de las cosas, aunque ya lo anticipó Isaías, que a las cosas buenas las llaman malas y a las cosas malas las llaman buenas (Isa. 5:20). La base para determinar lo que es bueno, para estas personas, es la razón (absolutismo), es su conveniencia (egoísmo), es su libertinaje (rebeldía) y es su lógica (entenebrecimiento mental).

Jamás puede la razón ser un buen juez para determinar lo que es bueno, correcto y justo para una persona pues esta, no solo es imperfecta, sino que tiene limitaciones como humana que es. La razón hace alianza con lo que hay en el corazón, el cual ligado a un sentimiento que no necesariamente es bueno, determina lo que según ellos es correcto, aun cuando esté en contra de lo que Dios ha dicho, lo que la Biblia dice, lo que el estándar de la sociedad practica, y aun cuando las cosas no ayudan, sino que solo fraccionan a las personas. Decir que solo yo estoy en lo correcto, y que solo yo basado en mi razonamiento tengo la verdad absoluta es hedonismo, soberbia, arrogancia y es tomar el lugar de Dios. Esto es rebeldía, autosuficiencia, antropocentrismo, porque está centrado en el ego o en el hombre mismo al dejar a Dios fuera de todo. Es un absolutismo que ningún ser humano puede tener, solo Dios es absoluto y perfecto. Dejar fuera a Dios es retomar el pensamiento de Descartes.

Determinar que lo que uno cree y hace es siempre lo correcto o que tiene el derecho de creer, pensar y hacer lo que sea, aunque con su conducta, comportamiento y hechos atropelle el derecho, la libertad, la fe, la verdad, y la dignidad de otras personas es irresponsabilidad humana e irracional. También, quien actúa así es rebeldía sociológica e irrespeto moral; es un anarquismo individual, y esto es un abuso en contra de los demás. Esta es la sociedad en que vivimos, donde por causa de la erosión de los valores morales y espirituales, intelectuales y familiares, cada persona tomando la libertad como la cobertura que le permite creer, pensar, sentir y decidir independientemente de los demás, determina lo que es bueno, correcto, y verdadero.

La globalización de ideas, pensamientos, múltiples perspectivas, puntos de vistas, donde los valores están siendo cuestionados y puestos fuera de juego; la moda del siglo XXI exige que el cristiano mantenga sus convicciones.[13] Este libro declara que en el mundo hay dos posiciones, un grupo de personas que están convencidos de que sus convicciones son totalmente correctas y el otro grupo de personas que sostienen que son incuestionablemente incorrectas. Este es el debate que en el siglo XXI ha fortalecido la idea de la globalización ante la cual es necesario luchar y defender los valores que son convicciones personales, sociales y espirituales innegociables.

Estados Unidos es un país tan grande, que cada uno vive en un individualismo asombroso, confiado en una aparente seguridad y tranquilidad, pero al sumar el comportamiento de la sociedad de todo el país, y el acontecer nacional, como lo dijo Pat Robertson y Billy Graham, es una Sodoma y Gomorra. Y si Dios no ha enviado fuego del cielo es porque ha hecho una promesa, de que no castigará al hombre como lo hizo en el tiempo de Noé, o en el tiempo de Lot, y su amor es mayor que el pecado, y él sabe que en este país tiene a mucha gente que salvar aún.

Hay un irrespeto y desvalorización de la vida de las personas sin precedencia. Hay un libertinaje donde se ha dado rienda suelta a la lujuria, el despilfarro no solo de dinero sino de la vida, del tiempo, la energía, a costa del descuido de la familia, de la integridad, de la verdad y de la moral. Lo triste es que el siguiente día, esta misma gente, como dice el libro de Proverbios 23, vuelve al mismo *modus vivendus*. Esta misma gente, dice Proverbios, aunque con moretones y grandes deudas o en medio de grandes pleitos familiares, laborales y legales, vuelven por la noche a la misma realidad, a las mismas andadas. San Pedro dice que son como el cerdo que después de bañarse vuelve a revolcarse en el lodo cenagoso lo mismo o peor, o como el perro que después de vomitar regresa a comer su mismo vómito (2 Pe. 2:22).

---

13   Recomiendo la lectura del libro: George Rupp, *Globalization Challenged, Conviction, Conflict, Community*, Columbia University Press, 2006.

¿No son comparaciones perfectas que la Biblia hace de la realidad de nuestra sociedad que ha llegado a creer que la razón o la lógica es lo que determina lo que es verdadero o bueno? Pablo dice, todo me es lícito, pero no todo conviene, todo me es lícito, pero no todo edifica (1 Co. 10:23). El ser humano, y específicamente el cristiano tiene una nueva libertad que está controlada por la Biblia, la voluntad de Dios, el Espíritu Santo, y por los estándares morales, y éticos de la sociedad. De manera que el pensar, sentir y actuar de una persona no depende de lo que diga la razón, de lo que es lógico o congruente, o de lo que le conviene o lo que según su razonamiento es correcto o bueno, sino depende de lo que la Biblia, Dios, y el Espíritu Santo dicen que es bueno, correcto y que ayuda a crecer en el Señor y beneficia a los demás.

Todo lo que está en contra de la Biblia, y en contra de lo que ordena el Espíritu Santo, es pecado. Lo que ofende al prójimo, lo que no beneficia a los demás, lo que no está motivado por el amor verdadero, lo que se hace sin fe, y lo que no se hace en santidad y ética es pecado, aunque el resto del mundo diga lo contrario. El rumbo que ha tomado la sociedad en que vivimos ha creado en mí una profunda preocupación por lo cual escribo este libro creyendo que con esto estoy haciendo algo para **rescatar los valores** de nuestra sociedad porque tengo la esperanza de una mejor sociedad. Tú puedes hacer algo también.

Este es el comentario que recibí de Ernesto Fuentes desde Arkansas después que subí al internet la parte del dilema entre dos cosas:

> Mi hermano Luis, me da dolor ver como esta gran nación cada día se olvida de los valores al creer que es la mayor potencia del mundo. Cuando la prioridad es el poder, se aleja de lo básico, el hombre. Con tristeza vemos niños con armas, hijos que mandan a sus padres a la cárcel, niñas con preservativos en sus carteras, padres que no son capaces de educar a sus hijos porque no tienen la capacidad moral

para hacerlo, etc. Culpables son muchos. Una de ellas, las leyes que rigen esta nación, pues amarran a las familias en la educación de los hijos. Los padres somos los responsables en la formación de los hijos, somos los que transmitimos nuestra cultura, valores, respeto, ejemplo de generación a generación. Entonces, ¿por qué llora el presidente porque un adolescente les quita la vida a muchos niños? ¿No es eso lo que se ve en la TV, en las películas, los juegos de video, y en el internet? Si esta nación solo pasa de guerra en guerra, ¿qué se puede esperar de los civiles? Esta nación va a caer como han caído muchos imperios, por estar legalizando el pecado. El matrimonio entre personas del mismo sexo, legalizando la droga, la venta libre de armas, el aborto. ¿Por qué les tenemos miedo a nuestros hijos? ¿Por qué nos amenazan con llamar a la policía? ¿No es mayor el padre que el hijo? Eso es pecado. Legalizar el pecado es estar en contra de Dios. Lejos quedó el amor al prójimo en este país o ¿no es verdad que cuesta ayudar al que lo necesita? Duele desprendernos de $100.00 dólares, si tanto cuesta ganarlo o dedicarle tiempo a alguien cuando se tiene hasta dos trabajos o el que dona miles no lo hace por ayudar, o simplemente por deducirlo de los impuestos. Casi es utópico hablar del amor al necesitado. Mi hermano Luis, me duele ver como esta nación se aleja cada vez más de Dios y nosotros de brazos cruzados.

El actor cristiano de Hollywood Kevin Sorbo dice que se está quedando sin empleo sencillamente por identificarse como cristiano.   La acción de los representantes de Hollywood se contradice, ya que en su declaración dicen que hay libertad de expresión. Literalmente, Sorbo dice:

Yo no quiero ver a niños de 11 años **hablar temas de adultos** y no creo que eso es ser mojigato. No puedo protegerlos de los medios de comunicación, pero quiero que mis hijos disfruten siendo niños y Hollywood por cualquier razón solo quiere cambiar los **valores morales** de los niños de la mayoría de las familias.[14]

Plan de desarrollo del contenido

Esta realidad en que vivimos es lo que me motivó a decir lo que Dios ya ha escrito en su Palabra acerca de la conducta que espera del ser humano. Y hoy más que nunca, en el siglo de la globalización, en medio de la avalancha del postmodernismo, necesitamos esforzarnos por rescatar los valores donde se pueda edificar una sociedad de convicciones y principios eternos. Las iglesias evangélicas necesitan ser re instruidas a la luz de la Biblia sobre todos estos valores para que una nueva generación resurja con fuerza, vigor y seguridad para defenderlos. Somos nosotros los padres, los pastores, los maestros y los líderes quienes con humildad, ejemplo, carácter, fidelidad y autoridad debemos enseñarlos, pero más que ello, modelarlos.

A continuación, presento los temas que forman el contenido de este libro. La primera parte desarrolla de manera escueta el tema del postmodernismo. La segunda parte presenta los valores que, que, a criterio personal, basado en la realidad y necesidad palpada en la iglesia no en orden de importancia, aunque tienen cierta secuencia. El propósito de este documento es *ofrecer un recurso que oriente a los pastores, líderes y miembros de las iglesias para hacer frente al impacto e influencia dañina que tiene el postmodernismo del siglo XXI.* Pero también, hacer un llamado a las instituciones de educación teológica, organizaciones para eclesiásticas, líderes denominacionales, pastores de las iglesias y a los miembros en general a que rescatemos

14   Acontecer cristiano, *Kevin Sorbo, por ser cristiano se queda sin empleo y confirma la erosión de valores morales,* www.acontecercristiano.net

los valores que nos dieron identidad por muchos años, los que fueron enseñados celosamente apegados a la Biblia, y que nos volvamos a la Biblia, recurso fundamental e indispensable para detener la avalancha maligna del postmodernismo.

Seguro estoy que la *formación integral* de los niños y las niñas comienza en el hogar, y que se complementa en la Escuela y en la Iglesia, el primer capítulo habla sobre la responsabilidad de los padres en esta tarea. Un segundo tema que en cierta forma está ligado al primero, por ser un artículo que publiqué en mi blog personal y que fue el más leído y visto en todo el mundo en el 2012 y 2015. Me refiero al *valor del respeto*, tema que he estado investigando por más de cinco años y que por los resultados, he llegado a concluir que es uno de los valores que más necesita rescatar y restablecer en este tiempo.

Bajo el mismo pensamiento, está el tema de la *cultura del perdón*, debido a que el postmodernismo nos ha convertido en egoístas al vivir de manera individual. Aún dentro de las mismas iglesias cristianas, un porcentaje de miembros no tienen la capacidad de perdonar ni a sus propios hermanos, mucho menos podrán hacerlo con los desconocidos. La sociedad en que vivimos pareciera estar en constante pleito, enemistad, alejados e indiferentes que parecen desconocidos y/o hasta enemigos. Vivimos en una sociedad consumista donde cada uno busca por lo suyo, lo cual nos hace incapaces de socializar y mucho menos perdonarnos.

Por lo general, estamos a la defensiva, con facilidad nos autojustificamos, o respondemos con un espíritu de impaciencia y con deseos de desquitarnos. Se observa muy poca bondad, generosidad, amor, amistad y confianza. Desconfiamos de todos y dejamos que cada uno resuelva sus problemas como pueda. Vivimos en constante guerra, y es por ello la importancia de restaurar la *cultura del perdón*, del olvido, del amor, de confianza, donde cada uno asuma no solo su responsabilidad, sino que también deje en libertad al otro cuando este venga en busca de paz.

Otro valor que necesitamos con urgencia convertirlo en prioridad, es *el valor a la vida*. En Estados Unidos, solo en el año 2012 se han dado matanzas históricas de personas, incluido los 20 niños indefensos en Newtown, CT, como si no valieran nada. El congresista Luis Gutiérrez, representante del Estado de Illinois en una entrevista el día 16 de diciembre 2012, en el programa "Al punto" dijo al periodista Jorge Ramos, que, en la ciudad de Chicago, cada semana son no menos de 7 personas asesinadas. Desde el 2012 hasta el 2020 se registra tanta violencia en todo el país que se ha perdido la esperanza que esto mejore.[15]

¿Cuál es el valor que estamos dando a la vida? Las masacres nos enojan, pero cada día, son miles los niños y niñas indefensos (as) asesinados (as) sin darles la oportunidad de escoger entre vivir o morir, por medio de los abortos, donde las altas autoridades de los países que lo han legalizado, junto con los doctores sin ética lo practican y las mujeres sin corazón deciden condenar a muerte a las inocentes criaturas. La Biblia dice que toda criatura fecundada, ya es una persona con todos los derechos a la vida, y se debe valorar como tal y nadie y ningún gobierno, congreso, senado o presidente tiene el derecho de decidir si vive o no, solo Dios tiene el derecho de dar o quitar la vida. Esto se enseña en el hogar, en las escuelas y en las iglesias, pero las leyes deben promover el valor a la vida como un derecho, una bendición, y un privilegio. Como alguien diría, "la vida no vale nada", esto es según la perspectiva humana, porque según Dios, la vida tiene un valor muy alto.

En seguida, se trabajará el tema del *matrimonio al estilo de Dios*. No puede haber familias fuertes, saludables y formadas por valores si no hay matrimonios *establecidos al estilo de Dios*, los que hemos conocido desde el inicio de la humanidad, formados por una mujer y un hombre y que solo puede disolverse con la muerte. Fundamental es volver y restablecer los patrones antiguos de los matrimonios, que, aunque parezcan anticuados, formaron sociedades más seguras, respetuosas, agradecidas, saludables y

15   *La lista de los tiroteos con más muertes en Estados Unidos*, www.rtve.es/noticias.

esperanzadoras.

Siempre he creído que si en el hogar, las escuelas, y las iglesias se enseña sobre cómo conocer y creer en Dios y cómo vivir cada día bajo una relación personal con el Supremo Creador del universo y de la humanidad; el Dueño Soberano de todo, hará que cada ser humano tenga una perspectiva diferente sobre la vida, las personas, el mundo, el futuro, las relaciones, las decisiones o la conducta y el matrimonio. Esta sociedad necesita tener más *amistad que no falla, la de Dios y menos amistad con las cosas de este mundo, que fallan.* Una persona sin la relación con Dios está controlada por otras cosas que lo llevaran a hacer cosas que no ayudan a la formación de una sociedad con valores, una sociedad sana, sólida, productiva y beneficiosa. Es por ello por lo que, dedico un espacio amplio para enfatizar el valor del *temor hacia Dios*, que puede ser visto como amor, amistad, respeto, reverencia, sabiduría y una relación con él por medio de la fe.

Por sugerencia de WordPress, en la estadística del 2012, 16,000 personas de 64 países del mundo ingresaron a mi blog personal para leer más de un artículo escrito, pero cinco son los recomendados para ser ampliados y publicados por ser los más leídos: *el valor del respeto, ¿Cómo fortalecer la fe?, la tolerancia no siempre es buena, autoridad espiritual y tu compromiso es con Dios.* Dos meses más tarde, o sea enero y febrero, ya eran más de 22,000 los lectores de mi blog de todo el mundo, y en abril del 2013 ya pasaba de las 27,000, en octubre del mismo año ya eran más de 56,500, y en noviembre 11 del mismo año estaba alcanzando los 60,000. Luego para en agosto 12 del 2014 ya eran más de 115,000, 24 de octubre 2014 ya son 139,000 personas, 187,000 en marzo 2015 y los mismos artículos seguían teniendo preferencia, con predominio el del respeto, que sigue en la delantera. Definitivamente, estos cinco valores sugeridos por los usuarios de mi blog personal ameritan ser incluidos en este proyecto literario.

Honestamente confieso que añoro la *autenticidad* y *la integridad* que practicaban las personas en el pasado. La palabra de una persona era suficiente para cualquier decisión, acuerdo, promesa, o alianza. La integridad de una empresa, de una iglesia, de una familia, de una persona se medía solo por la palabra. La *integridad* hace falta en estos días, pues abunda la desconfianza, la corrupción, la irresponsabilidad, la traición, la adulación, la apostasía, la deserción, la impuntualidad, el incumplimiento, la hipocresía, la deshonestidad, y la injusticia. Cuando una persona aprende a ser íntegro; respeta, protege, ayuda, vela, defiende, habla verdad, vive la verdad, espera y da la verdad. En una sociedad formada por personas íntegras, se es incapaz de pensar, sentir, robar, mentir, traicionar, pensar, sentir y hacer mal. Es una sociedad de paz, confianza, transparencia, sinceridad, bienestar y salud integral.

Finalmente, desarrollo los valores de *la tolerancia, y el regreso a la Palabra de Dios.* Cada uno de los valores contemplan consejos prácticos sobre lo que debemos hacer, en esta parte, soy enfático. Al final de cada valor hay preguntas a discutir y ciertos aspectos a poner en acción. La idea de las preguntas es provocar la reflexión e ideas sobre cómo llevarlos a la práctica.

Instrucciones para la lectura del libro

1. Lea este libro con un corazón y una actitud abierta y dispuesta a ser diferente.

2. Haga un proyecto personal y familiar de enseñanza y aplicación de estos valores.

3. Únase con otras personas para estudiarlo, analizarlo y llevarlo a la práctica.

4. Regale una copia de este libro a otra persona y de esta forma estará contribuyendo para la formación de una nueva generación con valores.

Mi aporte es gritar con voz al cuello sobre la necesidad de rescatar los valores y plasmar estos gritos en páginas de papel que, aunque parezcan mudas, estas tienen poder para impactar y promover el cambio. Su parte está en leer este libro, vivir, enseñar y aplicar estos valores comenzando en usted mismo, en su casa y en su diario vivir, para que quienes tengan contacto con usted, los vean en usted y decidan imitarlo. Aquí está concentrado el propósito del presente libro.

> Solo cuando cada miembro de la familia teme a Dios (Salmo 127:1, Prov. 1:7), se apega a la palabra y cumple las funciones que por naturaleza le corresponden, entonces estará dejando un legado inolvidable a la próxima generación.
>
> El reto hoy es, **no solo conocer a Dios** por medio de la Biblia sino **obedecerlo** por medio de una relación estrecha.
>
> Mamás, papás, hijos, hermanos, maestros, pastores y autoridades; el mejor legado, la mejor herencia, lo mejor de lo mejor que podemos hacer en beneficio de la próxima generación es vivir bajo el temor de Dios y en obediencia a la Palabra.

Primera Parte

Desafíos del postmodernismo para la pastoral de hoy

En cierta ocasión, un amigo, excompañero de estudios, y consiervo en las milicias pastorales me dijo, "Luis, ¿por qué no escribes algo donde orientes a los pastores sobre cómo responder ante la influencia y los desafíos del postmodernismo del siglo XXI?". Desde ese momento ha estado sonando esa petición en mi cabeza como las campanas de la parroquia del pueblo. La inquietud de este amigo surgió después de que publiqué mi segundo libro, *"Paradojas en la vida pastoral, lo que callamos los pastores"*, Guatemala 2013.

En respuesta a esta inquietud y la incesante carga en mi mente y corazón por el celo bíblico, doctrinal, y ministerial acepté el desafío de emprender este proyecto. En primera instancia, este apartado es el resultado de sugerencias y observaciones que hicieron líderes y pastores de Latino América y Europa. También, es mi percepción personal que responde a la necesidad latente detectada en las iglesias ante la avalancha del postmodernismo que dejó de ser incipiente e insignificante. Es por ello por lo que hoy propongo este proyecto literario como un instrumento *apologético, depurativo y preventivo* frente a la forma liberal, moderna, postmoderna y/o transmoderna e insensible que está identificando a la sociedad presente. Con esto, busco llamar la atención de los expertos, los responsables y de los que están en los lugares estratégicos para hacer algo para detener este movimiento cuyo fin es desvirtuar la Biblia como la máxima autoridad divina, descalificar los fundamentos básicos de la vida cristiana, cuestionar los valores centrales, morales, cívicos y espirituales de la sociedad hasta lograr su total sustitución con tal de hacer valer los caprichos de la razón humana.

En este apartado, intentaré hacer un hilvane del trasfondo postmodernista, clarificaré el significado del postmodernismo, describiré la realidad de este movimiento con matices actuales basado en la apreciación de algunos consiervos de diferentes países que representan al continente americano y europeo. Finalmente, ofreceré algunas conclusiones y recomendaciones.

El trasfondo del postmodernismo

El término postmodernismo a simple vista tiene una connotación inofensiva, y es verdad, ya que en sus orígenes solo se relaciona a lo moderno. El modernismo surge en la Europa Occidental en 1800 con la manifestación de la mecánica, industrialismo, progreso, literatura, arte y las ideas que surgieron para capitalizar lo que promovió una sociedad progresiva y próspera. El postmodernismo surgió después de la Segunda Guerra Mundial como una reacción a los fracasos percibidos en el modernismo, cuyos proyectos artísticos radicales habían llegado a ser asociados con el totalitarismo. De manera que, a primera impresión, este movimiento no parece ser amenaza para la fe cristiana y mucho menos para la labor pastoral.

Las características básicas de lo que ahora llamamos postmodernismo se pueden encontrar ya en la década de 40's, especialmente en la obra de **Jorge Luis Borges**. Sin embargo, la mayoría de los estudiosos de hoy están de acuerdo de que el posmodernismo comenzó a competir con la modernidad a finales de 1950 y ganó ascendencia sobre él en los años 1960.[16] Las características sobresalientes incluyen el juego irónico con estilos, citas y niveles

---

16 http://es.wikipedia.org/wiki/Post-postmodernismo, 01-30-14.

narrativos, un escepticismo metafísico o nihilismo hacia la "gran narrativa" de la cultura occidental, una preferencia por lo **virtual** a expensas de lo **real**, cuestionamiento fundamental de "lo real" y una "disminución del afecto" por parte del sujeto, que se encuentra atrapado en el libre juego de lo virtual, signos interminables y reproducibles que inducen un estado de conciencia similar a la esquizofrenia.[17] Ruego poner mucha atención a las características que describen a este movimiento, las cuales más tarde se convierten en la base de amenaza en contra de la fe cristiana y la labor pastoral por su fuerte influencia en la sociedad.

Por ejemplo, hasta el siglo XIX, el postmodernismo en sus inicios parecía estar destinado a lo estético, artístico y no tanto a asuntos espirituales, religiosos y teológicos, aunque el liberalismo del siglo XVII y XVIII hizo tan profunda contribución que aun en el siglo XXI se puede percibir, ver y encontrar con facilidad por todas partes. Tanto es así, que en los últimos 50 años del siglo XX y los años que llevamos del siglo XXI, el postmodernismo está en todas las estructuras sociales llevándola al caos moral, espiritual e individual. Lo cierto es que al postmodernismo le antecede el modernismo, y le sucede el transmodernismo. En otras palabras, se espera que después de lo que estamos viendo y viviendo, en caos moral y social por el postmodernismo, venga otro movimiento más antagónico a lo espiritual, a lo divino, a lo bíblico, por lo cual es menester preparar a la generación presente para que la próxima esté mejor preparada.

Más tarde, Paul Copán presentó su propuesta en 4 ***Truth. Net***. Llamó mucho mi atención pues analiza el postmodernismo no solo bajo la perspectiva a la que ya estamos acostumbrados, de innovación. Lo nuevo es que este movimiento se introduce en la sociedad vinculada con la moral, con la fe, con lo teológico, con lo absoluto, con las convicciones y decisiones de las personas afectando así el pensamiento y la conducta de la sociedad en general *al cuestionar los valores de esta*. Esta reciente modalidad es lo que está llevando a la sociedad actual a un relativismo, a un

---

17   Ibíd.

estilo de vida libre, a una cultura de irrespeto, inmoralidad, y de desorden. Es muy interesante recordar que, durante la segunda guerra mundial, Estados Unidos era admirado por sus valores tradicionales y conservadores, pero en pleno 2014, el mismo presidente ruso, Vladimir Putin ha regañado a los Estados Unidos por abandonar los valores tradicionales y conservadores que la hacían grande, pero que ahora está degradada y adorando a Satanás.

Copán dice que Platón citó al pensador Protágoras diciendo que cualquier cosa "es para mí lo que a mí me parece, y para ti lo que a ti te parece". Esto suena muy contemporáneo, es lo que ahora llamamos la "nueva tolerancia" o la filosofía moderna de la nueva era, un sincretismo avasallador o sencillamente la filosofía de la ética situacional donde los medios para llegar a un fin no importan. Josh McDowell escribió el libro titulado, *"la nueva tolerancia"* donde describe la nueva forma de vida que se está introduciendo en la sociedad, misma que avanza a pasos agigantados por estar manipulada por fuerzas escondidas, fuerzas que modifican o determinan muchas de las decisiones gubernamentales de un país.

Escuchamos lemas que declaran "eso es verdad para ti, pero no para mí" o "esa es solo tu perspectiva". No hay verdad absoluta, todos pueden tener la verdad, y no todos pueden estar a ciegas, lo que tú decides que es verdad, todos deben respetarla y aceptar que tú tienes derecho a creer que esa es tu verdad. "Estas frases reflejan el modo de sentir postmodernista que continúa afectando y moldeando la cultura occidental."[18] Si ya se dio cuenta, es la retórica postmoderna la que está dominando en la sociedad del siglo XXI, un lenguaje que cuestiona lo absoluto, un empoderamiento de la razón, y un fuerte dominio del hedonismo al no reconocer al Dios como el Único Dios. El hedonismo es el antropocentrismo que deja a fuera a Dios del entorno, acontecer, ser y hacer humano, donde todo gira en derredor del hombre, todo se centra en el ego, en la razón, donde no hay espacio ni re-

---

18   Paul   Copán,   https://www.namb.net/apologetics/resource/que-es-el-postmodernismo.

conocimiento para Dios, su Voluntad, su Palabra, sus Valores, sus absolutos, sus instrucciones originales para la humanidad.

Desarrollo del postmodernismo

Copán es fundamental en su libro, al ofrecer herramientas a los pastores y líderes para defender la fe, el evangelio y la autoridad de la Biblia. Ruego mantener el hilo del argumento subrayando los cambios de pensamiento y sus exponentes los cuales aterrizan en el postmodernismo, haciendo una separación abismal con el sentido original del premodernismo. Obviamente, el término postmodernismo presupone una era que le precedió: *el modernismo*. Pero debemos entender también que el modernismo fue una reacción al pre-modernismo.

Pre-modernismo: Antes del siglo XV, los occidentales **creían que Dios** (lo trascendente, o el reino sobrenatural) era la base de los conceptos morales absolutos, la racionalidad, la dignidad humana y la verdad. Como lo expresó el célebre teólogo cristiano Anselmo (n. 1033 d.C.) que dijo: "Creo que puedo entender" (*credo ut intelligam*). Él hablaba de una "fe que buscaba entendimiento" (*fides quaerens intellectum*). Teniendo fe en Dios, el mundo podía entenderse correctamente.[19]

Luego llegó **el modernismo con** el filósofo René Descartes (1596-1650). Como católico romano, le preocupaba el escepticismo filosófico. Así que, se embarcó en un "viaje escéptico" en busca del conocimiento absolutamente verdadero. Como parte de su proyecto, decidió dudar de todo. Pero concluyó que por lo menos sabía que estaba dudando, lo cual es una forma de pensamiento. Su conclusión: *Pienso, luego existo*. Así que, sin darse cuenta, el proyecto de Descartes *sacó a Dios del centro del escenario y lo reemplazó por el pensador humano* como punto de partida. El racionalismo de la Ilustración europea (1650-1800) reflejó este cambio. [20]

19   Ibíd.
20   Ibíd.

Es sumamente importante observar que el ser humano con tal de llegar a un fin es capaz de hacer todo, *hasta sacar a Dios de la escena, y dejar al hombre mismo como el centro de todo.* Esta forma de pensar lo inauguró el mismo Satanás cuando se rebeló contra Dios siendo uno de los ángeles de mayor autoridad. En la conversación con Eva en el Edén (Ge. 3) sacó a relucir ese pensamiento postmoderno al adormecer a Eva al asegurarle que podía llegar a ser como Dios, por lo tanto, podía vivir sin necesidad de Dios. El postmodernismo tiene como sus fundamentos filosóficos lo mismo, **la razón, el conocimiento, la centralidad** del hombre, la libertad para determinar lo que considere bueno o correcto según él mismo y no según Dios, la Biblia, o la Iglesia. *Expresiones comunes en el estilo de vida de la sociedad actual.*

El postmodernismo valora y promueve el pluralismo y la diversidad. Así que, la verdad es creada y no descubierta. Friedrich Nietzsche argumentó: "No hay hechos eternos, así como no hay verdades absolutas"[21]. De fondo, hay una negación de Dios. La verdad en el postmodernismo es cuestión de perspectiva o contexto más que ser algo universal. Como no podemos salirnos de nuestro contexto para tener la "perspectiva de Dios" acerca de las cosas, debemos aceptar que nuestro pensamiento es moldeado por fuerzas que están más allá de nuestro control.[22]

El postmodernismo como una innovación

De la comprensión de su significado es que entenderemos el peligro, la influencia y el desafío que trae a los pastores y líderes que desean ser leales a la Biblia, a la fe, al evangelio, a la misión de Jesús y a la guía del Espíritu Santo. La persona postmoderna rechaza los absolutos bíblicos de que existe un Dios que no cambia, que Dios es soberano, y que el único camino para la salvación es a través de la sangre en el sacrificio de Jesús y que la Biblia como Palabra de Dios es la verdad absoluta.

---

21   Ibíd

22   Ibíd.

Investigando sobre la hermenéutica contemporánea para el curso de Hermenéutica que estaba dictando a los estudiantes del Seminario Teológico Al Ándalus de España en el sistema virtual mientras escribo esta parte del presente libro, encontré este concepto postmoderno que es muy crucial:

> La posmodernidad critica bien la modernidad, lo cual pretende ser como Dios y saberlo todo, reconociendo que el hombre no puede llegar al punto de vista de Dios. No obstante, la conclusión de su filosofía- que todos pueden o deben hacer lo que es bueno en sus propios ojos- viene a ser lo mismo, cada uno es su propio Dios, sabiendo lo suficiente para saber que el Dios verdadero no se puede conocer, lo cual iguala a saberlo todo.[23]

Es por ello, desde ya y desde este punto, digo que la Biblia es el suficiente recurso que Dios nos ha dejado para hacerle frente a la influencia del postmodernismo. Solo que esta debe ser creída, aceptada, estudiada, obedecida y enseñada. Está bien, el cristiano cuenta con otros recursos como la oración, dones espirituales, la Iglesia, el Espíritu Santo, los desafíos, pero la Biblia como la Palabra de Dios es suficiente para detener, y hasta triunfar sobre todo aquello que se opone a Dios.

Realidad del postmodernismo hoy

Ya dije que el modernismo impulsado por **Descartes sacó a Dios del centro del escenario y lo reemplazó por el pensador humano como punto de partida**. Esto unido al racionalismo de la ilustración europea de dos siglos, 1600 a 1800 d.C fue el encargado de impulsar este cambio. Con la llegada del postmoder-

---

23   Cita a Vanhoozer. Tomado del libro por Kevin J. Vanhoozer: *Is There a Meaning in This Text? The Bible, the Reader, and the Morality of Literary Knowledge*, (Grand Rapids: Zondervan, 1998).

nismo donde todo se perfila hacia el progreso, el materialismo, el hedonismo, y el individualismo que pone al hombre en el centro del universo, deja a Dios en la periferia del acontecer humano. Así que, con el postmodernismo Dios es expulsado como fundamento para dar sentido a la realidad humana.

El Dr. Federico Meléndez hizo un breve análisis de los desafíos del postmodernismo que está enfrentando la Iglesia evangélica en pleno siglo XXI pero que su influencia comenzó a finales del siglo XX. Meléndez prefiere referirse al postmodernismo como la globalización que se ha infiltrado en todos los estratos sociales de todos los países latinoamericanos, dejando el significado pleno del postmodernismo al continente europeo y a Estados Unidos. Estas son sus palabras:

> Un término más conocido que el concepto de Postmodernidad, que es más aplicado al terreno filosófico europeo y norteamericano. Globalización es para nosotros mucho más visible debido a todas las transformaciones que ha sufrido el mundo en los últimos años. Los cambios han sucedido tan rápido durante el curso de nuestra vida, que los que ahora somos adultos, y que nacimos el "siglo pasado" tenemos que aprender las nuevas estrategias digitales para sobrevivir en un "mundo joven". Quienes nos enseñan ahora las nuevas técnicas digitales del Internet son los jóvenes bachilleres en computación y los ingenieros en sistemas que ya nacieron con la computadora bajo el brazo.

> Esta Globalización religiosa le llamaremos Neopentecostalismo, cuya utilización de los medios de comunicación masiva y del marketing para promocionar la imagen de la iglesia, de sus predicadores y cantantes, así como del crecimiento masivo en forma de mega iglesias y de la prosperidad económica propia del capitalismo global, quedaron enmarcados como puntos de referencia.

> Hoy, las mega iglesias son la "moda" del fenómeno de

la postmodernidad. No que no haya habido iglesias numéricamente grandes anteriormente, sino ahora, el énfasis es hacia el crecimiento numérico, acompañado en muchos casos de las consiguientes señales y prodigios que las acompañan. Para muchos, las denominaciones ya no cuentan; ahora todo se centra alrededor de las nuevas megas iglesias, que son denominaciones en sí mismas, y cuyo poder se centra en los nuevos líderes, muchos de ellos apóstoles de los nuevos movimientos religiosos postmodernos. El concepto griego de "mega", ilustra las nuevas corrientes de nuestros tiempos en el mundo secular, tales como los mega mercados, con sus amplias ofertas y enormes parqueos.[24]

Me encantan las citas que hace el Dr. Meléndez para describir la realidad que vivimos los cristianos hoy con la llegada del post-modernismo, y que él prefiere llamar, globalización. Primero cita a Arturo Piedra, y luego a Juan Sepúlveda:

El campo religioso se ha visto presionado por la idolatría del crecimiento y de las ambiciones megalómanas. Las iglesias son presionadas a embarcarse en proyectos de líderes religiosos que, por haber construido mega iglesias, se sienten llamados a exhibir su ego manía…Por eso es por lo que las congregaciones pequeñas no encuentran cabida en la megalomanía evangélica. De ahí la presión que sufren para crecer cueste lo que cueste, independientemente del sacrificio de los principios que ello implique.

Si abordamos la pregunta desde el punto de vista histórico, el llamado neo pentecostalismo, no es una derivación o desarrollo del pentecostalismo clásico. La mayoría de los movimientos neo-pentecostales han derivado de

---

24   Dr. Federico Meléndez, Ensayo: La Biblia frente al desafío del postmodernismo, https://es.scribd.com/document/373934963/Postmodernidad-en-Guatemala.

movimientos carismáticos de iglesias tradicionales… si bien el pentecostalismo clásico ha producido también líderes y figuras importantes, la organización eclesiástica suele ser más institucionalizada, en cambio el modelo empresarial de las organizaciones neas pentecostales gira completamente en torno al líder. 2004:25).[25]

El postmodernismo y la cultura de la imagen

El Dr. Meléndez, al final habla de la postmodernidad y la cultura de la imagen, como uno de los enfoques más dominantes e influyentes. Hoy ya no leemos, solo "vemos", y lo que vemos no son precisamente los valores cristianos, sino los valores propios de la cultura postmoderna de los Estados Unidos y Europa. El glamur de los galanes de la televisión, la religión del deporte, las dietas y aeróbicos, la cultura física, la lectura del tarot, los mensajitos, y toda la cultura de la imagen que nos asedia. La estética es lo que cuenta, la ética ya no existe. Lo que vale es lo que se tiene, a costa aun de lo peor de nuestra sociedad: el narcotráfico y la corrupción. Lo que tanto cuesta erigir en cuanto a los valores cristianos en nuestras familias, está siendo gravemente erosionado por todas las influencias que nos rodean. Y lamentablemente muchas iglesias también han apostado por cambiar de nuevo. Fumero dice:

> Vivimos en un mundo lleno de sensacionalismo, amarillismo, espectáculos y manipulaciones generalizadas en todos los ámbitos de la sociedad. No podemos negar que el espíritu dominante en el mundo de hoy también se ha infiltrado dentro de la iglesia, llevando a esta a salirse del camino recto trazado por la Palabra, para entrar en terrenos peligrosos en cuanto a la formación de la vida de los cristianos… El espíritu ofertista y mercantilista del mundo también se ha infiltrado dentro de nuestras iglesias, a grado tal, que la iglesia ya no es un cuerpo funcional, sino

25 Ibíd., 3.

un restaurante en donde la gente va a recibir el alimento que le gusta. En otras palabras, un menú ajustado a sus deseos y caprichos. Los pastores se preguntan: ¿cuál será el método más efectivo para hacer crecer la iglesia? Porque lo cuantitativo ha anulado lo cualitativo… Así, las técnicas de mercadeo se aplican a la actividad de la iglesia, haciendo de esta un club social y espiritual de gente religiosa que por medio de un culto, una ofrenda, y un sentido diluido y aplicado "según el deseo popular" acallan sus conciencias y encubren sus pecados…La iglesia es un gran mercado que le ofrece a cada cual aquello que más le complazca.[26]

Los retos del postmodernismo

Estos son los grandes retos, que, a mi juicio, tenemos que no solo enfrentar sino responder ante las nuevas incursiones del mundo globalizado y postmoderno, que aún es rescatable en nuestro entorno, puesto que en la vieja Europa y en los Estados Unidos postmodernos, los "mega relatos" como el expresado en la Sagrada Escritura, ya no tienen ninguna validez para el hombre del siglo XXI. ¿Cuál es entonces el papel de la Sagrada Escritura en la formación de la iglesia donde predomina la cultura de la imagen? ¿Dónde quedaron los grandes sermones expositivos del texto bíblico ante los mensajes en power point de nuestros días? ¿Cómo y qué estamos haciendo para lograr que nuestro pueblo recupere el amor por el estudio de la Palabra? ¿Dónde están las exégesis contemporáneas que nos invitan a profundizar en materia bíblica y teológica? ¿No es acaso cierto que una gran superficialidad espiritual y de conocimiento se haya apoderado de muchos cristianos?[27]

Los pastores, líderes y laicos celosos de la verdad, de la Biblia, de la doctrina sana, de la misión de Jesús, de la función correcta

---

26   Maro E. Fumero, Los tiempos peligrosos, https://es.scribd.com/document/3977908/Los-Tiempos-Peligrosos.

27   Ibíd.

del Espíritu Santo, y de la práctica del amor verdadero según Dios y de la lealtad a los absolutos, valores y principios originales de Dios están experimentando fuertes luchas por causa de esta influencia postmoderna. Con la intención de tener un criterio más amplio sobre el impacto, desafío e influencia del postmodernismo y la manera como los pastores y siervos de Dios lo enfrentan; hice una encuesta. Pedí a pastores, maestros, misioneros y líderes de dos continentes, Latino América y Europa, que agruparan los primeros 10 desafíos que causa el postmodernismo hoy ante los cuales todo pastor, misionero, maestro y líder tendrá que mantenerse firme y fiel a la Biblia, a sus convicciones, e identidad cristiana y teológica; y luego presentar defensa, y reivindicar la verdad de la Biblia como preeminente en todo tiempo, situación, ocasión, postura, persona y/o movimiento. En términos generales, todos los encuestados coinciden en la descripción de la influencia que está teniendo el postmodernismo en nuestros días.

Carlos Cruz, Exdirector Instituto Bíblico Salvadoreño,
Iglesia MCA de El Salvador.

Elementos del posmodernismo	Tendencias	Manifestaciones en el cristianismo
Individualismo Relativismo Humanismo Empirismo	Prosperidad. Bienestar, Sanidad Fetichismo Adaptación del Evangelio a los intereses humanos. Inclusión de grupos marginados (homosexuales, etc.)	Neo-pentecostalismo Iglesia Independientes Movimientos apostolados Profetismo, guerra espiritual Palabra de fe, G 12, etc.

Gustavo y Fernando son dos misioneros en Europa y estudiantes en el módulo de maestría, Estudio Bíblico Inductivo y Hermenéutica que impartí en el sistema Virtual del Seminario Teológico Al Ándalus, España. Ellos ofrecieron su opinión sobre la influencia del postmodernismo representando al continente europeo.

Gustavo Chávez

1. El relativismo hace difícil enseñar una verdad Bíblica.

2. El hedonismo, donde se hace complicado pensar en los demás y negarse a sí mismo.

3. El pluralismo religioso, no deja entender porque predicarles el evangelio a otros que tienen su religión.

4. El cuestionamiento de todo y por todo, donde la fe es muy poco ejercitada.

5. El Humanismo, el ser humano es el centro, no Cristo.

6. El sentido de lo que es justo, o sea, todo tiene que ser justo de acuerdo a su punto de vista.

7. El desinterés por las cosas de la religión

8. El interés curioso por lo místico.

9. El impersonalismo, donde todo es atreves de computadoras y no hay trato personal.[28]

10. Reduccionismo de la fe.

11. Sensualismo.

12. Ocultismo.

13. Show ismo y actuación.

14. Imitaciones.

15. Comercialización de la fe.

16. Falta de poder.[29]

Fernando Herrera Pesquer

1. Amor por la tecnología (Tecnolatría)

2. Respeto por la opinión ajena (Benito Juárez lo dijo: "El res-

---

28   Gustavo Chávez, misionero en España, 01-27-14.

29   Dr. Gerardo Alafaro, *7 Características del Nuevo Paganismo Cristiano II*, https://doctorgalfaro.wordpress.com

peto al derecho ajeno es la paz" frase de la masonería, esto excita la predicación del evangelio)

3. Frialdad ante las necesidades de otros (Individualismo)

4. Desconfianza en el hombre

5. Desconfianza en Dios (La gente no confía en Dios, debido a lo visto en las congregaciones)

6. Nihilismo (Nada importa, nada existe, ni la familia)

7. Adoración por los "antihéroes" (Seres humanos con muchos defectos que hacen actos heroicos, lo cual justifica sus defectos)

8. Ocultismo, satanismo, hechicería (Aún dentro de las iglesias "evangélicas") Hedonismo (amor por el físico).[30]

Esteban Coreas

Pastor de El Salvador me dijo: Hola Luis, estoy pensando que, 1. Se acentuará el individualismo versus la pertenencia y sometimiento al cuerpo. 2. Además aumentará el creer sin pertenecer.[31]

Dr. Juan Medina

Libertades extremas en la pérdida de valores, sea en la familia, la sociedad y la iglesia misma. Por eso es por lo que la postmodernidad ha permeado a muchas de las iglesias evangélicas de hoy día.[32]

Estas son unas de las muchas cosas que nos están presionando a los pastores para hacer nuestra labor, pero siendo fieles al texto sagrado, a los valores del reino, y a la misión encomendada podemos detener esta avalancha. Esto último lleva a ver cómo entienden (o quieren entender) muchos la realidad que les rodea. Después del fracaso del hombre en su autosuficiencia

30   José Herrera Pesquera, misionero mexicano en el norte de África, 01-27-14.

31   Esteban Coreas, pastor iglesia Centroamericana, San Miguel, El Salvador.

32   Dr. Juan Medina, pastor en Argentina.

modernista, llegó el tiempo del escapismo, del relativismo, del hedonismo, de la búsqueda de la felicidad por la felicidad, de la negación de absolutos, etc. y a esto los sociólogos le han llamado: el postmodernismo.

El postmodernismo en la vida de la iglesia

El predicador Victor Chuy percibe la influencia y los retos postmodernos de la siguiente manera en su artículo titulado, "Estoy cansado".

Me aflige hasta el cansancio escuchar "los mensajes" de aquellos que se enriquecen con el evangelio. Ya no aguanto más que se tomen textos fuera del contexto, para apoyar su avaricia, y vender sus revelaciones al mejor postor. Destruye mi ser interior, porque sé que les están tomando el pelo. Me cansé de oír programas de radio donde los pastores no predican el verdadero evangelio… Solo saben pedir dinero, dinero y más dinero… ¡No saben otro tema!; cansado estoy de la llamada T.V. "cristiana", que vende los milagros por $70 al mes", Pacte con Dios, dicen, eso me hace inevitablemente volver al oscurantismo de la edad media, "por cada chelín que deposite en el arca, Ud. recibirá las bendiciones de Dios" dicen los modernos Tetzéles.

Hastiado estoy de conciertos "para la gloria de Dios", y ¿qué de las brujerías metidas en la iglesia?: "Invoco la prosperidad en tu vida", "Decreto una vida de éxito para ti", "Desato las riquezas para ti". Me cansé de estar explicando la diferencia entre la verdadera fe bíblica y las creencias populares supersticiosas que enseñan los "Apóstoles y Profetas" modernos.

No aguanto más cultos para atar demonios o para quebrar las maldiciones que están sobre México y sobre el mundo, que no tienen efectividad alguna, pues no tienen base bíblica. Seguramente "atan" a Satanás con una cadena tan larga que llega hasta la luna, porque anda tan suelto como siempre, y los hermanos atando y atando. Estoy exhausto. Ya se les acabaron los nudos. Cada reunión lo ata. ¿Y se suelta entre semana?... ¿Para volverlo atar el siguiente domingo?

Me cansan las preguntas que me hacen sobre la "vida cristiana". Recibo todos los días correos electrónicos de personas que me preguntan si pueden ir a fiestas del mundo, hacerse tatuajes, danzar, caer en "El espíritu", "reírse santamente" recibir tratamiento con acupuntura, practicar karate y hasta yoga.

Me cansan los súper ungidos que te hacen viajar a donde viven para imponerte las manos y... "Transmitirte la visión". Que doloroso es observarlos sin la verdadera unción del Espíritu Santo, buscan crear ambientes espirituales con gritos y manifestaciones emocionales. No hay nada más desolador que un culto carismático con excelente sonido y luces multicolores, humo que pretende ser la "Nube de gloria de Dios", pero sin vitalidad espiritual, el ruido los gritos y el desorden, las luces y el humo, no son espiritualidad. Me cansé, incluso, de los chistes trillados sobre Pedro y muchos otros.

Me cansé de ver "Evangelistas" que tiran el saco a las multitudes para recibir "La unción de Dios". Me dejan abrumado, al verlos "caer bajo el poder el Dios" para ser filmados en video y después decir... ¡Avivamiento! ¿Avivamiento o Agitamiento? o ¿Aviva... Miento? No soporto escuchar que otro más se autoproclamó "PROFETA" Y "APOSTOL".

¡Buscaré la convivencia de CRISTIANOS Y DE PASTORES QUE NO TENGAN ESPIRITU DE PLATAFORMA! Posiblemente dirás "Que frustrado y negativo te ves y te oyes, Sí, lo estoy, pero no de Jesús y su hermosa palabra que alumbró mi caminar, sino de las mentiras, fraudes y corrupción de los que se autodenominan "Ungidos de Jehová".[33]

La iglesia no está inmune

En otras palabras, la Iglesia no es inmune a las influencias de la sociedad en que interactúa. De todos es sabido que si comparamos las convicciones que tenía la Iglesia Evangélica hace 30 años en cuanto a la doctrina bíblica versus la experiencia personal con las que tiene en la actualidad, debemos reconocer que ha habido gran cambio. Mucho de ese cambio es por la *inestabilidad de los paradigmas teológicos de las escuelas de interpretación*, en los cambios de los pénsum de las instituciones teológicas y bíblicas, en los cambios de identidad e imagen de organizaciones para eclesiásticas de todo el mundo y por los cambios en el pensamiento de los teólogos, escritores y maestros en las esferas de influencia. Sin embargo, el cambio en la perspectiva de los cristianos acerca del valor, significado e importancia de la doctrina de la Biblia y su lugar prominente para la vida cristiana es por la influencia del movimiento postmoderno dirigido, controlado y manipulado por fuerzas malignas que se oponen a Dios.

Una gran mayoría de las iglesias en la actualidad están más interesadas en sus experiencias personales pasando a un segundo plano el valor, significado e importancia de la doctrina, los valores absolutos, las grandes verdades y principios fundamentales de las Escrituras. Los grandes pilares de la doctrina bíblica que sostenían alimentaban, e identificaban a las iglesias evangélicas y a los miembros de estas son abandonados con mucha facilidad

---

33   Chuy Olivares, *Estoy cansado*, noviembre 5, 2011 at 6:28 pm, en Facebook.

por el culto a la experiencia personal y a la fe individualista. Los neo-pentecostales dan tanto valor e importancia a lo que ellos denominan las "experiencias espirituales" de tipo personal que son capaces hasta ni de leer la Biblia con tal de tener esos momentos, pero que jamás experimentan cambios en sus vidas como cristianos. Muchas veces, se hace más caso a las supuestas revelaciones, visiones, sueños y experiencias místicas diversas de las personas, que a la Palabra de Dios escrita.

Un líder del G12 de Cali, Colombia, escribió lo siguiente en un email: "*...lo que le pasa a César Castellanos y a todos los cristianos como nosotros, es que tenemos experiencias espirituales, y son eso, experiencias espirituales personales, es decir no son doctrina...*" Su lema es: hay que creer en algo, no importa lo que sea. Un misionero español escribió las siguientes palabras ante la llegada de Dante Gebel a España, "Llega el payaso de Gebel" quien en los últimos años ha cambiado su teología bíblica con una interpretación aceptable a una teología regida por la razón, con una perspectiva muy progresista al asegurar que el significado de la Biblia cambia, y que cada uno debe interpretarla en función de su dinámica. En fin, ha mezclado elementos conservadores con elementos postmodernos, como el neopentecostalismo, el aspecto motivacional, la no necesidad de remarcar el pecado, y un mayor énfasis en la visión, en la función de la mente, de la razón en vez de darle el lugar a Dios. Es una predicación postmoderna en todo sentido porque, *¡está sacando a Dios de la escena!*

Es triste y penoso decirlo, pero es necesario. Para un mayor porcentaje de los cristianos de todo el mundo, el pensar, analizar, estudiar y presentar las verdades bíblicas ya no es lo primordial, sino el sentir, experimentar, gozar, soñar, conquistar y vivir el momento. Se vuelve una iglesia cuya predicación es "lite" o liviana, motivacional y psicológica. Las cuestiones sobre el pecado, la culpa, la ofensa a Dios por ese pecado, el destino final de los que rechazan el Evangelio, es decir, el infierno; incluso temas tan absolutamente de acuerdo a las Buenas Nuevas, como son la Cruz, la santidad, el arrepentimiento, quedan postergados al olvido. No obstante, la temática de la iglesia del postmodernismo siempre será agradable al oído de sus seguidores, y conforme a su búsqueda. De ahí el énfasis abusivo en cuanto a cuestiones como la unción, el poder, las bendiciones, los milagros, la prosperidad material, la realización de los sueños (deseos personales), y hasta se permiten el lujo de adentrarse definitivamente en lo esotérico y metafísico, enseñando sobre la "visualización", "confesión positiva", "pensamiento positivo".

Estoy sumamente sorprendido por la manera como se han multiplicado las iglesias independientes en todas partes del mundo, unas por divisiones, otras por la iniciativa de un pastor o líder disconforme, resentido y/o hasta frustrado. En otros casos, por intereses humanos, y no tanto por Dios. Ahora bien, la euforia de ser iglesias independientes es por la indisposición de estar sometidos a una personería, corporación o estructura donde se rinde cuentas. En otras palabras, es por el espíritu hedonista, la rebeldía antropocéntrica, la falsa humildad, la arrogancia camuflada y la ambición insaciable de poder, fama, e influencia. Muchas de estas iglesias no ganan almas para Cristo porque su evangelio no es para eso, pero si reciben a otros que vienen resentidos y/o hasta infieles no querer servir, sino solo ser servidos.

Hace unos 30 años atrás, las denominaciones eran reconocidas por su solidez, por su anhelo por hacer las cosas apegadas a la Biblia. Sin embargo, con la llegada de las nuevas modas, nuevas teologías, falsos maestros, y una terminología pegajosa, superficial, moderna; están atrayendo a millares de personas. Finalmente, la aparición de las mega iglesias con los súper "pastores" hombres en la cabeza de estructuras y un concepto al estilo monarcas, dinastías y empresas, han denigrado y desfigurado al verdadero evangelio de la Biblia a tal grado que este sea poco creíble, confuso, y hasta no confiable. Es necesario un regreso a las Escrituras, al estilo de la Iglesia Primitiva y a las instrucciones originales de Jesús.

El pluralismo visto como normal en el estilo de vida

El pluralismo refleja la cultura occidental que promueve un solo valor, el de la *libertad*. Esta filosofía de vida aboga por que el individuo tenga menos restricciones y amplias opciones dentro de la sociedad y con esto garantizar los derechos personales y las libertades. Esta forma de pensar y actuar por no tener como fundamento la Palabra de Dios, deja que cada *individuo en su libertad decida sin regirse a nada, solo a la razón, ya que es una filosofía de vida centrada en el "yo"* y por ende es hedonista. Tiene como lema, "vive y deja vivir". Su gran debilidad es la tolerancia que cada vez va cambiando de sentido y significado a través de la enseñanza de la nueva era.

De manera que el pluralismo aborrece todo aquello que coarte la libertad del individuo. Si esto fuera cierto, el evangelio debería ser aceptado y respetado. Sin embargo, como el evangelio está formado por absolutos y reglas, consecuentemente, es rechazado. El límite del pluralismo es la misma verdad. Pero eso es inaceptable para esa forma humanista y postmodernista de entender las cosas.

El mensaje del Evangelio resulta amenazante para el pluralismo, de ahí que sus defensores califiquen ofensivamente a los cristianos como de ignorantes, fundamentalistas, fanáticos, moralistas y, sobre todo, homofóbicos. En el pluralismo la verdad de cada uno debe respetar la del otro, pero no la Verdad que es la de Dios. ¿La razón? Es obvia, la Verdad de Dios se opone a la "verdad" subjetiva y engañosa del hombre. En su esencia terriblemente humanista, el pluralismo no puede tolerar a un Dios por encima del "dios hombre". Así que, al hedonismo, el pluralismo no es viejo, es actual, está en todas partes, y mantiene la misma filosofía, oponerse a lo que Dios ha determinado que es bueno, verdadero y justo.

En fin, el pluralismo es el ateísmo del postmodernismo que busca la igualdad dentro de la tolerancia… eso es uniformidad, donde — en realidad - todo el mundo está bajo control. Es un sincretismo comandado por los fundadores de la nueva era, lo que McDowell llama, la nueva tolerancia, y que en esencia es la estrategia del diablo por medio del postmodernismo que busca oponerse a todo lo divino, a todo lo bueno, a todo lo honesto, a todo lo puro, a todo lo que es digno de buen nombre, a los valores, a la Biblia, a Dios mismo (Fi. 4:8-9). Hay muchas cosas que se puede decir sobre este movimiento, pero la influencia que está teniendo y el amplio espacio que está ganando es lo dañino porque se ha infiltrado en la iglesia, en las escuelas, en las mentes de la sociedad no cristiana, en las estructuras políticas, empresariales, educativas, gubernamentales y en la filosofía de vida.

El gran desafío está en ¿cómo responder como pastores, maestros, líderes y misioneros a esta influencia del postmodernismo, lo que Meléndez ha llamado "globalización" que amenaza con anular los valores tradicionales, conservadores y la verdad absoluta revelada por Dios, la Biblia? Es en este sentido que Dios ha puesto en mi corazón estudiar, investigar, enseñar y escribir acerca de la necesidad de rescatar los valores originales que Dios ha plasmado en su Palabra. Volver a esos valores tradicionales, conservadores, los que la Biblia enseña, es la mejor manera para hacerle frente a la influencia maligna del postmodernismo.

El cristiano postmoderno está más preocupado por sus asuntos particulares, su felicidad y bienestar personal, o su condición económica que por cualquier otra cosa ajena a él. Es por ello por lo que todo pastor, misionero, maestro, teólogo, líder celoso y leal a la Biblia y a la interpretación única que expresa el único significado que Dios le dio a la Biblia al inspirarla; no solo debe volver a esta sino apegarse fielmente y enseñar a cada cristiano a hacer lo mismo. Es tiempo de rescatar los valores aprendidos y que la Biblia sigue esperando que los obedezcamos y los enseñemos.

Segunda Parte

La respuesta ante la influencia del postmodernismo es el rescate de valores

1
Formación integral de los niños y las niñas, responsabilidad de los padres

"Sean nuestros hijos como plantas crecidas en su juventud,
nuestras hijas como esquinas labradas como las de un palacio"
(Salmo 144:12)

Los expertos de la educación infantil sostienen que la tarea de la formación de los hijos comienza por lo menos 20 años antes de que estos nazcan. Otros sostienen que mientras están en el vientre de la madre, los padres ya adquieren la responsabilidad de comenzar el proceso de la formación de los hijos. La formación integral de los niños y las niñas ha de verse como un privilegio y una responsabilidad. La Biblia enseña que para Jehová los hijos son herencia que custodiar, para Jesús son el paradigma del Reino de los Cielos, almas que salvar, para la iglesia son un ministerio que atender y para los padres un tesoro confiado por Dios que ha de ser custodiado, formado y protegido.

Hay una teoría propuesta desde hace muchos años la cual afirma que en los primeros cinco años de los niños y de las niñas es cuando se determina gran parte de lo que estos vendrán a ser cuando grandes. Influenciados por esta teoría se establece que esta edad es donde se ponen las bases para la formación integral de los hijos. James W. Flowler, creador de la *teoría del desarrollo de la fe*, sostiene que la formación integral de los niños y las niñas comienza en la edad de 0 a 3 años. Él dice que se puede definir como un proceso integral, esencial, que subyace a la formación de las creencias, los valores y los significados.[34]

Lo que Flowler quiere decir es que el niño y la niña nacen con una fe innata que da coherencia y orientación a sus vidas como personas. Los niños y las niñas en esta edad pueden percibir a través de los cuidados que reciben de sus padres, factores positivos (confianza, coraje, autonomía, etc.) o negativos (temores, abandono e incoherencia, etc.) con respecto al desarrollo posterior de la fe.[35]

Por otro lado, en *la psicología del desarrollo*, mi excompañero del programa doctoral, Manuel Valencia, pastor en California se refirió al tema en un trabajo en la semana de residencia en Guatemala. Valencia escribió, "El niño nace con reflejos innatos, conforme crece, en la etapa 2 se va formando el lenguaje, pensamientos y socialización, y ya entrada la adolescencia, etapa 3, se dan cambios físicos, biológicos y el pensamiento empieza a ordenarse y a conceptuar otras dimensiones del mundo que le rodea. Los aspectos morales empiezan a entrar en juego, diferencias entre lo bueno y lo malo, lo verdadero de la mentira. Sin embargo, en esta edad hay confusión, deseos de tener o descubrir su identidad, llegar a despertar en la sexualidad".[36]

El pensamiento de James Flowler, influenciado por los famosos Erikson, Pigget y Kohlerg puede resumirse de la siguiente manera. "En la etapa uno, hay en el pensamiento de los niños símbolos representativos, en la etapa dos, hay una rica variedad de historias con imágenes, símbolos y ejemplos con poderosos impulsos y sentimientos que van formando ideas concretas. En la etapa de la adolescencia, los jóvenes y las jovencitas participan y están llenos de aspectos como la familia, la escuela, la música, el trabajo, el juego, asuntos religiosos y los valores. Además, todo esto provee los pasos para encontrar la identidad y la visión de

---

34   James W. Flowler, *Stages of Faith, Teoría del Desarrollo de la Fe*, Ed. Harper, San Francisco, CA, 1995.

35   Ibíd.

36   Manuel Valencia, trabajo de residencia del módulo doctoral 310, "Teorías de aprendizaje", Guatemala, julio 2007.

su futuro".[37]

Finalmente, quiero citar el pensamiento del famoso psicólogo ruso-judío que nació en Nueva York, Harold Abraham Maslow, creador de la *teoría de la jerarquización de las necesidades*. Esto es importante que los padres lo tomen en cuenta en el proceso de la formación integral de los niños y las niñas. ***La tesis de Maslow es que basado en las necesidades insatisfechas es que la conducta humana es influenciada***. Él propone una pirámide de necesidades agrupadas de manera ascendente: las primeras cuatro son las necesidades básicas de un niño y de una niña: las fisiológicas, de seguridad, sociales y de estimación. Luego con las que llega a la cúspide de la pirámide, son las necesidades de crecimiento que tienen que ver con la autorealización.[38]

Es muy importante que los padres hoy cumplan su responsabilidad al atender y enseñar a los niños y a las niñas *valores que sirvan de base para el momento cuando les corresponda enfrentarse por sí mismos con la realidad del mundo exterior.* Cuando las necesidades insatisfechas son atendidas en el tiempo oportuno, en la manera apropiada y con el propósito correcto, esto forma integralmente a los niños y las niñas. Cuando los padres son responsables desde que los hijos están en el vientre de la madre y se empeñan en sembrar en ellos verdad, valentía, esperanza y amor, los bebés lo perciben de manera empírica, sin poder hacer distinción entre uno y otro. Son los padres en el espacio privado de su hogar quienes ayudarán a los hijos a forjar estos valores. La manera de forjarlos es directa, los hijos los oyen, miran e imitan.

Así que, debido al espacio disponible para desarrollar este tema, solo se presentarán algunas directrices sobre la responsabilidad de los padres en la formación integral de los niños y las niñas. Con esto, se espera crear interés en investigar o escribir con más profundidad y amplitud sobre el tema. Por consiguiente, para tener una perspectiva integral sobre la formación de los niños y

37   Manuel Valencia cita el pensamiento De Flowler.
38   Abraham Harold Maslow, *Motivación y personalidad*, Madrid (España), 1991.

las niñas, se reflexionará sobre tres valores, que, según el autor de este trabajo, son los más necesarios y determinantes. *La fe en Dios que se vive y enseña en el hogar, el amor por la educación como los pasos que forman la escalera hacia la superación y el respeto hacia las autoridades como la manera más práctica y sabia para vivir en paz y armonía con todos.*

La tarea de la responsabilidad de los padres comienza mucho antes de tener hijos, es una obligación natural y legal cuando los niños vienen al mundo y es obligación moral y espiritual velar por ellos mientras tengamos vida.

El hogar: crisol de la fe

De algo puede servir mi propia experiencia como hijo, padre y pastor. Primero fui hijo guiado por el ejemplo de una madre que había sido formada por mis abuelos. Todos los valores espirituales, morales y civiles que ella recibió de mis abuelos, me los transmitió a mí de manera natural en el espacio privado del hogar. Por supuesto, mi padre, aunque no era cristiano, siempre apoyó la formación que mi madre daba a mis hermanos, hermanas y a mí. Es por ello por lo que, lo que yo sabía de la vida y del mundo es lo que yo había recibido de mi madre en mi hogar con el apoyo de la iglesia, que hizo la parte que le correspondía junto con la escuela. He enseñado con mucha insistencia que la escuela y la iglesia son remansos de valores para los niños y las niñas, pero ***el hogar es el crisol donde se funden***. Son los padres los encargados de someterlos a las calderas del aprendizaje con temperaturas ideales donde se aprenden los valores que jamás se olvidan en la vida, aunque por momentos parezcan inmóviles o dormidos.

La fe en Dios debe ser enseñada, cultivada, y modelada en el hogar. El mejor momento para implantarla en la mente y el corazón de los niños y las niñas es en las etapas uno a tres propuestas por Maslow y Flowler en sus teorías sobre el desarrollo de la fe y la satisfacción de las necesidades básicas que van de 0 años a la adolescencia. Una base bíblica escrita mucho antes que estos hombres es Proverbios 22:6, en la experiencia de Timoteo, un niño que es preparado en la fe en el espacio privado de su hogar, de su familia (2 Ti. 3:15-16) y Efesios 6:4 que apoya la iniciativa de los padres en la formación integral de sus hijos por exigencia divina y por consecuencia biológica, la de ser padres.

¿Por qué es importante y no solo urgente que los padres inviertan el mayor de su tiempo, energía, entusiasmo, esfuerzo y dinero, si fuese necesario, en cuidar la formación integral de los hijos impulsándoles en primer lugar la fe en Dios?

Primero, al escudriñar la voluntad de Dios escrita en su Palabra, es fácil afirmar que *la sociedad en que vivimos ha canjeado fácilmente los valores familiares, morales y espirituales por unas pocas lentejas* (monedas). Desde el púlpito hasta en los hogares existe muy poca preocupación en ser familias sometidas al diseño divino y las normas eternas plasmadas en la Biblia. Desde Génesis hasta Apocalipsis, Dios está buscando un pueblo santo que proclame el auténtico mensaje transformador del amor divino respaldado por una ética santa y para tal iniciativa tomó como modelo la estructura de la familia.

La desintegración familiar en el siglo 21 es alarmante. Lo más delicado de dicho problema es que ya se ha infiltrado abiertamente en los círculos cristianos. Es por ello por lo que el matrimonio cristiano tiene no solo la responsabilidad sino el reto de conducirse de acuerdo con la voluntad de Dios. El matrimonio y la familia tienen funciones, responsabilidades, principios y objetivos descritos claramente en la Biblia para saber vivir sobre la tierra. Cada *cristiano necesita evaluar a la luz de la Biblia sobre la importancia que cada familia esté gobernada y dirigida por Espíritu Santo para que Dios cumpla su voluntad al regresar a las normas, reglas y valores del diseño original.* Un cristiano, un matrimonio y una familia consagrada y esforzada no solo por obedecer a Dios sino por regirse a la Biblia, forman niños y niñas no solo saludables sino con influencia positiva para la sociedad.

Segundo, una de las crisis más profundas en el mundo y especialmente en Los Estados Unidos se da en torno a las relaciones familiares. Esta afirmación puede ser confirmada por la *desintegración familiar, la erosión de valores* y el *distanciamiento de las normas originales de la familia* que se está dando no solo en este país sino en todo el mundo. Al comparar el sistema de valores de los años 50's comparado con el que impera hoy, es sorprendente los cambios que se han dado y no para bien, sino para vergüenza y para mal.

Buscando el equilibro mundial en cuanto a la crisis en las relaciones familiares, busque información sobre otros países. Esto es lo primero que encontré en los países centroamericanos. Uno de los males del siglo XXI es la **desintegración familiar**, causada por la migración, los divorcios, la ambición y los problemas económicos. La desintegración familiar trae como consecuencia problemas que van desde la delincuencia, violaciones, drogadicción, hasta la prostitución. La psicóloga Brenda Rodríguez opina que cuando existe desintegración familiar cada miembro se ve afectado, especialmente en cuanto a ***pérdida de identidad y baja autoestima***. De estos dos se derivan el uso de drogas, amigos no adecuados, actividades incorrectas, prostitución, problemas conductuales, desde pasividad hasta agresividad, todo especialmente en niños y adolescentes que son los más afectados.

¿Cómo evitar el avance en la desintegración familiar? La respuesta es, construyendo y fortaleciendo relaciones familiares saludables basadas en la fe en Dios. ¿Cómo construir y fortalecer las relaciones familiares? Primero, reconociendo al autor de la familia. Segundo, siguiendo las normas originales para la familia. Último, fortaleciendo los valores morales, espirituales y emocionales. Los padres son los responsables no solo de recordar, enseñar, y memorizar una vida de fe, sino obedecer y modelar una vida de fe ante sus niños y niñas.

Si queremos que esta erosión de valores se detenga es importante y necesario fortalecer la relación con Dios porque en la medida que respetemos, temamos, amemos a Dios así será la lealtad, la comunicación, la armonía y la responsabilidad en la familia. Solo Dios puede crear saludables relaciones en la familia, pero nosotros los padres somos responsables de seguir las normas originales y fortalecer un sistema de valores morales, espirituales y emocionales basados en la Biblia que preparen a nuestros niños y niñas para el momento de enfrentarse al mundo exterior, que a veces es cruel, peligroso e injusto.

El amor a la educación: la escalera hacia la superación

"Un proverbio chino reza así: *una generación planta los árboles y la próxima disfruta de la sombra*". Al pensar en la educación familiar debe hacerse bajo esta perspectiva china y bajo dos enfoques claros: la educación intelectual en términos generales y la educación familiar en términos particulares".

Recuerdo un misionero que me enseñó tres pasos que experimenta un niño o una niña en el proceso de alimentarse para ilustrar la manera como es formado un discípulo de Jesús. Primero, el bebe es alimentado por la mamá, luego la mamá enseña al niño y la niña a alimentarse por sí solo (a) y por último le encarga la tarea de alimentar a su hermanito menor. Esto me llevó a la realidad de que llegó el tiempo en que tuve que retomar la responsabilidad de padre después de haberme casado. Dios nos dio a mi esposa Loida y la bendición de tener tres hijos, los que ya no viven con nosotros en el mismo hogar, el primero es ingeniero en electrónica, la segunda se graduó de Bióloga y de Maestría en Consejería y el menor casi de 28 años se graduó de Productor Musical. Los tres sirven a Dios de manera completa. Yo considero que nosotros como padres ya casi terminamos la parte básica de la responsabilidad porque nuestros hijos han sido formados: emocional, espiritual, intelectual, y socialmente.

¿Qué es lo que nosotros con mi esposa hemos hecho con nuestros hijos? Cumplir con la responsabilidad como padres de educarlos a la luz de la Palabra, la fe en Cristo y los valores aprendidos de nuestros padres. Por un lado, mi esposa ha implantado valores profundos en mis hijos de manera independiente, y yo también lo he hecho, pero como padres nos hemos unido para obedecer a Dios quien al darnos a nuestros hijos nos hizo responsables de ese tesoro que debemos cuidar, custodiar, proteger y formar hasta que ellos lleguen a ser padres.

Hay maneras de cultivar amor hacia la educación. Hacer esto es de suma importancia porque termina en parte con el ciclo de pobreza a causa del conformismo que trae la poca educación. Por otro lado, esa pobreza es lo que apresura otros males como la delincuencia, la enfermedad, la acomodación al mismo estilo de vida aprendido de sus padres y el poco desarrollo integral de la sociedad en que vivimos. Por ende, enseñarles a amar la educación es el segundo valor que nosotros los padres debemos insistir en nuestros hijos.

¿En qué consiste la educación integral?

Podría parecer una osadía, pero desde mi punto de vista la educación familiar a nivel global está a punto de extinguirse. Las causas para esta realidad triste son: la TV, internet, revistas, música, ideologías y movimientos que están atacando los principios y los valores de la familia. Movimientos feministas, revolución homosexual, prostitución, lesbianismo, liberalismo y el postmodernismo o la nueva tolerancia, el mucho trabajo y la poca amistad en la familia. Profesionales liberales, abortos fáciles, divorcios fáciles, padres alcahuetes, falta de disciplina correcta, hijos desobedientes y rebeldes con sus padres.

Lo más delicado de todo es que toda esta moda se ha infiltrado en la iglesia, la familia y los padres al caer en el error de no preocuparnos por dar una educación integral a nuestros hijos. La educación integral basada en la Biblia es importante y necesaria porque forja el futuro de las nuevas generaciones y moldea el presente de estas.

La educación integral y familiar puede ser vista como *el esfuerzo consciente* en ayudar a los niños y las niñas dentro del espacio privado del hogar en donde se les debe preparar para la vida en sus diferentes etapas. Es un *proceso* por el cual la familia, los padres y la iglesia se van formando por medio de vivir conforme a los principios, valores y absolutos de la fe, la Biblia y los valores de una sociedad hasta alcanzar su máximo desarrollo espiritual y emocional. Esto requiere tiempo, disposición y flexibilidad. También exige metas y propósitos claros sobre lo que se desea alcanzar y hasta donde se desea llegar. Educación es sinónimo de instrucción y enseñanza (Prov. 22:6). Este es un proceso pedagógico que demanda de un maestro y un alumno.

El mejor lugar para iniciar el proceso de educación es el **hogar**. Los expertos dicen que el vientre de la madre es el mejor lugar y el tiempo para comenzar. En el hogar se forjan los valores sobre la familia. Allí se enseña sobre el amor, el respeto recíproco, la obediencia, metas para la vida, valor de la vida, valor del dinero y la importancia de la educación.

Dentro de este esfuerzo consciente y este proceso continuo está contemplado el objetivo de la educación que es ayudar a cada miembro de la familia a experimentar lo bueno y lo bello de la vida. La educación familiar basada en la Biblia busca siempre el desarrollo integral de cada miembro comenzando con los niños y las niñas para que cumplan la función que les corresponde en la sociedad en que se desenvuelven cumpliendo con el propósito de su existencia según Dios.

¿Quiénes son los responsables de la educación de los hijos?

Ante Dios, los primeros responsables somos nosotros los padres (Ef.6:4). - Frente a la sociedad que nos observa, vigila y evalúa, somos responsables. Frente a los hijos que no eligieron nacer de nosotros y que nos aman e imitan, somos responsables. Frente a Dios que nos ha encomendado el privilegio de cuidar a los hijos, somos responsables. Por tanto, los padres, *debemos ofrecer toda la cobertura educacional a los hijos*. ¿Cuáles son las principales cosas que nuestros hijos necesitan? Amor, aliento, consuelo, valoración, respeto, tiempo, palabras, confianza, creer en ellos, buena comunicación, educación y comida. Los hijos aprenden sus primeras lecciones en el hogar junto a sus padres.

La Biblia tiene varios pasajes que nos exhortan a cumplir la tarea de la educación de nuestros hijos: *a. Instruir a los hijos* (Prov. 4:1; 6:23; 12:1; 13:24; 22:6; Salmo 127:3). Instruir es proveer el camino a los hijos para que conozcan a Cristo y la forma de desenvolverse en el mundo (Prov. 22:6). La instrucción o la educación es más efectiva cuando es demostrada con el ejemplo. La madre enseña sobre cómo vestir, comer, andar y hablar. El padre enseña a orar, leer la Biblia, comportarse en casa y como tratar a los demás (Prov. 4:1; 6:23; 12:1; 13:24). Los padres deben cuidarse de lo que hacen y como lo hacen, ya que los hijos lo ven e imitan todo. ¿Qué son los hijos para que merezcan ser educados correctamente? Para Dios son herencia que cuidar, para Jesús son almas que salvar y para la iglesia personas que ministrar y para los padres un tesoro que cuidar y bien administrar.

b. Dar buen ejemplo, imagen e influencia a los hijos. Todo esto se debe dar como matrimonio para que ellos aprendan las convicciones y las verdades del matrimonio. ¿Cómo ser ejemplo, dar buena imagen e influenciar positivamente a los hijos? *c. Vivir lo que enseñan* (Deuteronomio 6:1-9). El resumen de este pasaje es amar a Dios (v.5), vivir su palabra (v.6), y enseñarla a los hijos (v.7-9) hasta crear convicciones profundas en ellos. La tarea de repetir la palabra lo confirma Ef.6:1-4; 2 Ti. 3:14-17. El repetir y memorizar la palabra de Dios y obedecerla como padres hará que esta produzca cambios en nuestros hijos para toda la vida.

El segundo responsable de la educación son las escuelas. Cada escuela, sea pública o privada tiene el propósito de dar buena educación y enseñar valores a los estudiantes. Esta es la educación intelectual que se da fuera del hogar en la cual los padres deben hacer una gran inversión y luchar por todos los medios posibles que sus hijos la reciban. En los países Latinoamericanos, generalmente, la educación se ha vuelto muy costosa lo que hace imposible la educación escolar. Es admirable cómo el gobierno de Los Estados Unidos y el de otros países desarrollados da educación gratuita hasta la High School o bachillerato y es obligatoria para todos los niños y las niñas.

Cada escuela hace lo que puede para formar buenos estudiantes y futuros profesionales. Cada maestro trata de enseñar lo que cree que es mejor y desea no solo informar sino formar a los nuevos profesionales. Dentro del contenido de la enseñanza va infiltrada no solo el contenido sino ideologías que deben ser examinadas por el estudiante. Es el estudiante quien decide si aprovechar los buenos recursos, la buena educación y los buenos ejemplos. Pero los padres, por otro lado, deben estar pendientes de la calidad de educación que sus hijos están recibiendo. El ejemplo, la enseñanza, la imagen y la influencia de los padres en los hijos debe estar mientras ellos están fuera del hogar, durante las 6-8 horas que pasan en la escuela cada día durante 13 años antes de comenzar estudios universitarios.

Sería muy saludable y beneficioso en este nivel que tanto los maestros y los padres unidos a los encargados de la educación por parte de los gobiernos, dedicaran un tiempo para analizar su sistema educativo a la luz del sistema educativo de Finlandia. Este es uno de los mejores de todo el mundo según BBC Mundo. Recomiendo a cada lector de este libro ir al web citado al pie de la página y lea el secreto de uno de los países con la mejor educación del mundo. Solo cito una de las recomendaciones para mejorar la educación: "Todo se basa en la confianza mutua y en la construcción de un consenso. Cuando planteamos grandes reformas educativas, por ejemplo, siempre involucramos a los maestros y a los alumnos, no se trata de órdenes del gobierno que los educadores tienen que acatar, son reformas que hemos preparado juntos", afirma Lehikoinen.[39]

¿Cuánto está invirtiendo en sus hijos como preparación para enfrentarlos al mundo real que está afuera de su hogar? ¿Está listo su hijo (a) para caminar solo (a) por las calles ante las asechanzas diarias del mal, el pecado, el mundo, la carne, las malas ideologías y el peligro?

El tercer responsable de la educación es la iglesia. La familia invierte el 5% de su tiempo en la iglesia. Esto es un promedio de 7 a 10 horas a la semana que la familia dispone para ser formada en la Biblia y la comunión con los hermanos. La Biblia es la máxima autoridad de la iglesia porque es la Palabra de Dios y quien se somete a su enseñanza regularmente, definitivamente será educado y formado. Lo que busca la iglesia según Dt. 6:1-9 es crear convicciones profundas en los niños y las niñas al poner la Palabra de Dios en la mente y en el corazón de ellos, repitiéndola de diferentes maneras hasta construir una base sólida y fuerte para la educación familiar. El principio de la persistencia o de la repetición es lo que produce un aprendizaje duradero.

La iglesia debería ofrecer un programa educativo integral, diversificado, variado, y sólido que se base en la Biblia, en las necesidades y la edad de las personas. El sistema de predicación está basado en la Biblia y en temas dedicados a llenar alguna necesidad o inquietud espiritual de los niños y las niñas. Programa actividades con propósitos definidos: campamentos, retiros, días especiales, actividades sociales y misioneras. La Escuela Bíblica Dominical ofrece un programa de enseñanza adecuado que va desde sala cuna hasta la edad de oro y seminarios de entrena-

---

39   Laura Plitt, *El secreto de los mejores sistemas educativos del mundo*, BBC Mundo.

miento. La temática, los maestros y los alumnos están inmersos en una aventura pedagógica no solo académica sino vivencial. Hay un aprendizaje constante e interminable dentro de la iglesia en el poco tiempo que se reúne como iglesia. *La iglesia se convierte en un remanso de valores, pero es el hogar el crisol que los va formando, proveyéndoles pasos que forman la escalera hacia la superación profesional.*

Los últimos responsables de la educación son los hijos. La Biblia enseña que los hijos tienen una gran responsabilidad en la educación personal. Primero, deben obedecer a Dios y a sus padres (Ef.6:1-3). Significa amar, honrar y respetar a sus padres porque es justo, en el Señor, es lo menos que se puede hacer y es la garantía de bendiciones. Segundo, deben esforzarse por conducirse regidos a los valores aprendidos de sus padres en el hogar y de la Biblia en la iglesia. Por último, deben dedicar tiempo personal suficiente para conocer, entender, obedecer y practicar la Palabra de Dios (Sal. 119:9-16; Prov.2:1-12; 3:1-9; 4:1-10) y dedicar todo el tiempo necesario para su preparación intelectual que los lleva hasta la superación profesional.

Las personas bien educadas tienen mejores oportunidades y pueden llegar a tener una mejor vida. Los beneficios de la educación son muchos: una persona, un matrimonio, una familia, una iglesia, una sociedad, una ciudad y hasta una nación será mejor si hay educación. El reto está en que los padres nos esforcemos por educarnos todo lo que podamos y educar a los hijos poniendo como base la Biblia, el temor de Jehová y en el tiempo oportuno. Nunca es tarde para comenzar y con paciencia los beneficios llegarán. La educación es un privilegio, una responsabilidad, una obligación, una gran oportunidad y una bendición que Dios nos ha dejado. Repita Prov. 22:6, Salmo 144:12, Prov.1:7 "Siembre ahora y cosechará mañana" "Según usted siembre así cosechará".

El respeto hacia las autoridades: el secreto para vivir en paz

Ya hicimos referencia a dos de los valores que todo padre debe incluir en la formación integral de sus hijos e hijas, la *fe hacia Dios* y el *amor hacia la educación*. Un niño o una niña que tiene un fundamento espiritual profundo y un legado educacional completo casi está listo para saber vivir en medio de una sociedad cambiante. Sin embargo, un temeroso(a) de Dios y un profesional o profesionista tendrá que relacionarse todos los días con leyes, normas y autoridades las cuales debe reconocer, respetar y obedecer. Este es uno de los valores que permiten a un niño y a una niña vivir en paz y armonía.

Este es un enorme vacío en las familias, escuelas e iglesias que está costando superar y no permite avanzar. Me refiero a *la actitud de respeto de los niños y las niñas hacia las autoridades superiores*, sin importar quienes sean. El problema por un lado es que hay quienes no les gusta obedecer, ni les gusta que se les llame la atención y si obedecen, lo hacen con una actitud interna de desobediencia, desacato, rebeldía, o de mala gana. Por el otro lado, están las personas que abusan del poder, de la posición, y se envanecen por la autoridad de su puesto, mostrando así, despotismo, soberbia, autosuficiencia, orgullo, y caciquismo. Esto crea una actitud de rebeldía o desacato o por lo menos indisposición. Yo siempre he creído, he aprendido y he enseñado que *la autoridad se gana*, y que da más autoridad *la función* que el título o la posición.

Cuando se habla de la actitud de respeto hacia las autoridades, hay países en que ya es desconocida esa práctica por culpa o de la prepotencia de un bando o por la rebeldía del otro. Hablar de autoridad no solo tiene que ver con personas, jerarquías, fejes, subalternos, órdenes y reglas, etc. sino con actitud. Sin embargo, muy poco se habla a los niños y a las niñas dentro del espacio privado del hogar sobre la *actitud de sometimiento hacia* Dios, la Biblia y a las autoridades delegadas por Dios. Cuando no hay autoridad ni reconocimiento de la autoridad se forma un estilo de vida desordenada, anárquica y de caos.

Una regla que se ha de enseñar a los niños y a las niñas es *que para tener autoridad es necesario estar bajo autoridad siendo obediente.* En otras palabras, para ser respetado tienes que respetar. ¿Cómo puede alguien pedir que se le obedezca si este no ha aprendido a obedecer a Dios? Pasajes de la Biblia que ayudan a definir y discernir el significado de autoridad espiritual (1 Ti. 1:3-4, 6:3-4, 2 Ti. 2:1-3, 14-15, 23-26, 3:16-17). Toda persona tiene autoridad cuando vive sometida a otra autoridad. Sin embargo, hay algunos fundamentos que los niños deben conocer para saber actuar con respeto ante las autoridades.

Primer fundamento: en asuntos soberanos, de propiedad y derecho, **DIOS** ES LA MÁXIMA AUTORIDAD PARA LA HUMANIDAD Y LA IGLESIA. Por su soberanía es que el hombre después de haberle recibido en su corazón ya no puede discutir con Dios por lo que él hace o deja de hacer. En vez de discutir, manera de mostrar desacato a la autoridad, debe desechar sus propios razonamientos para aceptar la máxima y única autoridad.

Segundo fundamento: En asuntos de redención y decisión, **EL ESPÍRITU SANTO** ES LA MÁXIMA AUTORIDAD DE LA IGLESIA y del cristiano. Juan 14:16-17, 23-26, 16:13-15. A partir del momento de la conversión, el Espíritu Santo se convierte en la Máxima Autoridad en asuntos de *decisión, dirección y control es el Espíritu Santo.* Significa que ya no vivimos como a la ventura, ya no caminamos o hacemos las cosas por casualidad, suerte, destino, horóscopos, adivinación, sueños, brujería, visiones, loterías, rifas, sino por seguir la voluntad de Dios que nos la enseña el Espíritu Santo a través de la Biblia. Cuando usted tiene que tomar una decisión, busque ayuda en Dios, por medio del Espíritu Santo. Él le escuchará y le ayudará. Esto se hace en oración y estudio de la Palabra de Dios, la cual es la voluntad de Dios para todos.

Tercer fundamento: En asuntos prácticos de la vida cristiana, **LA BIBLIA** ES LA MÁXIMA AUTORIDAD. La autoridad de Dios y de Cristo está plasmada en cada palabra escrita en la Santa Biblia, porque esta no contiene la Palabra de Dios, sino que es la Palabra de Dios. Ninguna persona posee ni el derecho ni la potestad de aumentar, quitar, desfigurar ni modificar la Biblia, porque acarrea maldición (Ap. 22:19). La Biblia es la autoridad final para todo asunto de fe y práctica.

Cuarto fundamento: en asuntos de representación y delegación de Dios en la tierra, SON **LAS AUTORIDADES** DELEGADAS LA MÁXIMA AUTORIDAD, Romanos 13:1-5, 2 Pedro 2:13-17. Charles Swindoll dijo en cierta ocasión, la única decisión que satisface a Dios es la obediencia. *En un principio básico y crítico en todo es la necesidad simplemente de obedecer la autoridad sin cuestionamiento (Ro. 13:1-7). La obediencia del niño y la niña hacia la autoridad espiritual debe ser recobrada urgentemente.*

Las autoridades o el gobierno no es una invención de carácter humano, ha sido *ordenado por Dios* para el bien de los gobernados, y *tanto los niños como los adultos están obligados a obedecer* las leyes. La primera responsabilidad de quien se convierte en ciudadano de los Estados Unidos o de cualquier otro país es que tiene que seguir y obedecer las leyes y ser leal a la constitución. El gobierno humano fue instituido después del diluvio por las mismas razones ya mencionadas, que el hombre tiende por naturaleza a ser rebelde. La actitud de respeto y sometimiento es el valor que los padres deben enseñar y modelar delante de sus hijos o hijas mientras es tiempo.

Primero, *se debe obedecer a las autoridades delegadas porque Dios las ha establecido* (Ro. 13:1-2). Lo que se desea recalcar es la importancia y la necesidad de tener una actitud correcta hacia las autoridades. La otra palabra "someteos" es un presente imperativo, voz media, mandato de continuidad y urgencia. Toda "persona" "fixe" "el ser en si" "vida interior" se refiere a lo más íntimo del ser, persona. Significa que, si obedecemos desde el corazón, con una actitud interna de sometimiento, no tendremos dificultad en hacer lo que se nos ordena hacer.

Una de las razones por las que hay problemas en cualquier institución u organización, aun en las escuelas, iglesia y familias es por no obedecer a la autoridad establecida. Significa someternos, aunque las autoridades no sean de nuestra simpatía, agrado, e ideología. Recuerde, Dios solo dice: "Sométase toda persona a toda autoridad que yo establecí, mientras estas no nos obliguen a rebelarnos contra Dios". Desobedecerlas es rebeldía contra Dios y hacer esto trae consecuencias.

¿Por qué causa o razón, aun dentro de las familias, escuelas e iglesias se observa falta de respeto y se resisten a las órdenes y desobedecen a otras autoridades? Esto es problema de falta de actitud correcta la cual se comienza a fomentar en los niños y las niñas en el hogar, los padres deben ser ejemplo de ello y en las escuelas los maestros habrán de insistir en ello, pero con el ejemplo de buen uso de la autoridad.

Segundo, *se debe obedecer a las autoridades porque han sido ordenadas para servir a Dios* (v.3-4). La función de los magistrados, ministros, gobernadores es infundir temor al que hace lo malo y estímulo al que hace lo bueno. Este es el ejercicio y uso correcto de la autoridad. Pero la función ejemplar y principal es servir a Dios y motivar a todos a hacer el bien, en este caso es a obedecer. La constitución del cristiano es la Biblia y la mayor responsabilidad es respetarla, obedecerla, y practicarla. Las autoridades de la tierra son instrumentos, ministros, siervos de Dios para corregir lo malo hasta castigarlo o estimular y premiar a quienes hacen el bien.

Tercero, se *debe obedecer a las autoridades porque el no hacerlo trae consecuencias* (v.5-6). No se nos olvide que el resistir a alguna de estas autoridades, equivale resistir a Dios mismo y esto se llama rebeldía. Rebelarse contra Dios significa hacerse acreedor de terribles consecuencias. Los vv.5-6, es necesario estarle 'sujeto' por causa del castigo o la conciencia. Por dos razones se debe obedecer a las autoridades: hay castigo cuando se desobedece, y por respeto hacia Dios y recompensa.

No tomemos el asunto de la *actitud hacia las autoridades* como algo ligero o en broma, Dios no juega con nadie y Él no puede ser burlado y todo lo que el hombre sembrare, eso cosechará. No obedecer las decisiones, y las autoridades que Dios ha escogido o elegido es rebelarse o resistir al mismo Dios (V.2) y lo que queda son las consecuencias. La rebeldía o falta de sometimiento es producto de una actitud interna pecaminosa, no entregada a Dios, es orgullo y soberbia. Cuando los padres enseñan a los hijos a respetar a toda autoridad se demuestra que hay una formación integral.

Cuarto, *se debe obedecer a las autoridades porque esa es la voluntad de Dios (1 Pe. 2:13-17).* Observe la frase: "Por causa del Señor, someteos a toda institución humana" (v.13ª). Habla de todo tipo de gobierno, creación y ordenación humanas, para referirse a todo lo que está en el plano y relación humana. Ante ellos, por amor a Cristo, y porque agrada a Dios, deben ser obedecidas.

En fin, este es uno de los vacíos de nuestra sociedad y la mayor responsabilidad recae en nosotros los padres. Stephen y Alex Kendrick dicen: "Cuando un padre se desconecta, abandona el hogar o muere joven, sucede lo mismo con el niño. Se genera un vacío masivo de necesidades insatisfechas en todas las áreas importantes que son responsabilidad del padre".[40] No les hemos enseñado, no les hemos modelado, y no hemos influenciado en ellos a tal punto que deseen imitarnos. El respeto ha de ser igual para el presidente, al gobernador, a los representantes en la cámara, a los senadores, a los alcaldes, a los policías, a los vigilantes, a todos los que están en puesto de autoridad. Obedecer es hacer el bien y esto agrada a Dios porque es hacer la voluntad de Dios. El respeto a los demás, es el camino hacia una vida de paz y armonía.

---

40   Stephen y Alex Kendrick, *La resolución para hombres*, Publicado por B y H español, Nashville, TN, 2011:16.

Conclusión

El triunfo de un país, de una sociedad y de una familia se basa en la clase de relación y educación que cultivemos en el hogar. Los padres responsables son quienes hacen la diferencia en la familia y quien hace la diferencia de en un Padre responsable es Cristo quien mora en su corazón. Los valores son elementos que se transmiten de generación a generación, de familia a familia, de padre a hijo. Solo que para que mantengan su pureza y eficacia requiere que se mantenga el proceso de cultivación. Una nota positiva es que nunca se es viejo para cultivarlos y nunca es tarde para comenzar a practicarlos, ya que en todo tiempo y a toda edad traen satisfacción, remuneración y son preventivos.

Los valores no son la vida, pero son necesarios para la vida. Son más que enseñanzas, son convicciones que se enseñan, modelan y demuestran. Los valores son principios, enseñanzas, convicciones y verdades que no se imponen, sino que se enseñan para ser adoptados. En Proverbio 22:6, los padres *enseñan e instruyen,* pero no la imponen a la fuerza, sino que el hijo es quien decide aceptarlos, adoptarlos o rechazarlos. Así que, un valor es una virtud, una cualidad o habilidad que tienen las personas, las cosas, las acciones, las enseñanzas y las verdades.

El valor de los valores es que estos contribuyen en la formación integral de la personalidad de nuestros hijos, de la próxima generación que sostendrá y guiará a esta sociedad. Recuerde que la iglesia y la escuela son un remanso de valores, pero el hogar es el crisol donde se forja el carácter de ellos, Salmo 144:12. Así que, si piensa comenzar, la formación integral de los niños y las niñas incluye lo que el Dr. Taylor considera como la paternidad responsable de papá y mamá: a. Amor y cariño, b. Enseñanza y educación, c. Alimento y salud, d. Recreación y diversión, e. Disciplina y abrigo.[41]

---

41   Estas parejas de conceptos los propone el Dr. Taylor. Aunque están muy en sintonía con los propuestos por el Dr. Gómez y el departamento de Ginecología.

La tarea de ser padres responsables es la más difícil de todo el mundo, es la más importante de toda la vida y es la más gratificante de todas las cosas. Requiere unidad, compromiso, fidelidad, responsabilidad y trabajo en equipo.

Preguntas de Repaso

1. ¿Por qué es importante y no solo urgente que los padres inviertan tiempo, energía, entusiasmo, esfuerzo y dinero, en la formación integral de los hijos impulsándoles en primer lugar la fe en Dios?

2. ¿En qué maneras ve usted que la familia se está desintegrando?

3. ¿Cómo evitar el avance en la desintegración familiar?

4. ¿A qué se debe que aun dentro de las familias, escuelas e iglesias se observa falta de respeto y hay resistencia hacia las ordenes de las autoridades?

5. ¿Qué importancia tiene la buena relación de los padres con los hijos para la formación de estos?

6. ¿Cuál es la coalición que recomienda el autor para lograr la formación integral? ¿Qué significa hacer esto?

2
El poder del respeto

Uno de los valores que hemos dejado de practicar y enseñar en pleno siglo XXI es el respeto el cual se demuestra con palabras, gestos, actitudes, ademanes y hechos. También se expresa hacia personas, objetos, lugares y eventos. *El respeto viene a ser como la expresión de reconocimiento y estimación que alguien tiene acerca de una persona, objeto, lugar o evento por el cual se comporta de una manera coherente.* Por ejemplo, cuando una persona está en un templo sea este cristiano o no. Cuando una persona está en una funeraria esté alguien muerto o no. Sí está frente al presidente de algún país sea el suyo o no. Sí está en el momento en que se entona el himno nacional de un país sea el suyo o no. La actitud y el comportamiento debe ser de respeto, educación, y coherente al lugar, momento, o circunstancia.

El antónimo del respeto se ve cuando un hombre golpea, maltrata, abusa, insulta, menosprecia y es infiel a su mujer. Cuando una mujer golpea, insulta, traiciona, grita y menosprecia a su esposo, está faltando respeto. Cuando un padre golpea, maltrata, insulta, levanta la voz, descuida, y no valora a sus hijos, es falta de respeto. Cuando los hijos gritan, desobedecen, engañan y/o golpean a sus padres es falta de respeto. Cuando las autoridades abusan de su autoridad, hacen favoritismos, son injustos, golpean, gritan, insultan o no escuchan es falta de respeto. Cuando las personas no obedecen las señales de tránsito, las indicaciones de las autoridades, cuando gritan, insultan y no obedecen es falta de respeto. Cuando un empresario roba al empleado, cuando un empleado roba al patrón, o cuando ambos se confabulan para obtener una ganancia deshonesta es falta de respeto. Cuando los políticos o gobernantes no cumplen lo que prometen es falta de respeto. Cuando los pastores se aprovechan de los feligreses, y cuando los feligreses murmuran de sus pastores es falta de respeto. Cuando el esposo no toma en cuenta a su esposa en sus decisiones, y cuando la esposa toma decisiones sin consultar a su esposo es también falta de respeto.

¿Dónde está este valor del respeto, en las palabras, en la persona o en la actitud? La falta de respeto se puede ver en la violencia intrafamiliar, en los abusos laborales, en el maltrato psicológico, en el acoso (bulín) y en el irrespeto eclesial por medio de la manipulación, favoritismo, engaño, aprovechamiento y/o hasta en el robo. *El respeto es un derecho que toda persona tiene desde su mismo nacimiento hasta el momento en que deja de existir, pero también es una obligación que se ha de practicar todos los días hacia toda persona, lugar, evento y principalmente hacia Dios.* La práctica de este maravilloso valor es lo que puede llevarnos a vivir en paz, pero la carencia de este es lo que está llevando a la sociedad presente al caos del individualismo, materialismo y el narcisismo.

Por todo lo anterior, el respeto es una actitud correcta de apreciación, valoración, estimación y de reconocimiento que se desarrolla en la medida que uno es obediente, y que reconoce el derecho que tienen los demás, el de ser respetados por el hecho de ser creaturas de Dios. *Tal actitud correcta es alimentada y formada por la herencia familiar, la cultura del entorno, la formación bíblica y académica y por nuestra propia valorización de las cosas y de las personas, valor que se demuestra por las palabras, actitud, gestos, ademanes y acciones.* El respeto está en las palabras, en la actitud y en las personas, pero, sobre todo, *el respeto es una virtud más que una actitud.* Por lo tanto, el respeto es un valor familiar, cívico, educativo, moral y espiritual.

El inicio de la pérdida del respeto está en el no entendimiento de este

Es posible que la pérdida de este valor comience en la *ignorancia* o *desconocimiento* del verdadero significado o en la *negligencia* al no enseñarlo. El hebreo traduce "honra" como "peso". La persona a la que se honra se le considera de peso y de valor. En la Biblia, ese mismo término hebreo suele traducirse como "gloria", que da a entender que la persona a la que se honra se tiene en gran estima (Gé. 45:13). El término griego para "honra" tiene la idea de estima, valor, preciosidad (Lc. 14:10). Las personas a las que honramos es porque las consideramos muy preciadas. Así que, los términos honran y respeto están relacionados, y suelen usarse juntos. Cuando uno demuestra el respeto que siente hacia alguien, lo honra y lo valora o estima. El respeto se refiere principalmente a la forma cómo vemos a la persona, y la manera como se le da honra, a cómo lo tratamos.

El diccionario Wikipedia ofrece un significado simple, pero me encanta porque es completo. El respeto o reconocimiento *es la consideración de que alguien o incluso algo tiene un valor por sí mismo y se establece como reciprocidad: respeto mutuo, reconocimiento mutuo.*[42] De manera que el respeto ha de verse como el *reconocimiento de la otra persona como merecedora de un trato justo, coherente, correcto por ser una persona con derechos y responsabilidades, independientemente de su status social, posición laboral, o condición física.* Todos debemos saber que, si somos expuestos con otra persona, lo menos que debemos hacer es respetarla como ser humano y jamás menospreciarla, irrespetarla o tratarla mal simplemente por algún aspecto. La demostración del respeto es más exigente en la medida que descubrimos ciertos aspectos en las personas, cosas, lugares o eventos. De manera que no importa la edad, raza, nacionalidad, posición, condi-

---

42 Definición de la palabra "Respeto", según Wikipedia, http://es.wikipedia.org/wiki/Respeto.

ción, debemos respetar, honrar, valorar, considerar a los demás de una manera educada, justa, honesta y bien pensada. Pero también enseñar estos mismos valores, estas mismas actitudes, esta misma forma de pensar, sentir y actuar a todos los que están a nuestro cuidado, siendo nosotros los modelos de lo que enseñamos y de lo que deseamos ver en la próxima generación.

Maneras de expresar el respeto

Jamás olvidaré la cultura de respeto que los padres de una cabecera departamental en Guatemala que habían enseñado a sus hijos a practicar un estilo de vida particular. Es más, con gratitud reconozco que mi esposa y yo aprendimos algunas de estas expresiones de respeto y que hemos enseñado a nuestros hijos. Cada vez que las personas visitan nuestra casa, después de cenar, las personas lo pueden ver en nosotros porque lo escuchan. Las personas pertenecen a la cultura Maya, en Totonicapán, Guatemala. Fuimos invitados a pastorear a una congregación de la Iglesia Metodista Primitiva en esa ciudad. El día que llegamos nos recibieron con una cena deliciosa. Uno de los ancianos estaba en la puerta de la entrada hacia el comedor con una vasija con agua, una toalla y un jabón, y no dejaba pasar a ninguno sin antes cumplir con el ritual de limpieza.

Pastor, me dijo, ponga sus manos sobre esta palangana porque le echaré agua, luego ponga jabón en sus manos, le echaré agua nuevamente, repítalo, y por último séquese con esta toalla que tengo en mi brazo. Ahora sí pastor, puede pasar a sentarse a la mesa para cenar. Yo era el pastor invitado y sentía como una falta de respeto al pedirme que me lavara bien las manos. Sin embargo, era una expresión clara de respeto lo que estaban haciendo. Después de cenar, una segunda cosa hizo, que es parte de la educación, cultura y respeto. Cada uno que terminaba de cenar, al levantarse, inclinaba su cabeza ante mi esposa y ante mí, con sus dos manos juntas e inclinadas al mismo tiempo, decían, "muchas gracias", esperando que nosotros respondiéramos, "buen provecho". Así lo hicieron todos, cada uno en su turno, y no solo a nosotros sino a todos los que estaban en la mesa cenando, y esperaban que nosotros lo hiciéramos de la misma manera con todos, como expresión de respeto y gratitud.

El gran vacío que tiene la sociedad

Recuerdo con mucha gratitud y añoranza la cultura del respeto. Cuando un maestro ingresaba al salón de clase, todos los alumnos se ponían de pie y decían: "buenos días, profesor o buenas tardes, profesora". A todos los niños se nos enseñaba a no hablar con la boca llena de comida, a no pasar por en medio de dos personas que estaban hablando y si lo hacía debía pedir permiso antes de pasar. Era falta de respeto interrumpir a alguien que estaba hablando. No se debía correr en el salón de clase, ni traer tierra debajo de las uñas de los dedos de las manos. Un anuncio en Facebook me hizo recordar mucho de lo que la sociedad actual ha perdido, ya no se dice buenas tardes, buenos días, perdone usted, muchas gracias, señor, disculpe joven, por favor, lo siento, le puedo ayudar y con su permiso. La galantería de los hombres poco a poco se va perdiendo, ya no se cede el asiento, no se ayuda a cruzar la calle, muy poco se pone la basura en sus respectivos lugares, y si a alguien se le cayó algo escasean quienes lo puedan ayudar. Ya no es como antes, no se cede el paso, no se espera con paciencia, no se da el beneficio de la duda, solo se piensa en ganar, lo importante es el yo y para ajustar el escenario, muchos responden mal cuando se les señala algo, porque no están dispuestos a aprender.

¿A dónde se fue el valor del respeto? Bien dice Isaías, a lo bueno le llaman malo y a lo malo le dicen bueno (Isa.5:20). El presidente de EE. UU., Barak Obama ha insistido en que "cada vez que la libertad y la igualdad se afirman, el país se hace más fuerte". Ponga atención a este otro caso, el conductor de un bus escolar de Minnesota fue despedido la semana pasada por orar con los alumnos todas las mañanas antes de ingresar a la escuela. George Nathaniel, de 49 años, también es pastor en una iglesia de la localidad, y trabaja como conductor de autobús en una empresa privada. Dijo que los niños a bordo del bus tenían la opción de participar en la oración o no, según el sitio Minnesota CBS. ¿Cuándo se ha visto que orar a Dios es algo dañino o malo para las personas? Definitivamente, es la crisis de la sociedad, la falta de reconocimiento de Dios es lo que está imperando, pero también la ignorancia, el desconocimiento o la mala enseñanza de los valores.

Por veinte dólares o por menos, hay personas capaces de traicionar, mentir, robar y hasta asesinar al prójimo. ¿A quiénes respetar? ¿Cuándo respetar? ¿Por qué respetar? ¿Dónde respetar? Respetar es la mejor manera para ser respetado. Cuando alguien ha visto y ha entendido lo que es el respeto, continuará siendo respetuoso con todos, con todo, y en todo lugar. El tiempo que vivimos, es del que Pablo advirtió a Timoteo, tiempos difíciles y peligrosos, donde el respeto hacia los demás, será un asunto olvidado o ignorado (2 Ti. 3:1-9). Esto es muy triste, lamentable y preocupante.

En la medida que entendamos el significado, el valor y los beneficios de la práctica del respeto; sentiremos la necesidad, la obligación y la satisfacción de respetar a los demás como Dios lo planeó desde que nos creó. Este es el gran vacío que tiene la sociedad, y que cada día como cráter está ensanchando terreno. Una coalición formada por la *familia,* las *escuelas* y las *iglesias* con una perspectiva de *trabajo en equipo* es lo que se necesita construir en este tiempo para hacerle frente a esta avalancha en contra de los valores que no da tregua. Es la propuesta que he hecho desde el capítulo uno.

Allí aprendí, que el respeto se demuestra con actitud, palabras, gestos, ademanes, miradas, y hechos. El respeto se expresa hacia personas, objetos, lugares y eventos. El respeto viene a ser como la expresión de reconocimiento que alguien tiene acerca de una persona, objeto, lugar o evento por el cual se comporta de una manera coherente. Dios dejó claras las reglas sobre el trato entre unos y los otros. Amarás a tu prójimo como a ti mismo (Mr. 12:31). Considerarás a la otra persona como superior a ti mismo (Ro. 12:10). Desearás lo mejor para la otra persona en vez de mal. Miraremos a los demás con igualdad, con amor, con educación, con mucho valor, con mucha estima, sean estos conocidos o no, sean amigos o no, sean niños o grandes, jóvenes o ancianos, ricos o pobres, vecinos o extranjeros, familiares o no, enfermos o no, merecedores de nuestra misma fe o no, a todos. Y los miraremos y los trataremos con amor, igualdad, educación, estimación, reconocimiento, honra, y valor. Dos son las razones por las que debemos tratarnos con amor y respeto: uno porque son seres humanos, dos porque vivimos en un mismo planeta y eso nos hace responsables de lo que sucede. El respeto es por exigencia o por gratitud, es espontáneo u obligado. Gary Smalley refiriéndose al derecho de ser respetado, y a la cultura del respeto, dice:

> Es básicamente, asunto de pedir permiso antes de entrar al espacio de otra persona, y luego estar dispuesto a aceptar la respuesta que se le dé, aunque sea una que no le agrade. Puede parecer obvio, pero muchos no lo hacen. Esto es lo que estoy aprendiendo a hacer, lo que ha cambiado más la forma en que me relaciono con los demás, y que más ha mejorado mis relaciones. Pedir permiso no es fácil, pero tampoco lo es escuchar con gracia un no o ahora no. Cuando Norma dice ahora no, yo necesito respetarme lo suficiente como para sentir que no es que me está rechazando.[43]

---

43   Gary Smalley, *Para que el amor no se apague*, Editorial Caribe, 1996: 116.

El respeto hacia Dios inmerso en el tercer mandamiento de Éxodo 20

Definitivamente, pertenecer al pueblo de Israel, más que un privilegio, era una gran responsabilidad. Al terminar de leer el libro de Levítico, estoy muy maravillado por la cantidad de leyes que Dios estipuló para ser obedecidas. Y a pesar de que cada ley está bien detallada, por ser demasiadas, es muy difícil cumplirlas. Sin embargo, hay algo que tocó mi corazón de este capítulo, aparte de que Dios pide obediencia y santidad como estilo de vida de quienes están a su servicio o pertenecen a su pueblo, y es sobre *la manera que se debe usar el nombre de Dios en el diario vivir*. El uso del nombre de Dios requiere respeto.

Lo primero que Dios pide de nosotros es que tengamos cuidado con lo que decimos con nuestra boca, mejor dicho, con nuestra lengua. Levítico 24:10-23 narra el ejemplo del hijo de un matrimonio mixto, madre judía y padre egipcio quien *usó el nombre de Dios para proferir una maldición,* acción considerada blasfemia y desagradable delante de Dios. El primer castigo fue, la cárcel y después Dios determinó que muriera. Recuerda uno de los diez mandamientos en Éxodo 20:7 dice "No tomarás el nombre de Dios en vano". Usar el nombre de Dios incorrectamente, es pecado, blasfemia y en ese tiempo el castigo era la muerte. ¿Qué es más grave, saber que usas el nombre de Dios en vano y no sentir nada, o sentirse mal y no hacer nada?

El nombre de Dios debe ser protegido, guardado, honrado y respetado. Los israelitas no podían usar el nombre de Dios con propósitos ociosos, frívolos o falsos, con fines egoístas, malvados, porque al hacerlo estás usurpando su autoridad, y blasfeman contra su nombre santo. No debe ser comparado con otros dioses, estructuras o imágenes. Prohíben usar el nombre de Dios en forma profana, con intenciones manipuladoras, ni se puede usar para actos de magia, brujería, o para maldecir a alguien. Este gran pecado se ha convertido en algo común en este siglo XXI, el tomar el nombre de Dios en vano, aun dentro de las mismas iglesias evangélicas, y los mismos pastores.

Con frecuencia escucho decir "Oh my God" y no está malo, solo que se usa sin sentido, sin propósito, sin necesidad y sin espíritu de adoración, se dice solo por decir pues lo dice cualquier persona. Esa frase ya se ha convertido en un modismo universal. Este uso, aunque no mal intencionado, pero por usarse en un vacío sin sentido, cae un poco en el sentido de decir el nombre de Dios en vano. Esta expresión puede ser de admiración o de clamor cuando se hace en contexto de oración porque viene de un corazón que tiene una relación personal con Dios. Sin embargo, en otros casos, hay personas que usan el nombre de Dios en medio de un juramento y ponen el nombre de Dios como testigo para obtener algunos intereses personales y a veces hasta pecaminosos. Este uso incorrecto del nombre de Dios es más grave. El colmo de la blasfemia se da cuando el nombre de Dios es utilizado en alguna maldición o es maldecido el nombre de Dios o se usa para maldecir a alguien o en transacciones pecaminosas. Esto lo hacen las personas que no tienen temor, reverencia y respeto hacia Dios.

Sin embargo, de pronto, hasta los considerados cristianos, a veces usan el nombre de Dios con indiferencia, sin respeto, con manipulación y engaño o egoístamente. Hay algo más delicado en todo esto, yo no necesito pronunciar el nombre de Dios con mi boca para blasfemar o hacer mal uso de su nombre porque yo lo doy a conocer con mi vida, con mi forma de ser, con mi forma de actuar, con mi forma de expresar las palabras, con la forma en que me comporto, es más, y hasta con la forma en que visto.

Hacemos mal uso del nombre de Dios cuando damos mal ejemplo, cuando decimos malas palabras, cuando contamos chistes con doble sentido, cuando criticamos a la gente, cuando robamos tiempo del trabajo para hacer cosas personales, cuando faltamos a un compromiso sin avisar, cuando vamos a lugares que Dios no autoriza que vayamos. Todo lo que hacemos, siendo que ya somos hijos de Dios y miembros del pueblo santo de Dios, hablan o dicen algo de Dios. La Biblia dice que de una sola fuente no puede salir agua dulce y agua amarga, sin embargo, también dice que de nuestro corazón salen los malos y buenos pensamientos. Así que, lo que debemos cuidar es de lo que dice nuestra boca, porque puede decir palabras que bendigan o que maldigan, pueden salir palabras que edifiquen y que destruyen, palabras que estimulen o que ofenden y palabras que honren o deshonren a Dios.

Debemos tener mucho cuidado con lo que sale de nuestra boca, corazón, pensamientos y con lo que hacemos cada vez que mencionamos el nombre de Dios, pues debemos hacerlo solo para honrarlo, reverenciarlo y darlo a conocer a aquellas personas que aún no lo conocen. Cada día usted y yo representamos a Dios con nuestra vida, ejemplo, testimonio, y debemos tener cuidado en cómo estamos dando a conocer a Dios. Desde ahora en adelante, piense antes de hablar y al hablar recuerde su identidad, es un hijo (a) de Dios, y como tal, debe hablar solo lo que Dios quiere que diga y de la manera que la Biblia enseña sobre cómo se debe hablar.

Una perspectiva más exhaustiva sobre el valor del respeto

Ya lo adelanté, es lamentable decirlo, pero es una verdad. En este siglo XXI en que Dios nos ha permitido vivir, el valor del respeto y la educación se ha perdido casi en su totalidad. Sin embargo, vale decir que aún hay un remanente que disfruta al practicar el respeto ante los demás. Respeto tiene que ver con el reconocimiento de la otra persona, que según la Biblia debe ser considerado como superior a uno mismo. Respeto tiene que ver con la honra que damos a las personas que se lo merecen, y todos merecen ser reconocidos como criaturas de Dios. Por ejemplo, la Biblia dice: "Honra a tu padre y a tu madre porque este es el primer mandamiento con promesa para que te vaya bien y seas de larga vida". "Hijos obedecer en el Señor a vuestros padres porque esto es justo, honra a tu padre y a tu madre para que te vaya bien y seas de larga vida sobre la tierra". El respeto, el reconocimiento, la honra y el buen trato que damos a los demás nos recompensa con una vida de paz, de reconocimiento y honra.

Bueno, lleguemos al asunto con más profundidad tomando como referencia 1 Samuel 20. En este caso, respeto es la lealtad, el reconocimiento y el valor que David da al rey Saúl aun cuando este está tratando de matarlo. Saúl llegó a sentir tanta envidia, celos, y temores por la fama, el liderato, y lo que David estaba haciendo que había determinado borrarlo de la tierra. Aun más, el hecho de sentirse descalificado por Dios y sustituido por David lo hacía sentirse amenazado hasta el punto de que en su razonamiento solo estaba la alternativa de matar a David para mantenerse en el trono como rey. Es por ello por lo que, está decidido en perseguir a David por todos los rincones del territorio y aun en las partes donde dominan los filisteos o los moabitas (1 Samuel 20:31,33).

David no solo siente y tiene respeto por Saúl, sino que lo practica y lo enseña a todos los que están a su alrededor quienes querían matar al rey. Por favor, lea esta fascinante escena en 1 Samuel 24:4-11, donde David tiene la oportunidad de terminar con su persecución y exilio. Dios entregó en manos de David al que lo perseguía para matarlo, al rey Saúl. No piensen que Dios se lo entregó para matarlo, lo hizo para enseñarnos que quien respeta y teme a Dios es coherente en su forma de actuar, respeta a los que merecen respeto, honra a quienes merecen honra, y valora a quienes merecen valor. David podía terminar con su calvario y con los de sus padres que les tocó salir de su tierra por temor a morir. David podía adelantar su reinado y coronarse oficialmente como el nuevo rey de Israel. Sin embargo, David no lo hizo, sino que procedió de acuerdo con sus valores, a sus convicciones, a su lealtad y en obediencia a la Palabra.

David llegó donde Saúl estaba dormido sin que los soldados del rey se percataran y le cortó la orilla del manto de Saúl. Parece ser que sus hombres le incitaron a que lo matara (v.7) y es probable que por un momento sintió el deseo de hacerlo, pero luego reaccionó (v.5) y dijo "se turbó su corazón" porque cortó la orilla de su manto y dijo: "Jehová me guarde de hacer tal cosa contra mi señor, el ungido de Jehová, que yo extienda mi mano contra él, porque es el ungido de Jehová" (v.6). En seguida se fue a una cumbre y con sus palabras dio la moraleja más pedagógica que podemos tener acerca del respeto y el perdón, quien teme a Dios, reconoce a los demás como seres humanos, dignos de respeto, honra y buen trato y basados en la Biblia como superiores a él mismo. Por lo tanto, los respeta en todo tiempo y no busca su mal como ocasión de venganza, sino que en todo tiempo los respetará. Aún a la distancia, David hizo reverencia ante el rey, demostración de respeto en palabra, hecho y acción.

Hay tremenda tristeza en mi corazón al ver la sociedad en que vivimos, pues hay demasiada decadencia moral, educacional y de respeto. En las escuelas, estudiantes faltan respeto a sus maestros, a sus compañeros, pero también hay maestros que no respetan a sus alumnos, a sus colegas, a sus principales y a los padres de los estudiantes. En los hogares, los hijos gritan a sus padres exigiéndoles que les complazcan sus gustos y caprichos y los padres faltándole el respeto a Dios se los complacen. Pero también hay padres que no respetan a sus hijos al no escucharlos, al no estar pendientes de ellos, al no darles un buen ejemplo, al dejar que en la casa haya desorden, gritos, peleas, práctica de hábitos peligrosos o contra la moral. El respeto se adquiere, se gana, y se recibe, pero también se enseña y se modela. Nosotros los cristianos debemos respetar a los demás porque la Biblia así nos lo enseña (Ro. 13).

El respeto ¿asistió a la iglesia?

En las iglesias, faltamos respeto a Dios con la impuntualidad, con la forma de vestir, al mascar goma mientras predica el pastor, al hablar a espaldas de los demás, al asistir a la iglesia con actitudes de arrogancia, indiferencia, y poco deseo de hablar o participar. Cuando dejamos que otra persona continúe en el pecado sin hacer nada para no estar en problemas. Hay falta de respeto de los pastores hacia sus ovejas al tratar de aprovecharse de ellas, al tratarlas con indiferencia, al dominarlas por intereses personales y al no buscar el bien de ellas. Pero también hay ovejas o miembros en las iglesias que le faltan el respeto al pastor, y la Biblia dice que los pastores son dignos de doble honra, porque Dios los ha puesto ahí y por la función que ellos tienen. Dios pedirá cuenta a los pastores por la labor que ellos hacen, si engañan, si manipulan, si se aprovechan, si maltratan, y si hacen las cosas no para honrar a Dios; ellos darán cuenta de todo delante de Dios (Hebreos 13: 7,17, 2 Te. 5:12-13).

El respeto se demuestra cuando saludamos a los demás, cuando pedimos permiso para caminar entre dos personas, levantar la mano para pedir la palabra, lavarse las manos cuando salimos del baño, al ceder el asiento, cuando ayudamos a una persona a cruzar la calle, al recoger el objeto que se le cayó a la otra persona, al no hablar de las personas cuando no están presentes, al no decir palabras groseras contra otra persona, y al no falsificar un documento. Cuando sonreímos, cuando participamos, cuando ayudamos, cuando cumplimos con los deberes, cuando defendemos el evangelio con amor, sabiduría y reverencia. Cuando nos ponemos de pie al escuchar el himno nacional, cuando colocamos la basura en su lugar, cuando nos sentamos en el lugar donde nos es posible independiente quien esté allí, y cuando no responde, ni ve mal al anciano, sino que trata de ayudarlo. El respeto que se requiere cuando se va a un funeral, o a un templo es diferente al que se tiene cuando se va a la playa, supermercado, cine, etc, pero siempre se requiere respeto. Con todo, la manera de hablar ante el presidente de la república es muy diferente al momento que estamos en un estadio, pero en todo lugar y en todo momento, ante toda persona, la actitud, el reconocimiento y la valorización es importante.

Nunca es tarde para mejorar, y nosotros los hijos de Dios debemos ser ejemplo de la práctica y enseñanza del respeto a los demás. No hay mejor manera para estar en paz con los demás, para honrar el nombre de Dios, para embellecer el evangelio que a través de la práctica y enseñanza del valor del respeto. Respete para ser respetado, pero antes que lo respeten a usted, respete usted a los demás. Respete a los niños, respete a los adolescentes, respete a los jóvenes, respete a los adultos, respete a los ancianos y todos lo respetarán a usted (1 Ti. 5:1-3).

Según sea la siembra, así será la cosecha, si siembras respeto, cosechas respeto. Si respetas a Dios en tu corazón, lo más seguro es que respetarás a los demás en cada ocasión y con cada acción.

El amor y la disciplina producen respeto

Mucha gente lo ha pensado, lo ha sentido y hasta lo ha dicho, que quien disciplina o castiga es porque no ama. Sin embargo, la Biblia dice todo lo contrario, que quien detiene el castigo a sus hijos aborrece, y que quien disciplina a sus hijos ama (Prov. 13:22). Sin embargo, por mucho tiempo, personas adultas han dicho, han pensado y han dejado de disciplinar a sus hijos, según ellos por amor, según la psicología para no afectar las emociones de los hijos, y en vez de eso, los consienten, les conceden todos sus caprichos, les toleran todos sus berrinches, y les pasan por alto todas sus travesuras y malcriadeces.

Jóvenes han pensado, han sentido y han expresado su desacuerdo y su rebeldía en contra de los padres, autoridades, e instituciones que abogan por el ejercicio de la disciplina, que no necesariamente tiene que ver con lo físico sino mucho más. Muchos de estos jóvenes son estudiantes de altos niveles, pero liberales, independientes y sin valores pues con tal de lograr sus objetivos irrespetan a las autoridades, son violentos y desobedientes a las autoridades. Esto lo estamos viendo en varios países donde universitarios unidos a otros rebeldes al no concederles sus peticiones, se lanzan a las calles destrozando todo lo que esté a su paso, desquitándose con quienes no la deben, arremetiendo con todo sin medir las consecuencias y sobre todo la incoherencia de su comportamiento con el nivel educacional que dicen tener lo cual es decepcionante. Todo lo quieren solucionar con violencia y es probable que vengan huyendo de un hogar disfuncional o donde no hay disciplina, sino mal uso de esta, violencia, abusos, malos ejemplos, etc.

Niños y niñas, por culpa de la mala educación de los padres dejan que sus hijos o hijas aún siendo de brazos hagan toda clase de travesuras sin llamarles la atención o por lo menos explicarles las razones por las que no deben comportarse de esa manera. Los padres que dejan que sus hijos o hijas siendo de 3, 4 o 5 años les griten, les golpeen la cara, les escupan, les desobedezcan, irrespeten a los grandes, hagan desorden donde no deben, salten, griten y corran donde es prohibido, son los culpables. Los niños y las niñas son inteligentes, ellos y ellas bien entienden cuando es SI y cuando es NO. El problema es que nosotros los padres no hemos aprendido a decir o aplicar el NO o el SI de tal manera que ellos lo entiendan y lo obedezcan.

Disciplinar a los niños desde pequeños, saber disciplinar a tiempo, corregir el error desde la infancia, llamar la atención al hijo o la hija cuando hace algo incorrecto, eso es amor. La otra cara del amor es la disciplina, porque Dios al que ama disciplina (He. 12:6-16). Una persona educada y disciplinada sabe respetar y reconocer el valor de las demás personas. Aquí está el grave problema, a nosotros no nos gusta la disciplina, y no seguir la disciplina es rebeldía, desobediencia, desorden, malcriadez; y esto con seguridad cosecha más problemas, porque conduce a un comportamiento anárquico. No aceptar que nos disciplinen cuando hacemos algo que merece disciplina es un claro desacato a las autoridades establecidas por Dios. El mayor problema de este tiempo no solo está en los niños o niñas, jóvenes y señoritas, sino en los padres, o sea en los adultos de esta sociedad. Es duro decirlo, pero este problema ya está en las iglesias, en las escuelas, en los gobiernos y en todo lugar. ***La falta de disciplina ha venido a ser la mayor causa de la ausencia del valor del respeto.***

No hemos aprendido a someternos, y mientras no aprendamos obediencia, siempre estaremos en problema, siempre seremos rebeldes y desobedientes y al final, Dios tendrá que disciplinarnos y lo hará con seguridad porque Dios es amor, y el otro lado del amor es la disciplina, la justicia, y la integridad. La disciplina bien ejercida con una perspectiva preventiva y correctiva es muy necesaria para la formación de una sociedad justa, respetuosa y educada.

La justicia y la misericordia con relación al respeto

En los Estados Unidos, algunos Estados han designado ciertas ciudades como *Santuarios de Refugio para los Inmigrantes*. Las ciudades estadounidenses catalogadas como santuario por ser amigables con los inmigrantes son: San Diego, Los Ángeles, San Francisco, Miami, Chicago, Seattle, Houston, Phoenix, Austin, Dallas, Washington D.C., Detroit, Salt Lake City, Minneapolis, Baltimore, Portland (ambas Maine y Oregón), Denver, New York City, y todo el estado de New Jersey. En la Biblia también se habla de seis ciudades de refugio no para inmigrantes específicamente sino para personas perseguidas que por accidente habían matado a una persona, aunque se aceptaban extranjeros.

Hay dos atributos de Dios expresados en Josué 20, justicia y misericordia que pueden resumirse en uno solo, el amor. Lo he dicho en otras ocasiones, que el amor de Dios ha de verse en dos perspectivas: *disciplina y bondad, castigo y recompensa, felicitación y reprensión*. En este pasaje observamos que Dios, lejos de ser tolerante, es justo porque evita que se practique la injusticia, pero sin llegar a ser encubridor. Es una expresión clara del cuidado que Dios tiene con todos, es donde se da la integración de la justicia, la misericordia con el fin de expresar el respeto hacia todos.

La ausencia del respeto hacia los demás, es la explicación para la existencia de personas sin escrúpulos, sin sentimiento, sin dignidad, sin moral y sin valor hacia ellos mismos. Hay muchas *personas* en la actualidad que son capaces de matar al prójimo por casi nada, simplemente porque no les gustó su cara. *Hombres* capaces de violar indefensas criaturas solo por satisfacer sus apetitos salvajes de la carne. *Mujeres* que sin sentimiento alguno son capaces de abortar o dejar abandonadas a sus recién nacidos sin siquiera darles la más mínima oportunidad a que se puedan defender. *Hombres y mujeres* que sin medir las consecuencias roban, secuestran, envenenan con drogas, o trafican con productos dañinos. *Compañías* y *grandes corporaciones* que, por el interés de ganar millones de dólares, no toman en cuenta que están poniendo en peligros a millones de personas. *Gobiernos* que no toman en cuenta a Dios, la Biblia, los valores, y a las mayorías; aprueban leyes que destruyen el valor de toda una generación, o que con tal de mantenerse en el poder permiten la venta de productos que anticipadamente ya saben que son dañinos para la sociedad.

La presunción universal es el respeto y valor a la vida. San Agustín escribió que el ser humano se ama así mismo por inclinación natural por lo cual lucha a como dé lugar por su preservación. Sin embargo, la sociedad ya no valora la vida. Se debe buscar el valor de la vida siguiendo el orden correcto, primero bajo la perspectiva de Dios y luego bajo la perspectiva de uno mismo. El error del humanismo y de la psicología estriba en buscar en el yo aquello que solo Dios puede proveer.

Sin embargo, la vida es un regalo de Dios. El ser humano solo es un administrador de la vida que le ha sido encargada y, por tanto, no tiene ninguna competencia ni capacidad de decisión sobre la vida. ¿Se acepta la voluntad de Dios como la única obligación o es posible que se le conceda libertad responsable al hombre sobre la vida? Así que, la propuesta intermedia es, dejar que el hombre tome la decisión sobre la vida con plena responsabilidad de sus decisiones y consecuencias. Lo único es que cada uno debe aprender a conocerse así mismo.

Algo digno de saber es que Dios no se detiene, no se desilusiona y no cambia por las debilidades, defectos y falsas percepciones que nosotros mismos nos estipulamos o la gente o el mismo diablo nos ha hecho creer que no valemos nada. ¡Eso es mentira! El verdadero valor de nuestra vida está en reconocer el valor que Dios le ha dado. Él nos hizo y no nosotros a nosotros mismos (Salmo 92:1-2, 100). Dios dio lo mejor para darnos valor eterno (Jn. 3:16, 1 Jn. 3:1). La manera como Dios nos ve es muy diferente a la manera como nos miramos a nosotros mismos. Dios nos ha hecho para su gloria (Ef. 1:6,12); nos ha capacitado para que la honremos, adoremos y exaltemos a Dios. Si tan solo hacemos aquello para lo cual fuimos creados, ya hemos descubierto el valor que tenemos para Dios. Descubrir esto da sentido, rumbo y razón para vivir.

Créalo en su corazón, el valor que Dios le ha dado, y el valor que usted mismo (a) se da es lo más importante. La manera como lo (a) valoren los demás es añadidura, no debe afectarle, ni mucho menos determinar su identidad, su actitud, su estado de ánimo y ni aun su proyecto de vida. Según cómo y cuánto se ame, así se estará dispuesto a dar. Jesús nos amó tanto que dio lo mejor que tenía, no lo que le sobraba, no lo que no le costaba, sino lo que más amaba, su vida.

Dios nos ha hecho para su gloria, nos ha capacitado para que le honremos, y si solo eso pudiéramos hacer, estamos haciendo aquello para lo cual fuimos creados, que es adorar, exaltar y glorificar a Dios. Eso es suficiente para satisfacer a Dios y vivir satisfechos nosotros mismos. Este es el lenguaje del respeto, la justicia y la misericordia; Dios es el ejemplo.

El cuidado de Dios es una demostración de su justicia

Josué 15-19 describe el *proceso de distribución de la tierra conquistada*. Como parte de la distribución de la tierra, y establecimiento de leyes justas, Dios dijo a Moisés que no distribuyera ciertas ciudades de las que había dado a la tribu de los Levitas las cuales tendrían una función especial. En la actualidad pueden ser comparadas con la función que tienen las embajadas o los Consulados en países extranjeros que sirven para proteger y salvaguardar a personas perseguidas de manera injusta, o en caso de emergencias (Dt. Éxodo 21:12-13, 4:41-43). También pueden ser comparadas con las ciudades designadas como santuarios de refugio para extranjeros. Es muy interesante saber que inmediatamente después de que Dios revela los diez mandamientos para el pueblo de Israel, también da órdenes para el establecimiento de ciudades de refugio. Esta acción divina prescribe su perfecta justicia y conocimiento anticipado del comportamiento humano y de la realidad de los accidentes que a veces no pueden ser evitados, sin embargo, no pueden ser motivo para la injusticia o el espíritu vengativo.

La enseñanza divina: el valor y lo sagrado de la vida humana (Josué 20: 5-6). Es importante que agreguemos Jeremías 9:23-27 para ampliar la perspectiva de la justicia de Dios. ¿Cuánto vale la vida de una persona para Dios quien es su Creador y Dueño? ¿Cuánto vale para usted la vida de las otras personas más cuando sabe que tenemos en común al mismo Creador? Cuando se piensa en lo que Dios pretendía con las ciudades de refugio nos debe hacer pensar en que nuestra actitud y disposición hacia los demás debe ser siempre el hacerles el bien, no tolerarles el mal, no cubrirles su maldad, pero si ayudarles a salir de esta clase de vida o evitar que otros abusen de su libertad o autoridad para hacerles mal.

La teología de la justicia enseña que quitar la vida de una persona aun por accidente, es un asunto serio, y algo habrá que hacer en contra del homicida (v.4, 6, 9b). Sin embargo, no debe tratarse como un asesino, criminal, al punto de ser castigado con la misma pena, la muerte o la cárcel. De manera que Dios como un árbitro justo, aboga por los dos lados. Los hechores pueden vivir en esas ciudades y no podrán salir de estas hasta ser juzgados por la congregación, no por el que lo persigue y vivir ahí hasta que el sacerdote en función muera.

¿Recuerda como la ramera ofreció su casa como santuario de refugio a los dos espías enviados por Josué sabiendo que estaba actuando en deslealtad a las autoridades de Jericó, pero en lealtad al Dios de Israel? Practicar la justicia significa obedecer y hacer lo que agrada a Dios aun cuando implique desobedecer a las autoridades que se oponen al deseo de Dios. El pastor Reyes en Guatemala está siendo cuestionado por decir que la Biblia no aprueba los matrimonios del mismo sexo. Mientras que el papa Francisco no se opone a los homosexuales que tengan vocación magisterial aun cuando el Papa Benedicto afirmó lo contrario. ¿Dónde está la justicia de Dios que no hace mal a nadie, pero no tolera el pecado de nadie?

La provisión de Dios es una confirmación de su amor

Respeto significa valorar la vida por sobre todas las cosas, sin dejar de aplicar la justicia. Esto lo demuestra Dios con las ciudades de refugio descritas en (Números 35:6, 11-28, Josué 20:7-9). Cedes en Galilea en el monte de Neftalí, Siquem en el monte de Efraín, Quiriat-arba (Hebrón) en el monte de Judá. Al otro lado del Jordán al oriente de Jericó: Beser en el desierto (tribu de Rubén), Ramot en Galaad (tribu de Gad) y Golán en Basán (tribu de Manases).

En la teología de la misericordia de Dios siempre va unida su presciencia. Podría darse una mala interpretación a lo que Dios está haciendo acá. Tratar de proteger a los homicidas sin tomar en cuenta que por accidente o no, se hizo un mal a la otra familia, pereciera injusticia. Sin embargo, es todo lo contrario, prevalece la justicia y el valor de la vida. El hecho de designar seis lugares para que sean refugios de personas perseguidas por un accidente no es más que la expresión clara de la misericordia y la justicia de Dios. Está en juego el conocimiento anticipado de Dios del destino de cada persona, de cada matrimonio, de cada familia y de toda una nación.

¿Es injusto que los residentes de EE. UU. nieguen un permiso a las personas que vienen a este país de manera ilegal? ¿Tienen todo el derecho las autoridades de este país a deportar a todos los que están acá sin estatus legal? Si un Estado, decide conceder permiso de estadía a personas sin documentos legales aun cuando la ley federal lo prohíba, ¿es esto un acto de misericordia, de justicia o de favoritismo? Es un acto de misericordia y justicia basado en la soberanía que le da la Constitución a cada Estado para ser independiente en sus decisiones. Pero ¿Qué de los estados, que no toman en cuenta el derecho del resto de los residentes?

Lo mismo hizo Dios con los homicidas, los protege por amor, misericordia, y soberanamente los pone en una de estas ciudades, sacrificando el derecho de los dolientes quienes deben entender que el homicida no es culpable, sino que de fondo está la decisión soberana de Dios sobre la vida de toda persona.

¿Quién determina el valor de la vida? Dime cuánto vales y te diré cuánto te respeto

Uno de los artículos más leídos y solicitados en mi blog personal es el valor del respeto. Cada semana hay por lo menos 80 personas alrededor del mundo que están leyéndolo. Es más, los manager de WordPress me han sugerido que siga ampliando el tema. La sociedad actual ha perdido el valor del respeto que merece toda persona independiente de su status social, su nivel cultural, su raza, color, estatura, u origen, etc. La vida de una persona no se define como la simple existencia, tampoco es la duración desde que nace una persona hasta que muere. La vida representa a una persona, la cual desde que es fecundada tiene todos los derechos divinos y constitucionales, los cuales deben ser reconocidos por todos los demás seres humanos. Toda persona tiene derecho a vivir y por lo cual, nadie tiene el derecho de atentar contra ella. Es más, ninguna persona tiene el derecho, la libertad y la potestad de hacer nada que ponga en peligro la vida de los demás.

La ausencia del respeto hacia los demás, es la explicación para la existencia de personas sin escrúpulos, sin sentimiento, sin dignidad, sin moral y sin valor hacia ellos mismos. Personas capaces de matar al prójimo por casi nada, simplemente porque no les gustó la cara. Hombres capaces de violar indefensas criaturas solo por satisfacer sus apetitos salvajes de la carne. Mujeres que sin sentimiento alguno son capaces de abortar o dejar abandonadas a sus recién nacidos sin darles la oportunidad a que se puedan defender. Hombres y mujeres que sin medir las consecuencias roban, secuestran, envenenan con drogas, o trafican con productos dañinos. Compañías y grandes corporaciones que, por el interés de ganar millones de dólares, no toman en cuenta que están poniendo en peligros a millones de personas. Gobiernos que no toman en cuenta a Dios, la Biblia, los valores, y a las mayorías, aprueban leyes que destruyen el valor de toda una generación, o con tal de mantenerse en el poder permiten la venta de productos que anticipadamente saben que son malos para la sociedad.

El valor de la vida la da Dios, quien es justo, misericordioso, omnisciente, amoroso, ecuánime y coherente. Él es el Creador y por consiguiente ama y valora su creación. Dios valora a toda persona de todas partes del mundo, de toda raza, color, nación, status social, nivel cultural y condición moral. Dios las ama y las valora tanto que dio a Su Hijo Único para morir en la cruz, porque para él todos somos importantes, y de mucho valor. Dios jamás hace algo que atente contra el derecho de vivir o que sea injusto. Aparte de Dios, tú como persona eres quien puede saber el valor de tu vida. Si te amas, te cuidas, te proteges y no haces nada que atente contra tu vida. Una vez te valoras a ti, debes valorar a los demás como te valora Dios a ti y como tú te valoras a ti mismo. Pasa esta nota a otra persona y sé feliz. Mientras no valores tu vida, no podrás valorar la de los demás, y sin esa virtud necesaria no habrá respeto hacia la vida como valor.

Bases del respeto

La Biblia, nuestra herencia, la cultura y nuestra propia valorización de las personas es la base de una sociedad con valores. Esto tiene que ver con la educación que hemos recibido y con el apropiarse de dicha instrucción. Un valor se enseña, se modela, se ofrece, pero finalmente es la persona la que decide si recibe, toma, encarna, practica y obedece dicho valor. Prov. 22:6 dice: "Instruye al niño en su camino y cuando este fuere grande no se aparte de él". La responsabilidad de los padres, las escuelas y las iglesias es instruir, orientar, enseñar y modelar los valores, pero son los hijos los que deciden apropiarlos, vivirlos, enseñarlos y modelarlos a la siguiente generación. También dice Ef. 6:1-4 "Hijos obedeced en el Señor a vuestros padres, honra a tu padre y a tu madre porque este es el primer mandamiento con promesas, para que te vaya bien y seas de larga vida sobre la tierra". Pero el v.4 dice: "Y vosotros padres no provoquéis a ira a vuestros hijos sino criadlos en disciplina y amonestación"

En fin, los valores son cultivados por medio de la instrucción de la Santa Palabra. Esto lo confirma (2 Ti. 1:5,3:15) "Que desde la niñez has sabido las sagradas escrituras" que la abuela Loida y su madre Eunice enseñaron a su hijo y nieto Timoteo. Estas te harán sabio para la salvación y para la perfección. Quiere decir que los padres heredan los valores por medio de la Palabra, su vida, sus costumbres, sus hábitos, sus reglas, su cultura y su herencia. (Prov. 1:7), y (Ecle. 12:13) aseguran que el mayor valor que todos debemos aprender, vivir y enseñar es el temor de Jehová porque es el todo del ser humano. Es muy importante reconocer que nuestros padres nos transmiten su propia herencia, cultura, e idiosincrasia, que algunas veces no fue la mejor o buena, pero otras veces sí. Muchos jóvenes son exactamente lo que vieron, oyeron y aprendieron estando en casa con sus padres. Si la herencia o el legado familiar estuvieran constituidos por valores como el respeto, la educación, la generosidad, la ética, la dignidad, la integridad, la sinceridad, la amistad y la justicia, eso mismo estaríamos viendo en los hijos.

Nuestra valorización de la vida, de las personas, de la sociedad, del bien, de la educación, del respeto, determina la clase de personas que somos. El principio de valorar a los demás como seres humanos se enseña y se modela en el hogar por excelencia. Dice (Dt. 6:1-9) que se debe amar a Dios con todo el corazón, y ese amar descrito en la Biblia debe ser contado, leído y repetido a los hijos, nietos y bisnietos. Han de ser repetidos e insistidos y modelados hasta convertirse en un valor. La repetición de algo produce un aprendizaje más duradero. De igual forma, si en la casa, si en la escuela, si en la iglesia nos proponemos a enseñar y modelar todo lo bueno, todo lo justo, todo lo que es digno de buen nombre, lo más seguro es que terminaremos viendo a una generación que piensa, siente y se comporta según las virtudes o valores aprendidos de los padres, de los cristianos, de los compañeros de estudio y de la sociedad (Fil. 4:8-9).

En fin, lo que forma la base de los valores es la Biblia, la herencia familiar, la cultura de la sociedad y nuestra propia valorización. Debemos tener mucho cuidado y dar a la Biblia la supremacía en la formación de los valores, y tomar los valores del legado familiar y la cultura ideológica que se ajusten el criterio bíblico y que no estén en contra de la propia identidad natural de las cosas. En otras palabras, lo que forma nuestros valores debe estar en un orden de prioridad en cuanto a la influencia. La cultura tiene menos influencia que la herencia familiar, pero ambas están subordinadas a lo que la Biblia enseña, modela y exige. Todo esto es lo que ayuda a formar un sistema de valorización de las personas, cosas, lugares y eventos.

Enemigos del respeto

Los enemigos de los valores pueden ser internos y externos: uno mismo o el entorno (Sal.119:9-11; Ro. 12:1-2 Ef. 4:20-32; Ro.3:10-12; 6:12-13). Es importante tomar en cuenta que la misma herencia familiar, y la cultura social pueden ser al mismo tiempo enemigos de los buenos valores, pero también amigos. Como ya lo dije, estos tienen poder de influencia negativa y positiva a diferencia de la Biblia que promueve siempre los buenos valores. Algunas veces se aparenta respeto cuando realmente es otra cosa tal como la hipocresía, malicia, sentimientos malignos, malas intenciones u otros pensamientos, lo cual es irrespeto. La valorización que tenemos de nosotros mismos y de las personas, cosas, lugares y/o eventos es lo que más está causando erosión de valores, producto de la influencia de la cultura y la sociedad que nos rodea conocido como el entorno social, y la herencia familiar cercana que nos ha sido transmitida.

Por ejemplo, si los padres recibieron una educación incompleta o incorrecta, y no me refiero a lo intelectual, sino a la educación integral, lo más probable es que esto repercuta en el comportamiento y en la actitud que los hijos tienen hacia las demás personas. Si escucharon mal vocabulario en casa, si observaron abuso dentro del hogar, si percibieron comportamientos machistas o feministas, y si absorbieron una perspectiva irrespetuosa de sus padres hacia los demás; probablemente se repita este patrón como un ciclo vicioso. Hay dos refranes que caben muy bien en esta parte, "todo se reproduce según su especie" "De tal palo, tal es la astilla". No todo lo que pensamos, sentimos y hacemos es lo que agrada a Dios, ayuda a crecer espiritualmente, beneficia a la familia cercana y respalda nuestra proclama. Es por ello que, en la prolongación del respeto, se debe eliminar todo aquello que distrae, desvía, todo lo que es enemigo, y que va en contra de lo que es bueno, digno, justo, verdadero y lo respetable (Fil. 4:8-9). Es por eso por lo que amerita hacer una depuración con respecto a las cosas que no están ayudando a la formación de una sociedad de valores y buenos sentimientos.

El más grande enemigo del valor del respeto es el hombre mismo, quien vive sin temor de Dios, dominado por el pecado, la carne y el diablo mismo (Ro. 7:20). La carne o naturaleza adámica (Stg. 1:14, 1 Jn. 2:15-17), es la que a veces distorsiona nuestros valores, especialmente el de respetar a Dios, a la Biblia, a los padres, al evangelio, a las autoridades, a las demás personas, etc. Lo que sucedió el día 21 de agosto del 2013 en Damasco, Siria donde personas murieron por la mente malévola de algunos que no respetan a las personas ni la vida es un claro ejemplo de la pérdida del respeto. La Biblia dice, no matarás sino amaos los unos a los otros, pero muchos lo entienden como dijo un comediante: "armaos los unos contra los otros".

El respeto en la Biblia y los beneficios

De algo estoy profundamente seguro, que el respeto engendra respeto y es demostrado con gusto o sin gusto, por obediencia o por exigencia, por deber o por gratitud, pero en ambos casos hay buenos resultados. Quien recibe en primer lugar la recompensa por ser educado, respetuoso y amable es quien es respetuoso. En segundo lugar, son los padres que se sienten satisfechos, galardonados y premiados cuando sus retoños, sus vástagos, sus hijos se comportan como verdaderos cristianos, ciudadanos y trabajadores. Quienes son tratados con respeto, educación, amabilidad y buena atención se sienten valorados, respetados y bien atendidos. Esto es un asunto de cultura, de un nuevo estilo de vida de pensar que, así como deseo que me traten a mí es como yo debo tratar a los demás.

Este es un principio bíblico, (Ga. 6:8-9) dice: "Todo lo que el hombre sembrare eso cosechará". La misma ley del talión puede aplicarse en principio, "ojo por ojo, diente por diente". No paguéis mal por mal, sino paga con el bien el mal. El asunto es que cuando dejamos que nuestros hijos o nuestra generación hagan, digan y piensen lo que quieran, estamos permitiendo que la buena educación, los buenos modales, el reconocimiento de los demás y las buenas costumbres sean relegados a segundo plano.

Lo opuesto sucede, si en vez de sembrar odio, enemistad, arrogancia, sentido de superioridad y violencia; sembramos amor, respeto, amistad, educación, buenos modales y excelentes costumbres, esto mismo será cosechado. Hace unos días alguien subió a mi muro de facebook algo que decía, yo amo los días donde se decía buenos días, se daba las muchas gracias, se pedía permiso, se guardaba silencio y se admiraba la edad. Así que, la recompensa y el respeto van desde lo más pequeño hasta lo más grande, desde lo más subjetivo hasta lo más objetivo, y de lo razonable a lo no razonable.

Sería muy interesante y valioso hacer una lista de los beneficios que una persona, un matrimonio, una familia, una iglesia, una sociedad, y/o hasta todo el país recibiría si todos practicamos el valor del respeto como un estilo de vida. La idea de hacer esta lista no es tan descabellada, pues tiene sentido. Es por ello por lo que animo a todos los esposos, padres, pastores, maestros y gobernantes a hacer esto, y luego escoger algunas cuantas maneras de ponerlos en práctica en el círculo más cercano que tenga.

Un ejemplo en la Biblia acerca de la práctica del respeto

En 1 Timoteo 5 encontramos toda una exposición de los buenos modales que restauran el valor del respeto y que trae como recompensa una generación educada, amable, generosa y productiva. Menciona cuatro clases de personas, con diferentes edades, de ambos sexos y con diferentes niveles de autoridad. Ancianos, jóvenes, ancianas y jovencitas. Pablo les recuerda la manera como habrá de tratarse; como a "padres, madres, hermanos y hermanas". Timoteo, siendo un pastor joven; debe ser respetuoso, amable, firme y celoso de la Palabra de Dios, pero él mismo ha de ser respetado por todos los demás a pesar de ser un pastor joven.

Las viudas deben ser tratadas con "mucho respeto y honra" (5:3-16) y con esto se dará un buen ejemplo. Según este pasaje, hay por lo menos 4 clases de viudas, pero solo una es la verdadera; y es la que cumple los requisitos que la Palabra de Dios establece. 1) Hay viudas que se denominan viudas, pero aún tienen hijos nietos (v.4) 2) Hay viudas que se han quedado solas y esperan solo en Dios (v.5) 3) Hay viudas que se consideran viudas, pero viven entregándose a placeres de este mundo (v, 6) 4), las viudas que aún son muy jóvenes (v.11-14). La Biblia da los requisitos para una verdadera viuda: 1) Mayor de 60 años de edad (v.9), 2)

Que haya sido esposa de un solo marido (v.9), 3) Que tenga buen testimonio, si ha criado hijos, si ha practicado hospitalidad y ha servido a los demás (v.l0) y 4) Ha quedado sola, espera solo en Dios, vive orando y entregada a Dios (v.5), Así que, no todas las que se denominan "viudas" son verdaderas viudas.

¿Cómo deben ser tratadas las verdaderas viudas? Los parientes que tienen una viuda; sean estos los hijos o los nietos, y la viuda es su madre o su abuelita; es responsabilidad de los parientes hacerse cargo de ella, como una recompensa a ella y porque esto es bueno y agradable a Dios (v.4). Pues si los parientes, siendo cristianos; no cuidan de su madre o abuela que se ha quedado sin su esposo; niegan la fe, se comportan peor que un no cristiano (v.8). Además, los creyentes son responsables de mantenerla y no hacerla una carga a la iglesia (v. 16). Cuando los parientes son responsables con su propia familia y provee para ella con amor y gratitud; la Iglesia podrá atender perfectamente a las viudas que en verdad lo son.

El consejo de Dios para las mujeres que muy jovencitas se quedan viudas, es que se vuelvan a casar. Según los (vv.12-13), cuando no se casan, se vuelven ociosas, haraganas, chismosas, andan de casa en casa y hacen pecar a muchas personas más. Así que, la mujer que se queda sola por la muerte de su esposo tiene la libertad de volverse a casar; mayormente si esta es joven. Y en vez de tener un comportamiento de falsa piedad, se casa, cría hijos, co-administra su hogar y no se presta como instrumento del diablo; ni mancha el Evangelio con su mal comportamiento. Y las viudas que en verdad lo son, deben ser tratadas con mucha honra, respeto y amor. Como jóvenes, y como cristianos es nuestra responsabilidad velar por ellas. Hablémosles como a personas que Dios nos ha dejado para servirles. La iglesia debe atenderlas con responsabilidad, con amor y fidelidad y tener en su presupuesto algo para servirles.

A los ancianos "Elder", "Episkopos" (5:1-2, 17-20) "Presbíteros" deben ser tratados con respeto, reconocimiento y honra. Pablo ya le ha aconsejado '"Ninguno tenga de menos tu juventud" y tú no seas la causa para que subestimen tu juventud. Por lo tanto, debía ser ejemplo en todos los aspectos de su vida. La edad no es la base para ejercer un ministerio pastoral y de tener autoridad para reprender, sino la buena conducta y el comportamiento ejemplar. 1 Ti. 4:1-16 enseña sobre la buena conducta que Timoteo debe practicar. Tal comportamiento le prepara para saber tratar a toda clase de personas, de toda edad, posición y sexo que estén en la congregación. Debe tratarlos con respeto.

A los ancianos y las ancianas de edad "Presbuteros" (v.l-2). La referencia que Pablo hace aquí es a personas de edad. No importa si son o no son parientes, conocidos o desconocidos, nuestra responsabilidad es tratarlas con mucho respeto. Y Timoteo en la congregación debía "no reprender o regañar" sino "exhortarlos, animarlos o ayudarlos". Se debe hacer con el mismo respeto, honra y amor como a nuestros propios padres. A las ancianas como a madres, no con gritos, insultos, con prepotencia; sino con humildad y admiración. Levítico 19:32 da un ejemplo sobre el respeto que se les ha de tener.

A los ancianos "Elder", "Presbíteros", "Episcopos" en función de siervos de Dios (v.17-20) deben ser respetados por doble razón. No son solo ancianos por edad, sino que son personas sazonadas por el tiempo y la experiencia, por la edad y su madurez espiritual. Además, son personas escogidas por Dios para apacentar la Grey de Dios. Personas, que unidas al pastor se encargan de alimentar, cuidar, edificar y guiar la congregación encomendada por Dios. El trato hacia ellos debe ser con mucho respeto, admiración y amor. No subestimarlos, no denigrarlos, ni sentirse superiores a ellos.

A toda persona en general (5:21-6:2), guardando, obedeciendo la Palabra (v.2), siendo imparcial, no favoritismo y sin hacer acepción de personas (v.22). Conservándote puro, sin pecados, tomando decisiones bien pensadas (v.22). Cuida bien el cuerpo físico, lo mantiene sano; porque en él mora el Espíritu Santo y evita cometer pecados con él, preséntalo siempre a Dios (v.23-24). Enseña y exhorta sobre el comportamiento normal de un verdadero cristiano (6:1-2).

El cristiano ante su amo o jefe no cristiano debe respetar y honrar. Por un buen comportamiento, el Evangelio avanza y se proclama. El buen cristiano se comporta bien ante su jefe o amo, ante sus compañeros, haciendo un buen trabajo; no para ser visto, premiado; sino como muestra de su responsabilidad por ser hijo de Dios, porque la Biblia lo manda y para evitar que hablen mal del Evangelio, de Dios y de la Iglesia Evangélica Cristiana. El cristiano ante los amos o jefes cristianos (v. 1-2); no debe abusar de la confianza por ser hermanos. No deben ser irrespetados. Deben ser tratados mejor: por ser creyentes y otros son los que se sirven del beneficio del buen servicio. El Evangelio se proclama cuando somos buenos obreros, trabajadores y respetuosos.

¿Dónde comienza y dónde termina el respeto como valor?

Después de este análisis del ejemplo de cómo debemos tratarnos los unos a los otros, queda muy claro que la *práctica del valor del respeto comienza en uno mismo*. Alguien ha dicho que mi derecho termina donde comienza el de la otra persona, y seguir este principio es practicar el respeto, máximo cuando este sigue el orden correcto de prioridad, verdad, educación y amor de la Biblia. El vacío de la falta de respeto en esta sociedad postmoderna será solo superado cuando cada uno de nosotros en particular entendamos la importancia, el poder, y los beneficios que este trae a uno mismo, a los que nos rodean, a la familia y a la sociedad en general. *El respeto comienza y termina en uno mismo* (Prov. 1:7, 3:1-8), si porque cada persona decide si respeta o no, todos podemos, mas no todos queremos. La falta de respeto conduce al anarquismo y este a su vez al caos social donde ya no se reconoce el principio de autoridad, disciplina, reglas y leyes.

La cultura del irrespeto es por falta de conocimiento de Dios, abandono desmedido de Dios, y rebelión deliberada de las personas contra Dios. En la medida que una persona deja de conocer a Dios, voluntariamente se aleja de Dios; su fe se debilita y el proceso de crecimiento de la incredulidad lleva a la decadencia espiritual. Una persona, un matrimonio, una familia, una sociedad, un gobierno que no reconoce a Dios, que vive alejado de Dios, lo más seguro es que dejará de respetarlo. Al no respetar a Dios y al no obedecer las reglas divinas para cada institución aceptada, y probada por miles de años se hará todo aquello que no agrada a Dios, que no está de acuerdo con la Biblia y, por consiguiente, estará acompañado de un espíritu liberal hedonista, un dominio postmodernista, tolerancia irreverente, y un libertinaje inaceptable. Nuevamente, todo lo anterior termina en una sociedad anárquica, sin Dios y sin respeto. La Biblia dice, "Fíate de Jehová y no te apoyes en tu propia prudencia".

Conclusión

El respeto, en fin, está relacionado con la educación, la humildad, el amor, la cultura, la herencia familiar y la autoestima personal e individual. Cuando practicamos el respeto se vive mejor, en paz, armonía, tranquilidad y amistad. Solo que se debe entender, que la práctica de este valor es una responsabilidad muy personal.

Las relaciones de una comunidad, de una sociedad y de toda una nación se verán profundamente beneficiadas si todas las personas que la integramos aprendemos a respetarnos unos a otros, y hacemos del respeto el valor constitucional de por vida. Esto no es una utopía sino un deseo real y posible, solo que requiere esfuerzo, compromiso y disposición de cada uno para sembrar o cultivar respeto hoy bajo una perspectiva preventiva y positiva en lugar no proactiva, post activa y simplemente correctiva.

Las relaciones de una comunidad, de una sociedad y de toda una nación se verán tremendamente beneficiadas si todos aprendemos a respetarnos los unos a los otros, y hacemos del respeto el valor constitucional de por vida. Cuando todos queremos, todos podemos. Así que, cuando todos aprendemos a tratarnos con respeto bajo el orden de prioridad establecido por Dios, y reconocemos la autoridad, las relaciones, las edades, y los derechos de los demás, tal como la Biblia enseña, y no tanto como el entorno, la cultura, la herencia cercana, y los demás nos dicen, entonces la cultura de paz, armonía y bienestar llegará. La regla de oro de Mateo 7:12 dice; "Así que, todas las cosas que queráis que los hombres hagan con vosotros, así también haced vosotros con ellos; porque esto es la ley y los profetas". Gálatas 6:7 "Todo lo que el hombre sembrare eso cosechará".

Termino diciendo, Si siembras respeto cada día, cultivarás respeto todos los días. Respeta para que te respeten, respeta porque Dios así lo ordena, respeta porque el respeto forma una sociedad mejor, lo mejor de una sociedad es que nos respetemos unos a otros sin importar edad, sexo y posición de las personas. Mi sueño es que nuestra sociedad viva la cultura del respeto, que viva el valor del respeto en todo, que vivamos en paz. "El principio de la sabiduría es el respeto a Jehová" Prov. 1:7.

Proyecto

Sería muy interesante y valioso hacer una lista de los beneficios que recibe una persona, un matrimonio, una familia, una iglesia, una sociedad, y/o hasta todo un país si todos practicamos el valor del respeto como un estilo de vida. La idea de hacer esta lista no es sin propósito, pues tiene sentido y buenos resultados. Es por ello por lo que, yo animo a los **esposos, padres, pastores, maestros y gobernantes** a hacer esta lista, y luego escoger algunas maneras de ponerlas en práctica en el círculo más cercano de influencia.

Preguntas de repaso, reflexión y discusión

1. ¿Si el respeto comienza en uno mismo, porque razón no podemos respetarnos unos a los otros?

2. ¿Recuerda los elementos que conforman la base del respeto? ¿Cuál de estos es más importante, y cual está siendo más descuidado en este tiempo?

3. ¿Qué sugiere usted que debe hacer cada persona, la familia, las escuelas, las iglesias y los gobiernos para rescatar la práctica de este importante valor?

4. ¿Dónde está el principal vacío para la erosión de este valor?

5. ¿Por dónde comenzaría usted el rescate de este valor?

6. Si usted fuera el presidente de la republica, ¿Qué haría para que el respeto a Dios, y a los demás llegue a ser el valor más importante de la sociedad?

7. Después de leer este capítulo, ¿puede sugerir algunas maneras de cómo rescatar el valor del respeto?   Pues yo, personalmente he decidido investigar, leer, enseñar, predicar y escribir acerca del respeto en durante los próximos 10 años.

3
Cultura de perdón

El escritor del libro *"Perdone y ame otra vez"*, John Nieder, cuenta que en una ocasión en que predicaba un mensaje acerca del cielo, un hombre murmuró ciertas palabras acerca de su padre, el cual le quedaban pocos días de vida. Cuando yo miré, sus ojos llenos de lágrimas, él le dijo: ambos somos cristianos, pero hace mucho tiempo que no andamos bien. El predicador le dijo, vaya cuanto antes a ver a su padre. Esa reconciliación debió haber ocurrido mucho antes. Pequeñas diferencias no deberían haberse interpuesto en el camino. Ya era tiempo que el hijo le diga, "Te amo papá, deseo verte pronto".[44]

¿Qué es más fácil, pedir perdón a quien ofendí o perdonar a quien me ofendió? ¿Quién muestra más madurez, el que va y pide perdón o el que perdona cuando le piden perdón? ¿Quién recibe mayores beneficios, el que pide perdón o el que decide perdonar? ¿A quién le corresponde pedir perdón, el que ofendió o el ofendido? ¿Qué relación hay entre la acción de perdonar con la justicia y la misericordia? Estas son unas de las muchas preguntas que podrían hacerse cuando estamos pensando sobre el tema del perdón. Nos enfocaremos en los beneficios que se obtienen en el ejercicio del perdón, el costo del perdón y esta sociedad necesita cultivar una cultura de perdón que consiste en el perdón consigo mismo, el perdón de Dios, el perdón con la ciudad y el perdón con los demás.

La realidad que vive la sociedad presente puede ser descrita como una sociedad donde no hay cultura de perdón. El Dr. Emerson Eggerichs en su libro "Amor y Respeto" dice lo siguiente: "El perdón es un arte que se perdió en nuestra sociedad, en la

---

44   John Nieder y Thomas M. Thompson, *Perdone y ame otra vez*, Editorial Unilit, Miami Florida, (1998).

iglesia, y lamentablemente, en el matrimonio."[45] Cuando digo cultura de perdón me refiero al contexto social, al ambiente, al entorno, al lenguaje y al estilo de vida de perdón. La violencia, matanzas sin sentido, el crimen organizado, la moda del narcotráfico, las competencias en los altos niveles, las estrategias de las manifestaciones sin respeto, los abusos de autoridad, los descuidos de los gobiernos en atender las prioridades y las verdaderas necesidades, las acumulaciones de dinero en unos pocos, no es más que la falta de una cultura de perdón. Lo anterior es resultado de no mirar por el bien de los demás, de no estar en paz con Dios, de no amar al prójimo, de buscar solo los beneficios propios, de no tomar la iniciativa por crear una cultura de perdón, de paz y de amor. Es la cultura hedonista que está predominando escalonadamente. No olvide que por la falta de respeto hacia los demás es que no existe el valor del perdón, lo cual resulta por no amar a Dios.

Llegar a esto no es nada fácil, es por ello por lo que antes debemos entender el significado correcto del perdón y descubrir los aspectos principales que han impedido la creación de la cultura de perdón. Todos debemos entender que para que se dé una cultura del perdón, esta debe comenzar en la cuna, en el hogar, en las escuelas, en las iglesias, esta debe comenzar en uno mismo. La cultura del perdón está íntimamente relacionada con el valor del respeto, con el valor de la vida y con el amor a Dios.

¿Qué significa perdonar?

Para tener una definición completa sobre el perdón y la acción de perdonar, nos apoyaremos en la Biblia y en el libro "El pacificador" escrito por Ken Sande.[46] Es muy recomendable tener este libro en su biblioteca personal.

---

45   Emerson Eggerichs, *Amor y Respeto, Grupo Nelson, Nashville, TN, (2010):104.*

46   Ken Sande, *El pacificador*, División de Misiones Foráneas de las Asambleas de Dios, Springfield, Missouri, 1997.

En primer lugar, Sande dice que perdonar: *No es ni senti-miento* que cuando se va a perdonar no se piensa ni se habla acerca de lo malo que le ha hecho la otra persona. *Tampoco es olvido,* pues olvidar es un proceso pasivo que con el paso del tiempo el asunto o problema se va desvaneciendo de la memoria. Jamás olvidamos lo que nos han hecho, solo que ya no causa dolor, molestia, desvelos, enojo, y rencor. Cuando Dios dice en Isa. 43:25 "Y no me acordaré de tus pecados" no quiere decir que a Dios le falla la memoria y no puede recordarlos. Lo que él hace es no recordarlos, él decide no mencionarlos ya, ni pensar en ello. Por último, *perdonar no significa excusar a otro.* No significa, no te preocupes, está bien, nadie podría prevenirlo, olvídalo.

El Diccionario Pequeño Larousse[47] da cuatro significados a la palabra perdón. 1. Es renunciar a la idea de obtener venganza por una ofensa recibida, no guardar ningún tipo de rencor ni re-sentimiento. 2. Conceder la absolución de una pena. 3. Eximir a alguien de una obligación. 4. Excusar o disculpar a alguien de algo. La Biblia dice que perdonar: a. *Es liberar o levantar la culpa o deuda de alguien o exonerándolo del castigo que merece.* En el Nuevo Testamento la palabra *"afiemi"* significa soltar o despachar (Mt. 18:27), (*jarizomai*) "tratar con benevolencia". En resumen, las palabras del AT y NT implican la acción de borrar, perdonar una deuda o pecado, tolerar, dejar atrás, soltar, abandonar, no hacer caso de y dejar libre. b. *Perdonar es más que un sentimiento, olvido y excusa, es una decisión.* Isaías 59:2 "Pero vuestras iniqui-dades han hecho división entre vosotros y vuestro Dios, y vuestros pecados han hecho ocultar su rostro para no oír". Cuando nos arrepentimos de nuestros pecados y Dios nos perdona, *él nos li-bera del castigo de estar separados de él* para siempre. Dios pro-mete nunca más recordar esos pecados, ni traerlos a la memoria en contra de nosotros, ni permitir que se interpongan en nuestra relación con él.

Sande dice que perdonar es: tomar la decisión de no pensar más en el incidente que los divide, no revivir de nuevo este inci-

---

47   Diccionario Pequeño Larousse.

dente para usarlo contra el otro, no hablar a otros acerca de este incidente y no permitir que este incidente se interponga entre los dos destruyendo la amistad y relación. ¿Se da cuenta de lo lejos que estamos en la sociedad presente de practicar este estilo de vida, el de perdonar en el sentido completo y genuino? Parece ser que predomina el egoísmo, el individualismo, y la búsqueda de salir siempre ganando sobre los demás no importando los medios que se usen. Hay una cultura de indiferencia, separación y a veces de odio, envidia, competencia; y esto no ayuda a vivir en paz, amor y perdón. Es triste decirlo, pero este tipo de sentimiento que no agrada a Dios, la falta de perdón, con frecuencia se encuentra también en los recintos de los templos, donde no solo los miembros sino aún líderes son incapaces de pedir perdón.

En mis 34 años de servir como pastor en 8 diferentes iglesias de 3 diferentes países he sido testigo ocular de muchos emotivos momentos de reconciliación. Pero también he visto con dolor en el corazón la resistencia de hijos de Dios al no perdonar a aquellos que les hicieron algún tipo de mal. Estoy seguro de que Dios se siente complacido cuando una persona se deja guiar por el Espíritu no solo para perdonar a quien viene en busca del perdón, sino porque va a pedir perdón aun cuando él ha sido objeto de ofensa. La verdad es que son mayores los beneficios cuando se está en paz con quienes nos han ofendido o con quienes hemos ofendido. Minutos después de haber perdonado en el corazón a otra persona me dijo un miembro de una iglesia, "pastor, no se imagina la carga que me quité por el solo hecho de haber perdonado en mi corazón a quien me había ofendido".

En segundo lugar, para saber un poco sobre lo que la Biblia dice acerca del perdón, es necesario leer (Ef. 4:32 y Col. 3:13, Salmo 32, 51). Con solo leer estos pasajes no es suficiente para llegar a un significado completo, pues hay muchos pasajes más de la Biblia que se necesita leer, tal como la historia del encuentro de Jacob y Esaú en el libro de Génesis, o el final del encuentro de Jesús con la mujer Samaritana en Juan 4, o la actitud de David hacia el rey Saúl, y el ejemplo de Esteban y Jesús antes de morir, al perdonar a sus ofensores. El concepto del perdón en la Biblia es tan amplio y profundo que se remonta a la misma persona de Jesús quien demostró y enseñó el verdadero significado del perdón y de los beneficios que esta acción trae.

Hace unos días, mientras un pastor daba el estudio bíblico sobre la dimensión de la misión de la iglesia hacia los lados, relaciones personales de reciprocidad según el pronombre (alleloi) que Pablo utiliza en (Ef. 4:20), una pareja se acercó al pastor para decirle que tenían algo pero que no se lo decían porque podría enojarse. En síntesis, le dijeron, ¿usted ha perdonado a aquella persona? El pastor, no se justificó, sino que dijo la verdad, hace un año nos escribimos, dijo el pastor, y no hay nada en mi corazón contra esta persona. Es verdad que no se olvida la ofensa, pero después del perdón ya no duele, no afecta, ni impide ejercer con libertad el ministerio, porque Dios ha curado las heridas y ha restaurado las relaciones. Es más, el pastor confesó que esa misma noche, para corroborar lo que había dicho a los hermanos que le preguntaron, al llegar a su casa, escribió nuevamente a esta persona reafirmando las mismas palabras que había dicho a la pareja, y le dijo que en su corazón no sentía nada en contra de él y que deseaba que Dios lo bendijera en gran manera. Al siguiente día, el pastor recibió respuesta donde esta persona le agradecía por esas palabras y que eran de mucha bendición. Hacer esto, requiere carácter, reconocimiento, humildad, amor y una intención clara de querer estar en paz con Dios y con todos los demás. Hacer esto permite levantar la frente y mirar a los ojos de todos con libertad. Además, hay satisfacción, libertad y aprobación de Dios.

¿Qué cosas impiden perdonar?

La falta de perdón interrumpe nuestra relación con Dios y nos descalifica para ser instrumento de su gracia. Además, la falta de perdón alimenta sentimientos negativos que no nos permite vivir en paz, actuar con libertad, convirtiéndose en repelente de la amistad. Lo más grave de todo es que el no perdonar es una enfermedad que envenena el alma y lentamente va matando el corazón de las personas hasta volverlos insensibles, quienes, al acomodarse a ese estilo de vida, se convierten en fósiles en vida. Es tan delicado para un hijo de Dios, el no perdonar, que no solo enfría su relación con Dios, sino que se estanca en el proceso de crecimiento espiritual. Además, la falta de perdón no es más que la expresión pública de lo que se anida en el corazón descrito como orgullo, arrogancia, soberbia, frutos que vienen de una persona dominada por la carne, el mundo, y el diablo. Tristemente, esto suele darse aún en las iglesias, razón por la cual Dios ha detenido las bendiciones. Recuerde las palabras del Dr. Emerson, pg.78 dijo que el perdón es un arte que, en nuestra sociedad, en nuestras iglesias y aun en el matrimonio se ha perdido, que lástima, porque es necesario.

Un domingo, antes del devocional unido con toda la congregación, llamé a mi oficina pastoral a dos hermanas de la iglesia quienes por algún tiempo y por cosas de poca importancia habían estado sin hablarse y con relaciones poco saludables. Coloqué tres sillas en forma de triángulo, me senté en medio para que ellas estuvieran frente a frente. Las tomé de las manos y les dije: "hermanas, el propósito de esta reunión no es para que me digan lo que yo ya sé, ni para que se digan lo que ustedes ya se han dicho. Así que, abran su corazón y pídanse perdón una a la otra y perdónense una a la otra." Así lo hicieron, se abrazaron como nunca quizá lo habían hecho, se pidieron perdón ambas, yo las abrace e hice una oración pidiendo a Dios que nos perdonara, y que quitara de ellas todo lo que no les permitía tener relaciones saludables.

Es sorprendente cuán rápido trabaja Dios en nosotros cuando decidimos perdonar a quien nos ha ofendido y pedimos perdón a quienes hemos ofendido. Cuando decidimos estar en paz con los demás es cuando realmente comenzamos a estar en paz con Dios. Una sonrisa liberada, sincera y bella salió del rostro de las dos hermanas, y con confianza y libertad salieron juntas de la oficina. Estas acciones reprimen al diablo y fortalecen al cristiano, y el Espíritu Santo se siente libre para actuar. Ese mismo día, otra persona me dijo, "pastor, tenga cuidado porque el enemigo está cerca". Es verdad, le respondí, y yo temo a Dios cada día, no en la semana, sino cada día. El diablo anda buscando desarticular las buenas amistades, las buenas relaciones, las buenas intenciones que hay entre las personas para tergiversarlas, cambiarlas y hacer que se interpreten mal. Estas hermanas, cada una por su lado habían dicho algo inapropiado, pero el diablo hizo la parte más indecente, logrando crear enemistad. Pero, cuando las personas desean y aspiran estar en paz con Dios y los demás, aprenden a perdonar y a pedir perdón todas las veces que se haga, piense y siente algo inapropiado.

El problema en sí (1 Jn. 2:11). - John Nieder hace esta pregunta: ¿Será posible que usted en este momento esté en tinieblas espirituales, por estar odiando a una persona a la cual Dios dice que debe amar? ¿Será que Dios está satisfecho y recibe su ministerio que tan bien hace, la ofrenda generosa que da, mientras usted aborrece a alguien que le sigue ofendiendo pero que Dios manda que lo ame? Esto nos hace examinar nuestra presente condición. ¿Qué es lo que no me permite perdonar? ¿Es el problema en sí, o es mi propia concupiscencia la que no me deja reconocer que yo debo dar el primer paso? El día de ayer, un querido amigo me escribió diciendo que me aprecia mucho. Aprovechando su alago y confianza, le dije, gracias, hermano, y dígame, ¿Ya está colaborando en un ministerio en la iglesia? El hermano me dijo; "gracias por el consejo, valdría la pena que ellos (los ancianos) reconozcan lo que realmente hicieron. Yo ya los perdoné, y les he demostrado que hasta el momento no me he retirado de la iglesia como todos lo hacen. Bendiciones mi gran hermano, usted sabe que le tengo mucho aprecio y cariño".

En seguida le di una recomendación pastoral. La Biblia dice que quien se humilla es exaltado (Mateo 23:12; Lucas 14:11, 18:14). Lo importante es que usted con todas las habilidades que

Dios le ha dado las use para su gloria, y si para ello Dios le pone la oportunidad de enseñar a otros a ser humildes, yo le animo a que se acerque a los ancianos y pastores y les pida perdón, y expréseles el deseo de servir a Dios. La iglesia hoy más que nunca necesita hombres fieles como usted, que representen la identidad de una iglesia firme, estable pues vienen tiempos más difíciles, y a usted Dios lo quiere usar como pilar. A esta exhortación enfática ya no tuve respuesta. Yo anhelo que mi amigo y hermano tome la decisión de acercarse a los líderes y les pida perdón, aunque no sea él el culpable. ¿Cuál es el problema de este hermano, él mismo o los líderes? La verdad es que hacer esto no es fácil, requiere la ayuda de Dios, humildad y gran amor por el servicio a Dios. Es olvidarse de uno mismo, de los derechos, reconocer la falta y/o hasta ceder sus derechos.

*El **rencor-enojo que siento*** (Ef. 4:30-31). - El problema que albergamos y no podemos olvidar alimenta sentimientos negativos como el rencor y la amargura. La solución es Ef. 4:32 "ser benignos unos con otros, misericordiosos, perdonándoos unos a otros, como también Dios nos perdonó en Cristo". Jane era una mujer divorciada que poco a poco se fue consumiendo por el odio que sentía hacia su exesposo por haberla abandonado con sus tres hijos. No fue hasta que se dio la confrontación con la necesidad de perdonar que ella volviera a la vida. Hay personas que por orgullo no perdonan, y prefieren consumirse en la amargura, rencor, odio, resentimiento antes que humillarse y perdonar al ofensor y vivir en paz interna y externa. Dos años pasaron enojados unos jóvenes en mi pueblo natal quienes habían sido amigos íntimos de toda la vida, pero por una simple broma en el juego de la botella, se enojaron y se distanciaron tanto que durante dos largos años no se dirigieron la palabra. Sin embargo, ambos llegaron a reconocer su gran error, se perdonaron y volvieron a restaurar su amistad.

Mi hermano, Isaú Chávez, quien es psicólogo, escribió un artículo donde define algunos términos como el **rencor, enojo y la ira** y revela el proceso de todo esto hasta afectar el comportamiento y las relaciones interpersonales. Solo deseo transcribir la definición de una parte, usted puede leer todo el artículo, "UNA ECUACIÓN PELIGROSA". Cuando una persona siente o tiene todo o algo en su corazón, es importante que aprenda a pedir perdón para quedar liberado, pues de no hacerlo, sufrirá mucho, y siempre no agradará a Dios.

El alma y el espíritu, al igual que el cuerpo pueden ser dañados por acciones o circunstancias adversas. Estas producen experiencias traumáticas de índole emocional, que se convierten en heridas o enfermedades del alma, pero por estar tan escondidas dentro de nosotros, son difíciles de detectar. Estas heridas producen un sinnúmero de reacciones y comportamientos que muchas veces se catalogan como anormales. Veamos a continuación cómo se desarrolla este proceso emocional de manera natural en una persona, iniciando con lo que se podría considerar como lo menos dañino hasta lo más complicado y peligroso para la salud mental y espiritual del cristiano.

1- El ENOJO: Todo inicia con un simple enojo el cual se define como una actitud humana que nace del carácter y está influido por el temperamento.

2- LA IRA: Esta se puede definir como la forma en que expresamos el enojo; es una reacción más violenta. La ira es un fenómeno explosivo desencadenado casi simultáneamente a la situación que la genera.

La ira es una emoción destructiva. Las personas que sufren de ataques de ira incontenible dañan seriamente las relaciones familiares y pueden acabar en situaciones extremas como la pérdida de los hijos o del matrimonio mismo.

Generalmente los iracundos reprimen su coraje cuando están en un medio extraño y lo van guardando como si fuera una bomba de tiempo, que tarde o temprano puede estallar.

Causas que provocan la ira:

• El medio paterno con un comportamiento similar.

• Las personas iracundas generalmente fueron niños/as golpeados o abusados física, verbal y emocionalmente.

• Fueron personas incapaces de expresar sus propias emociones correctamente y con firmeza.

• No aprendieron a dialogar, a confrontar y resolver sus problemas de una manera asertiva.

3- LOS RESENTIMIENTOS: Los resentimientos son los que más huellas dejan en nosotros. Hay muchos factores que hacen que una persona se vuelva resentida: Los que han vivido una infancia conflictiva, los que han vivido en libertinaje y pecado, lo que ha endurecido su corazón y se vuelven insensibles y sin afecto natural. Los que han sido defraudados en la vida o han sufrido desengaños.

4- LAS RAÍCES DE AMARGURA: La amargura es una actitud de sufrimiento, pesar, estado anímico donde se pierde el buen sabor de la vida y los que son víctimas de esta terminan llenos de tristeza, con el rostro y las facciones rudas, llenos de palabras hirientes y dureza extrema que les afecta en sus relaciones con los demás. Este sentimiento nace de resentimientos escondidos por mucho tiempo, puede desencadenarse en problemas depresivos, trastornos emocionales, hasta enfermedades nerviosas, digestivas o psicosomáticas.

5- EL RENCOR: Se define como un sentimiento arraigado y persistente, que puede ser el fruto de una actitud de amargura.

6- EL ODIO: El odio es un rechazo violento, en el cual ha habido una represión de acumulación de sentimientos o situaciones negativas, esto produce enemistades y envuelve deseos de venganza. Existen varias clases de odio: odio racial, odio histórico o cultural y el odio personal o de intereses.

Una ecuación peligrosa:

Resentimiento + Amargura + Rencor = Odio [48]

He enseñado a los alumnos en el curso Consejería Cristiana que el primer paso para iniciar una consejería es el recomendado por el Dr. Sergio Mijangos, usar la técnica del report que significa crear el ambiente adecuado para luego aplicar la fórmula de la Empatía I. Esta semana dejé una tarea a una señora que llegó a mi oficina por consejería, después de haberla escuchado por una hora en un ambiente de confianza, pero sin haber descubierto aún sus verdaderos problemas, pues son muchos. La tarea consiste en llenar unas 20 páginas de toda su vida, que según el curso de formación espiritual en el nivel de doctorado se llama "la historia de mi vida". El propósito principal es que ella misma saque de su corazón el enojo, el rencor, el odio que siente hacia sus padres por haberla abandonado, y que pueda pedirles perdón después, aunque no sea ella la culpable. Esta acción es la única manera en que podrá liberarse de todo lo que hay en su corazón y en su mente.

El ego u orgullo. - Muchas veces, a pesar de saber que perdonar es la mejor solución, el orgullo es lo que no nos deja perdonar, en lo más interno grita una voz que dice, ¡No quiero

---

48   "UNA ECUACIÓN PELIGROSA". Artículo escrito por Isaú Jesús Chávez, en su portal de facebook, el día 15 de noviembre de 2013 en San Salvador, El Salvador.

perdonar! ¿Qué podemos hacer ante esto? 1) Vivir toda la vida con ese sentimiento dañino, o 2) Pedirle a Dios que nos libere de este sentimiento enfermizo y que haga nacer una nueva planta de amor y perdón. Al perdonar se hace lo que no deseamos hacer, perdonar no es un sentimiento, excusa, o un (I am sorry) (yo lo siento, disculpe) o un simple olvido, *es una decisión de obediencia*. Es una decisión de fe por la cual se obedece a Dios, ya que es la Biblia la que nos ordena perdonar, querámoslo o no. Si esperamos sentir el deseo de perdonar a quien fue infiel, al motorista que atropelló al hijo, al ladrón que hirió a su papá, al amigo que lo traicionó, tomará mucho tiempo y hasta podemos morir sin perdonar. Perdonar es una decisión de obediencia y no por un deseo. Vuelvo a decirlo, perdonar es una acción de fe, una decisión de obediencia a Dios es querer estar en paz con él.

La resistencia a la voz de Dios. - Dios quiere que perdonemos, así como él nos perdonó. La Biblia nos enseña y nos exige perdonar. La vida cristiana nos exige que perdonemos. La Iglesia es una comunidad de perdón y debe ofrecerse como modelo del ejercicio del perdón. El lenguaje del amor es el perdón. La sociedad en que vivimos será muy diferente si tan solo cultivamos el hábito del perdón. El mundo será diferente si practicamos el perdón. Se vive mejor si estamos en paz con todos. El gran desafío es que cada uno en particular se proponga ser un representante del perdón y trabajar porque todos aprendamos a vivir en perdón.

Rescatar esta cultura del perdón es urgente

Esta es la cultura que debemos rescatar en pleno siglo XXI donde todo se quiere resolver por otros medios y menos por la acción simple de pedir perdón, de conceder el perdón, de seguir la paz, de trabajar de la mano, de reconocer las virtudes de los demás. Es el postmodernismo con una ramificación interminable de expresión que está esclavizando al mundo entero al convencerlo que hay otras maneras para vivir bien en esta sociedad y que no solo el reconocer a Dios, el amor, el perdón son las salidas. Hay tanto egoísmo e insensibilidad en este mundo que el presidente de Corea del Norte ordenó matar a 80 personas solo porque no están de acuerdo con su régimen. O que un gobierno permite que miles de personas mueran envenenados solo por no reconocer que ellos están mal. Dos o tres países están a punto de declararse la guerra solo porque no aprueban su propuesta. ¿Acaso no hay mejores maneras para mantener la paz y las buenas relaciones? ¿Acaso no es cosa de valientes, caballeros y grandes el reconocer cuando se está en el error y pedir perdón al mundo entero?

Urge rescatar la cultura del perdón para poder vivir en paz, concordia, armonía y libertad. Comienza a pedir perdón en tu casa aun por las cosas más pequeñas y perdona en tu casa hasta las cosas más grandes que te hacen, para que tengas valor y poder para hacerlo en la calle. Aprende a perdonarte a ti mismo, a pedirle perdón a Dios para que tengas la autoridad moral para exigir que los demás se pidan perdón o perdonar a los demás. Esta es la cultura del perdón. Piensa un poquito, ¿qué es lo más pequeño que has perdonado de alguien? ¿Qué es lo más grande que has querido que te perdonen los demás?

Pablo nos exhorta a que perdonemos usando el pronombre de reciprocidad que está en Efesios 4:32 donde encontramos "sed benignos unos con otros". Hay comentaristas que muy poca separación hacen entre estas dos exhortaciones porque unen la benignidad con la acción de perdonar. Cuando Pablo conecta la acción de perdonar con el ejemplo de que Dios nos perdonó en Cristo, hace la diferencia del pronombre. Además, la cualidad de ser perdonador es muy importante dentro de las relaciones interpersonales porque ayuda al crecimiento espiritual. ¿Cómo afecta en las relaciones interpersonales y en la vida de paz de una sociedad, o un grupo en particular el hecho de no tener la capacidad de perdonar al prójimo?

Alguien sugirió otra traducción "para ser graciosos unos con otros" para hacer más natural el sentido del verbo. La palabra que se utiliza viene de (karis) (haris) **"gracia"**, uno tiene que perdonar libremente. Es la actitud básica del cristiano, la cual *guardará al cristiano de desastrosos efectos de la amargura*. El pronombre que usa es (eatois) en "a ustedes mismos" para funcionar como el pronombre recíproco (allelon) en el (5:19), "unos a otros" y se refiere a la acción graciosa, de gratitud, bondad, y gracia recíproca. Este estilo de vida donde todos poseemos una actitud de gracia, de perdón hacia los demás, es la que contribuye a la edificación del Cuerpo de Cristo.

Las dos grandes razones para ser y tener una actitud perdonadora dentro de la iglesia, es lo que expresa el mismo texto. Primero, Jesús nos dio el ejemplo, él nos perdonó. Homer agrega "otro fuerte incentivo o motivo para demostrar el perdón es recordar que Dios, en Cristo nos perdonó". La otra fuerte razón para perdonarnos unos a otros es que somos miembros del mismo Cuerpo. El no perdonar no solo es pecado, sino que evita la edificación de la iglesia y las relaciones saludables y transparentes son afectadas. Es por ello por lo que el Dr. Orth, une los dos verbos, "Sed benignos y perdonadores". Que, por estar en tiempo presente, significa que cada día, el creyente debe estar caracterizado por el perdón. Significa que debemos perdonar o pedir perdón por el ejemplo de Jesús y como muestra de nuestra obediencia a Dios.

¿Qué es más fácil entre perdonar o ser perdonado? ¿Cuál es la sensación que queda después que ha habido reconciliación entre dos personas que tenían problemas en sus relaciones pero que finalmente decidieron perdonarse? ¿Qué dice Jesús que se debe hacer cuando no estamos perdonados los unos a los otros? Jesús dijo, no puedo perdonaros si vosotros aún no os habéis perdonado unos a otros. Deja la ofrenda y ve en busca de la persona que tiene algo contra ti, y pide perdón, después te recibiré la ofrenda. ¿Qué áreas de la iglesia son afectadas por la falta del perdón? ¿Puede una persona sentir paz, libertad, y confianza para adorar a Dios, y servirle aun cuando no tiene buenas relaciones con otra persona?

Para un judío tomar los alimentos del día sin antes lavarse las manos con agua limpia, era una falta gravísima. De igual manera es considerada una oración hecha delante de Dios cuando hay falta de perdón. Lo más importante es que Dios no recibe ninguna oración hecha en tal estado. Observe lo que sucede en Mateo 5:23-24.

1. La oración es una ofrenda para Dios (v.23)

2. La oración no puede ser recibida si _______________________ (v.23).

3. Lo que ordena Jesús es _________________ _________ ________ y ________ (v.24).

¿Cuál es la principal lección que debemos aprender?

Mateo 6:12-15 nos enseña bajo el contexto de la *necesidad del perdón* en la oración. La falta de perdón es el cortocircuito más fuerte que interrumpe la oración. No se puede orar a Dios con odios arcaicos, de la edad de piedra, de la segunda guerra mundial, de la guerra del Golfo Pérsico, o de un problema del año pasado, o de una discusión acalorada de la semana pasada, o por una broma pesada de ayer, etc. La actitud cristiana y correcta en todo hijo de Dios cuando sabe que hay problemas, enemistades, intranquilidad, falta de armonía o malentendidos es reconciliarse o hacer las paces antes de orar.

Jesús enseñando sobre cómo orar *urge la necesidad de estar en buena relación* con los demás antes de acercarnos al altar santo en la habitación sublime de nuestro Dios. Dice en Mateo 6:12-15 ´Y perdónanos nuestras deudas (faltas) como nosotros también perdonamos a nuestros deudores, porque si perdonáis a los hombres sus ofensas, os perdonará también a vosotros vuestro Padre celestial. ´ Proceso: 1) Humíllese delante de Dios para que El Espíritu lo capacite para perdonar, ser perdonado y olvidar toda ofensa. 2) Busque la persona con quien no se siente bien, sea usted el ofensor o no, vaya donde está la persona "ofendida u ofensora" y pídale perdón en el nombre de Cristo, con amor y sinceridad. 3) Después ore a Dios con toda libertad porque Dios le escuchará y contestará su oración.

El Diablo está trabajando fuertemente para evitar que en la iglesia se practique el perdón. Y está logrando que predicadores presenten el Evangelio mientras abrigan en su corazón rencores, envidias, avaricia, soberbia, enojos, enemistades, etc. También siervos, líderes y cristianos en las iglesias locales están faltando respeto a Dios al servir las mesas de manera ilegítima, al hacer oraciones en pecado y fingir santidad. Lo tremendo es que Dios no puede ser burlado y todo lo que nosotros sembramos eso recibiremos. Dentro de la Iglesia por falta de entrega, amor y respeto a Dios, el espíritu farisaico se ha posesionado, de tal modo que orar a Dios aun cuando no le hablo al hermano, o estoy enojado con fulano; me es indiferente. Esto no permite que la bendición de Dios sea derramada sobre la Iglesia y en cada cristiano.

¿Qué beneficios hay por ejercitar el perdón?

Lo más importante es reconocer que cuando perdonamos o pedimos perdón, las cadenas que nos oprimen, nos atan y detienen las bendiciones de Dios, son rotas y destruidas por el poder de Dios. Nieder insiste que el perdonar es un mandamiento, aunque la reconciliación de una amistad es algo que el Espíritu va guiando y no se da de la noche a la mañana. Note bien que cuando David pecó causó una serie de heridas: ofendió a Dios (espiritual), traicionó a todo el pueblo (social), destruyó la familia de Urías (emocional) y contra Urías (moral). Pero cuando se pide perdón a Dios, a la familia dañada y al pueblo ofendido se desencadena gran cantidad de beneficios. Que, en el caso de David, lo que sucedió inmediatamente fue que restauró la comunión con Dios, la paz volvió a su corazón, y tuvo libertad de levantar su frente para afrentar la mirada del pueblo que poco a poco iría perdonándolo hasta lograr la plena reconciliación.

Hay dos salmos que explican y describen la experiencia de David mientras estaba en pecado, durante la acción de pedir perdón y la nueva sensación que sintió y vivió después de obtener el perdón de Dios, principal perdón que debemos buscar, ya que de este depende que perdonemos a los demás. Me refiero al Salmo 32, 51, estos son los que testifican que hay beneficios cuando ejercitamos la disciplina espiritual del perdón. En esta parte, recomiendo mi primer libro escrito en julio de 2012, *un nuevo estilo de vida partiendo de la restauración de una iglesia*, con la editorial Palibrio.[49]

Espiritual

Dios perdonó a David después que él pide perdón (32:5b; 51:7,10) y resultado de ello es que la comunión con Dios fue restaurada (51:12). Este es el primer y principal beneficio que recibimos por pedir perdón o por perdonar a quien le ofendió. Se observa que finalmente, David expresa sensibilidad hacia el poder, amor y el perdón de Dios (32: 1-2, 51:1-2). Cuando se considera el pecado como algo dañino, destructivo y ofensivo, es porque se está tomando en serio. Por consiguiente, no puede ser albergado pecado alguno por ninguna persona ni en la iglesia, sino que debe ser confesado de inmediato (32:3-5). Romanos 5:1 dice que tenemos paz, comunión y reconciliación con Dios cuando decidimos reconocer nuestro error y pedir perdón por fe a nuestro Dios. El salmista dice, "vuélveme el gozo de la salvación".

49   Este libro lo puede adquirir en Amazon.com y en Barnes and Nobel.com. Este libro fue escrito después de haber pasado una tormenta de problemas en la iglesia que ministraba, pero después de una investigación seria donde se encuestó unas once Iglesias de cuatro diferentes países para comprobar la hipótesis de que, en un caso de infidelidad, es la iglesia, y la familia cercana a quienes no se les ayuda, atiende y guía para llevarla a una nueva forma de vida. El perdón en la restauración de las relaciones familiares y fraternales es indispensable para poder vivir en paz.

Emocional

Hay liberación psicológica y la presión física (32:3-4,51:8b) y se experimenta el gozo y la alegría (32:1-2, 10b, 51:8). Como familia se experimenta gozo, amistad y gratitud (32:11), se puede orar libremente con la seguridad de que Dios nos oye y nos entiende (32:6-7), se ofrece mejor adoración a Dios porque se goza de buena relación por la comunión con Dios (51:16-17, 127:1). Claramente, cuando no hay perdón, los sentimientos están encontrados, hay intranquilidad. Es imposible hablar, mirar, y mucho menos estar sentados cerca de alguien cuando la amistad y las relaciones están fragmentadas por la falta de perdón. Pero cuán frecuente es esta realidad, lo cual es fruto de la falta de temor a Dios, de una correcta valorización de uno mismo y de las demás personas.

Moral

Cuando perdonamos y somos perdonados tenemos libertad moral para adorar, agradecer y ofrendar a Dios (32:8-9; 51:13, 15,17). Hay paz, libertad, autoridad, carácter y derecho de enseñar y exigir que se practique el perdón cuando nosotros somos el modelo del perdón. Es no solo hipocresía, sino descaro y hasta cinismo, la falta de respeto cuando una persona se atreve a presidir, dirigir, enseñar, y/o hasta predicar cuando sabe que está en enemistad, en contienda, en disensiones, y en malas relaciones con una de las personas que forma parte del grupo a quien se dirige. Pero cuando tiene la honestidad, el valor y la capacidad de pedir perdón independientemente de quién sea el responsable, lo más seguro es que su admiración, su autoridad, y su reconocimiento entre en crecimiento para gloria de Dios.

Social

¿Cómo impactará el testimonio al incrédulo (51:13b) si no somos una comunidad de perdón? La ofrenda de adoración que ofrece la iglesia y cada persona en paz con todos agrada a Dios (51:17-19). La predicación es misericordiosa para el hombre pecador (32:10). La iglesia debe ser una comunidad de perdón, sanidad, paz, amistad, unidad, relaciones personales sinceras, fraternales, de amor y de servicio. Necesitamos ser agentes restauradores en lugar de acusadores, ministros de gracia en lugar de condena, promotores de la paz en lugar de contiendas y representantes de la justicia en todos los sentidos. El ambiente de una sociedad donde se practica el perdón es de armonía como un estilo de vida y cuando se vive en unidad, Dios se encarga de enviar bendición y vida eterna (Salmo 133). Lo que no debemos olvidar, lo más importante es que cuando perdonamos y pedimos perdón; las cadenas que nos atan, el rencor que nos aprisiona, el dolor que nos atormenta, y el odio que nos mata y que detienen las bendiciones de Dios son destruidas por el poder de Dios dándonos a cambio la paz, la libertad, la recreación de los huesos y la solvencia moral, espiritual, emocional y social.

Establecer una cultura de perdón no es fácil, ni rápido; requiere por un lado de la ayuda y la **presencia de Dios** en nuestras vidas. Por el otro lado, se requiere algunos **valores previos** como el *temor a Dios, el respeto, la humildad, la obediencia y el contentamiento*. Esto debe comenzar antes del nacimiento de las personas, pues aun cuando no han nacido, los padres deben haber aprendido sobre el perdón, pues si no lo han hecho, las malas costumbres y la mala fama serán transmitidas sin remedio. No hay mejor estado de ánimo o ambiente en un hogar que el de la paz y la armonía. La paz solo se da cuando hay perdón, aceptación y entendimiento empático. La paz solo puede llegar en toda su expresión, interna y externa, si dejamos que Jesucristo tome el lugar que le corresponde, en el corazón de cada miembro.

Filipenses 4:6-7, "No os afanéis por nada, sino sean conocidas vuestras peticiones delante de Dios con ruego y acciones de gracias. Y la paz de Dios, que sobrepasa todo entendimiento, guardará vuestros corazones y vuestros pensamientos en Cristo Jesús." La cultura del perdón solo es posible cuando pedimos perdón a

Dios, recibimos el perdón de Dios, y la paz que solo Dios da, la que reposa en el corazón y en la mente, es lo que nos capacitará para perdonar a quien nos ofende, a quien nos agrede, a quien nos desespera, a quien nos critica, a quien nos debe, a quien se opone, a todo aquel que no quiere tener relación de amistad contigo.

Así que, el primer paso para establecer una cultura de perdón es pedir perdón a Jesús reconociendo los pecados y que sin él nada podemos hacer. Segundo paso, dejar que la paz de Dios se desarrolle libremente dentro de nuestro ser para poder tener buenas relaciones con los demás. Vamos, cultive la paz, perdone y pida perdón. Pida perdón a Dios, perdónese así mismo, perdone a los demás, y disfrute la cultura del perdón. ¡Vivamos en paz, armonía y alegría!

El perdón es algo que se debe aprovechar

He conocido muchos casos de matrimonios donde uno de los dos ha fallado no solo una vez y a pesar de que se han reconciliado, al final terminan separándose para siempre destruyendo así a toda una familia por las muchas caídas. También he escuchado de hijos e hijas que han caído en algún vicio o adicción donde los padres los han perdonado muchas veces, pero que por las repetidas recaídas han decidido dejarlos para que vivan a sus propias expensas. Muchos de estos chicos o chicas han terminado hundidos (as) en el lodo del vicio, enfermos, en casas de rehabilitación, en las calles, en las cárceles, y/o hasta en los cementerios. Más triste es aún reconocer de personas que un día profesaron públicamente tener gratitud por el perdón de Dios, pero nuevamente caen y se levantan; vuelven a caer hasta que Dios los deja allí y al igual que el pródigo se levante o muera como árbol que no da fruto, o Dios lo trae a la fuerza a su redil bien disciplinados. Estas personas desprestigian el evangelio, irrespetan a Dios, dan mal testimonio y hacen sufrir a su propia familia.

Los tres ejemplos son casos de la vida real, no es invento, lo he visto. Lo que ha pasado en los tres casos es que no han valorado ni han aprovechado el significado del perdón. Perdón no es solo el olvido de la ofensa cometida, pues algunos escritores han dicho que el olvido es el lenguaje del perdón y el perdón es el lenguaje del amor. Toda persona nunca olvidará la ofensa, el daño, el abandono, pero por el perdón ya solo será un recuerdo sin dolor, será como una cicatriz que solo hace recordar la herida, pero sin dolor. Sin embargo, el significado completo del perdón se da cuando la persona ofendida, sea la esposa, o el esposo, sean los padres o el mismo Jesucristo **asumen la responsabilidad** del ofensor cuando este pide perdón, quitando así la pena, la culpabilidad, y el castigo del ofensor.

Es lo que hizo Jesús cuando perdonó nuestros pecados, él tomó nuestra culpa y sobre sus lomos llevó nuestros pecados y nos declaró libres de condenación (justificación) en el momento en que creímos en su obra. Lo triste es que cuando nosotros no valoramos ni aprovechamos el perdón y sus beneficios; con frecuencia fallamos y volvemos a caer en el error. Cuando no aprovechamos el perdón que se nos da y volvemos a fallar, nos exponemos al castigo justo y natural de Dios por el pecado. Un criminal que es perdonado una vez, en la segunda vez que es apresado por haber cometido el mismo crimen, es condenado sin derecho a fianza, por su reincidencia pierde el derecho de libertad y la posibilidad de ser perdonado.

Ahora puede entender exactamente el mensaje de Nahúm. Jonás describe como Dios por su amor y misericordia perdonó a todos los habitantes de Nínive porque ellos se arrepintieron. Sin embargo, años más tarde, aunque es probable que haya sido otra generación, no supieron aprovechar ni el perdón de Dios ni los resultados de este, sino que volvieron a hacer lo malo. Es por ello por lo que todo el libro de Nahúm habla del castigo de Dios sobre todos los ninivenses, con una destrucción total. El profeta primero les anuncia el castigo, muy diferente al anuncio que hizo Jonás. Luego al final del capítulo dos y todo el tres describe con lujo de detalles la manera como sería destruido Nínive. Primero es llevada cautiva y luego consumida por el fuego.

La moraleja llana es esta, aprovecha las oportunidades que da el perdón, porque una reincidencia apresura el castigo sin clemencia. Dios es bueno, misericordioso y perdonador, "tardo para la ira y grande en poder" (Nahúm 1: 3ª), puede perdonar todo pecado cuanto hayamos hecho, y es allí donde se debe aprovechar todas las bendiciones, las oportunidades, y las bonanzas del perdón. Sin embargo, "Dios no tendrá por inocente al culpable" (1:3b), sino que castigará al que justamente merece castigo. Una reincidencia en el mismo error apresura sin tardanza la disciplina de Dios, que puede llegar al ofensor o al lugar donde más le dolerá al ofensor, puede ser un ser querido y otra cosa.

Si una persona no reconoce su pecado y no pide perdón, tiene a las puertas la posibilidad segura del castigo. Si alguien, a pesar de lo horrendo de su pecado, lo reconoce y pide perdón de todo corazón, Dios lo perdona, y le ayuda a sobrevivir en medio de las consecuencias de su pecado. Sin embargo, si alguien habiendo sido perdonado, no aprovecha las bonanzas del perdón, y reincide en volver a cometer el mismo pecado una tras otra vez, se expone a que Dios no lo considere inocente sino culpable y por ende lo castigue de una manera tal que no tendrá oportunidad de volverse a levantar. No esperes que Dios se enoje, pide perdón y disfruta las oportunidades del perdón (Sal 32, 51).

Perdona cuantas veces sea necesario

La palabra perdón ha sufrido cierto abuso por el uso irresponsable y por el desuso responsable. Permítame explicar lo que quiero decir con lo anterior. Primero, la palabra perdón por no haber sido entendida en su uso correcto o es usada con demasiada frecuencia que se pide perdón no de corazón, sino como una simple responsabilidad, rutina o mecánicamente. Un perdón rutinario, o mecánico no es de corazón, no es sincero; por consiguiente, no logra ni el objetivo ni obtiene los resultados esperados. Segundo, no solo se ha abusado al pedir perdón por todo de manera superficial y deshonesta lo cual es una clara irresponsabilidad y falta de ética, pero también se ha dejado de usar responsablemente, cuando es necesario hacerlo, o sea pedir perdón.

El uso responsable del perdón significa perdonar cuantas veces sea necesario. La acción de perdonar ha de estar acompañada de sinceridad, amor, y transparencia, además del buen deseo de la reconciliación, restablecer las relaciones y con el objetivo de glorificar a Dios. En otras palabras, cuando una persona, máxime siendo cristiana, es más siendo líder de una iglesia, sabedor que necesita pedir perdón y no lo hace es no practicar el perdón responsablemente. Quien no hace esto, está en pecado, el ministerio que hace no tiene valor, y Dios no es agradado, porque se hace sin amor, sin fe y sin santidad y todo lo que se hace sin amor, sin fe y sin santidad no agrada a Dios. Si no agrada a Dios, de todas maneras, la Biblia dice que es pecado (1 Co. 13:1-3; He. 11:6).

¿Se da cuenta mi amado lector lo delicado que es no entender y hacer buen uso del perdón el cual nuestro Señor practicó con naturalidad, en su momento preciso, en la manera adecuada, responsablemente, con amor, sinceridad y para restablecer las relaciones? Se debe perdonar y pedir perdón las veces que sean necesarias, pero en cada vez que se haga debe hacerse con amor, sinceridad y transparencia, aunque lo haga 100 veces. No hagamos mal uso del perdón al hacerlo solo por salir del compromiso, porque eso es irresponsabilidad, pero tampoco dejemos de perdonar, porque eso es no usar responsablemente lo que debemos hacer, lo que Jesús nos ha ordenado hacer, perdonar siete veces siete, las veces que sea necesario.

Esto es lo que Jesús está enseñando a sus discípulos, a los fariseos, escribas y todos los que lo seguían en Lucas 17:1-4. Inicia Jesús advirtiéndonos a que no nos convirtamos en piedra de tropiezo de otros cristianos, por lo cual su fe se debilite o se vea afectada. Poniendo esto en contexto, cuando una persona cristiana practica el perdón solo por salir del paso, porque no lo hace de corazón y con honestidad, esto pone en peligro la fe de aquellos que no han alcanzado madurez espiritual. Sin embargo, igual o mayor es la decepción que viven algunos cristianos cuando ven que algunos líderes no tienen la capacidad (humildad) de reconocer sus errores y pedir perdón, y de manera irresponsable hacen el ministerio aun cuando no tienen buenas relaciones con otras personas. Esto sirve de tropiezo para los tiernos en la fe, y/o los inmaduros espiritualmente.

Ya en el v. 3 y 4 Jesús va al meollo sobre la necesidad de pedir perdón. Él dice: *"Si tu hermano pecare contra ti, repréndele, y si se arrepiente, perdónale. Y si siete veces al día pecare contra ti, y siete veces volviere a ti, diciendo: Me arrepiento; perdonadle"*. La frecuencia siempre debe estar acompañada de amor, sinceridad y transparencia; y la disponibilidad del ofendido nunca debe menguar, pero siempre ha de estar acompañada de amor, paciencia, sinceridad, transparencia y el objetivo de glorificar a Dios.

En este pasaje contempla los dos sentidos, de quien toma la iniciativa para restablecer la paz y la reconciliación, primero es el ofendido el que va al ofensor y si todo es efectivo, hay reconciliación y perdón. Este procedimiento está de acuerdo con Mateo 18, y Lucas 11. En el v. 4 es el ofensor el que toma la iniciativa de buscar al ofendido para reconciliarse primero para obtener el perdón, pero es el ofendido el que debe proceder con paciencia, sinceridad y capacidad de perdonar cuantas veces lo ofendan. Hacer lo anterior está de acuerdo con el espíritu de Jesús, quien perdona todos nuestros pecados, todas las veces que los cometemos.

¿No cree que la clave del ejercicio del perdón esté en saber entender el significado? Si cada cristiano entiende el valor del perdón, no pecará tanto para no estar pidiendo perdón con tanta frecuencia pues puede convertirse en un vicio, una rutina, una práctica sin honestidad, sinceridad y transparencia. Pero por el otro lado, si es entendido el significado del perdón, ninguno dejará que pase un día sin buscar a la persona con quien no tiene buenas relaciones, sino que pedirá perdón, cuantas veces sea necesario, máxime si son personas a las que Dios les ha responsabilizado de ministerios delicados. Lo importante en este día es que si tienes a una persona con quien no tienes buenas relaciones, ve y ponte a cuentas, independientemente de quién sea el ofensor, solo hazlo y Dios será honrado y tú sentirás paz, libertad, y solvencia.

El poder del perdón

Esaú había dicho que no descansaría hasta ver muerto a su hermano Jacob por cuanto este le había quitado su primogenitura por tan solo un plato de lentejas al aprovecharse de la vulnerabilidad de Esaú. El enojo, rencor e ira que sentía Esaú hacia Jacob era tan grande como de muerte, sin embargo, la Biblia dice que cuando se encontraron muchos años más tarde, por el poder del perdón se fundieron en un abrazo de profundo amor. Toda la familia de Esaú se encontró con toda la familia de Jacob, el perdón absorbió los malos sentimientos, y del perdón brotó un fresco sentimiento de amor, gratitud, amistad, confianza y seguridad. Volvieron a ser una sola familia. Me encanta esta experiencia, solo que hay que reconocer que esta virtud del perdón la da Dios, es Dios el responsable de que todos tengamos la capacidad de perdonar.

¿Qué cosas cree que Dios puede perdonar? ¿Habrá alguna cosa

que él no pueda perdonar? Bueno, la Biblia dice que no hay nada imposible para Dios y que él tiene todo el poder para perdonar toda clase de pecado y cualquier cantidad de pecados. Él perdona a los asesinos, a los ladrones, a los mujeriegos, a los adúlteros, a los fornicarios, a los hechiceros, a los corruptos, a los mentirosos, a los borrachos, a los secuestradores, a todo, siempre y cuando estos reconozcan su pecado, pidan a Dios que los perdone. Una vez reciban a Cristo como su Salvador cambian su forma de vida como lo fue Zaqueo. Dios perdona al pandillero, a los falsos profetas, a los drogadictos, a los violadores, y a los homosexuales, nuevamente, siempre y cuando estas personas piden perdón a Dios y creen en Jesús como el Salvador de sus vidas, y cambian su forma de vivir.

Ejemplos de perdón en el Nuevo Testamento

¿Qué tantas cosas de una sola persona pueden perdonar o está dispuesto a perdonar nuestro Dios? ¿Ve igual Dios a una mujer que en su vida como impía vivió con 10, 8 o 6 esposos o a un hombre que ha asesinado a 3 mujeres, pero ambos vienen a Cristo por fe, piden perdón por sus pecados sinceramente y Dios los perdona? No hay pecado en esta tierra que pueda vencer al poder del perdón de Dios, solamente la incredulidad. Esto es lo que sucede cuando Jesús se encontró con la ***mujer samaritana***, mujer que había tenido muchos esposos, su fama era mala, con una reputación inaceptable, sin embargo, Jesús la perdona y ya no la ve como una mujer mala, sino como una persona necesitada del perdón.

Jesús llamó y perdonó a ***Mateo***, un cobrador de impuestos llamó a ***Zaqueo***, corrupto corredor de bienes raíces. Cuando ***la ramera*** derramó el perfume sobre sus pies, y todos la acusaban, Jesús le dijo, *nadie te acusa, ni yo te condeno*, así que la perdonó. Al llegar al episodio de su encuentro con la mujer ***Samaritana***, la perdonó de todos los pecados cometidos en el pasado y nunca más se acordará de estos. A partir de la decisión de fe de esta mujer, una nueva vida inicia, una nueva página en blanco se abre, ahora se comenzará a escribir la nueva historia de esta mujer, una vida en Cristo, una nueva forma de sentir, pensar y actuar, y todo a partir del perdón que Dios le da en Jesús.

Es la gran noticia

No importa lo que tú hayas hecho en el pasado. Si fuiste ladrón (a), asesino (a) no importa. Si guardabas en secreto una infidelidad, si tuviste muchas aventuras; si crees en Jesús de todo corazón, esos pecados que te condenaban te serán perdonados, y una nueva vida eterna te dará Jesús. Bueno, algo maravilloso es la sensación de paz, libertad, tranquilidad, solvencia llena al corazón y la mente del que cree en Jesús y recibe el perdón de pecados. Esta bella sensación de descanso permite caminar donde sea con la frente en alto, hablar con autoridad moral y vivir la vida con la aprobación de Dios. Gracias Dios por tu perdón. Todo lo perdona Dios, menos la incredulidad, solo el no creer en Jesús como salvador personal es lo que condena para siempre, aparte de esto, si crees en Jesús, todo te perdona Dios.

Una reconciliación de amor

Pensado en el tema de la reconciliación, viene a mi mente algunos ejemplos en la Biblia. El primero, por ejemplo, es el de Jacob y Esaú, otro más es el de José y sus hermanos. Cabe aclarar que no todos los encuentros terminan en un final feliz como es el caso de Jacob y Esaú. Algunos terminan mal como fue el de Caín y Abel, y el de David y Saúl. Sin embargo, es importante reconocer que el mero hecho de que se encuentren dos personas que no han tenido buenas relaciones, personalmente lo considero como el primer paso para alcanzar la reconciliación.

Repito la definición, *perdonar es tomar la responsabilidad del ofensor para liberarlo de la pena, vergüenza, dolor, tristeza, abandono, y del castigo que lo atormenta.* En este caso, el ofendido (siguiendo el ejemplo de Dios) que acepta perdonar al ofensor es consciente que lo está eximiendo de culpa. Sin embargo, una cosa es el perdón, decisión de sembrar la planta del perdón que no es por deseo, sentimiento, sino por obediencia a Dios. Otra cosa es la reconciliación, que puede tomarse mucho tiempo, es el proceso de cuidar, regar, proteger, abonar y limpiar la planta hasta que de fruto.

La reconciliación es un proceso después del perdón

Ha de considerarse seriamente que, aunque ya ha habido perdón, durante el proceso de reconciliación, se experimentará desaires, desánimos, desprecios, vergüenzas, lo cual ha de verse como parte de la consecuencia por el pecado más no como el modus vivendus. No olvidemos que reconstruir una relación, una amistad y una confianza traicionada, ofendida, y dañada, toma mucho tiempo y está supeditada al esfuerzo de ambas partes. Dios ya perdonó, ambos se perdonaron, ahora necesitan reconciliarse hasta que de fruto. El primer beneficio por perdonar es la reconciliación con Dios que restaura la paz, tranquilidad, libertad, armonía, alegría y el gozo de vivir. Pero el segundo beneficio del perdón es la reconciliación con la persona ofendida u ofensor, lo cual da libertad, tranquilidad y autoridad moral.

Lo que pasó entre José y sus hermanos y Esaú y Jacob, es que tuvieron un encuentro de perdón. Encuentros que Dios espera de nosotros porque estos engalanan al evangelio, fortalece nuestra prédica, y glorifica a Dios. Por un momento, trate de imaginarse la escena del encuentro de José y sus hermanos. Piense en la expectación de José, el ofendido, más que la de sus hermanos, y los ofensores. Lo que a José le hicieron sus hermanos fue algo criminal, y no solo eso, sino que mintieron al padre y luego vivieron como si nada, sin tomar en cuenta que de Dios nadie se burla.

Dos historias paralelas

Se desarrollan dos historias paralelas, una de fondo, la historia de los hermanos y la otra en la pantalla gigante, la de José. Dios era el director y productor de esta historia de perdón. Es lindo, y emocionante ver los detalles que en la preparación y en el momento del encuentro. Es un torrente de emociones, pero al mismo tiempo surge la duda, temor y desconfianza por lo que pasaba, a pesar del perdón sincero que su hermano les concedió.

Por otro lado, está el encuentro de Jacob con Esaú. La enemistad entre estos dos hermanos era abismal, hasta de muerte. La causa fue el cambio de la primogenitura, la bendición paternal. Los culpables en parte, los padres, pues ambos estaban actuando incorrectamente al hacer favoritismo. La madre influenció tanto en Jacob que lo llevó a engañar, robar y traicionar la amistad y la confianza de su hermano. Esaú, por su parte, fue favorecido por su padre Isaac y no muy amado por su madre. Esaú al no valorar la bendición que su padre le daría, vendió su primogenitura por un plato de lentejas y cuando reaccionó por lo que había hecho, fue demasiado tarde y al hacer una interpretación humana del incidente que despertó en él un odio maligno hacia su hermano, quiso matarlo.

La fase última del perdón es la reconciliación

Lo que estas dos parejas hicieron fue encontrarse para perdonarse y lo lograron. Pero eso no es todo. La siguiente fase es la reconciliación. En la predicación de los beneficios del perdón, se remarca una gran verdad ilustrada en la parábola de la planta. El perdón es la decisión de obedecer a Dios, y es el trabajo que el Espíritu Santo hace en las dos partes hasta lograr que la planta sembrada comience a dar fruto. ¿Qué hacer para que la reconciliación sea una realidad? Nieder sugiere algunas cosas simples pero valiosas: enviar una carta, abrir la puerta para el amor, programar más encuentros, buscar la perspectiva común de ambas partes, invitar a cenar, enviar una tarjeta, hágale saber que es valiosa su relación.

La reconciliación requiere esfuerzo, esmero y disposición; virtudes comunes en los dos casos anteriores. Es dar sin esperar nada a cambio, cuidar, regar, proteger y esperar con paciencia que la planta no solo se desarrolle, sino que dé frutos. No recordar los incidentes pasados para dañar, lastimar, ofender, o justificar, deje todo atrás. Pida perdón a Dios, pida perdón a quien haya ofendido, y deje que el Espíritu Santo ponga cada cosa en su lugar. La reconciliación es dulce, placentera, abundante y gozosa.

Si hay alguien en su vida con quien no tiene buena relación. Primero, pida perdón a Dios, luego vaya donde la persona y pida perdón. Este acto es lo que Dios espera de nosotros y es el comienzo del proceso de la reconciliación. Cuando todos en una iglesia practicamos el perdón, la armonía, la paz, el buen ambiente es promovido y las bendiciones del cielo comienzan a llegar (Salmo 133).

La cosecha inicia cuando decida sembrar. Sembrar la planta del perdón es una decisión y la reconciliación se realiza en la medida que cuidamos dicha planta. ¡No espere más, hágalo y vivirá mejor!

Preguntas, comentarios y/o reacciones

1. ¿Qué factores contribuyen para la pérdida del valor del perdón?

2. ¿Puede pensar en algunas maneras para mantener la paz y las buenas relaciones?

3. ¿Cuáles podrían ser las razones por las que no hay muchos valientes y caballeros que puedan reconocer cuando están equivocados y pedir perdón al mundo entero?

4. ¿Puede describir a una sociedad donde se practica el perdón como un estilo de vida?

5. ¿Quién debe dar el primer paso para restaurar las relaciones fragmentadas por causa de falta de perdón?

6. ¿Por qué razón hay personas que no perdonan aun cuando saben que necesitan hacerlo?

7. ¿Qué diferencia ve usted entre la acción de perdonar y la reconciliación?

4
El valor a la vida

La vida es como una gota de rocío al amanecer; que se desvanece en el cielo al mediodía. Cae en lluvia al atardecer; para fundirse con el mar al anochecer. Poema escrito por Aguilar, enero 6, 2000, Toronto, Canadá. Hay un contraste entre el concepto real de la vida con el del mundo en que vivimos, el cual es caótico, desordenado, sin propósito, sin prioridades, y sin sentido de existencia. Es por ello por lo que este tiempo, la vida no está siendo valorada, ni cuidada como debería. La tarea de todos es hacer lo que debe hacer, y soñar con aquello que le gustaría ser y tener, solo que es mejor reconocer que Dios es el único que tiene el poder de hacer aquello que se desea ser y tener.

En este siglo XXI hay *despilfarro* de energía, movimiento, fuerza, talento, tiempo, dinero, habilidades, virtudes, amistades, oportunidades y relaciones por no aprovechar, valorar y cuidar la vida como debe ser. Se come mucho, se duerme poco, se trabaja demasiado, y se descansa poco, y al final de todo, no se tiene nada. Es como dice Hageo 1:6, "Sembráis mucho, pero recogéis poco; coméis, pero no hay *suficiente* para que os saciéis; bebéis, pero no hay *suficiente* para que os embriaguéis; os vestís, pero nadie se calienta; y el que recibe salario, recibe salario en bolsa rota"[50] No sufras por lo que tienes que hacer, en cambio, disfruta por lo que puedes hacer, solo que no te apartes de lo que Dios te ha ordenado hacer. Valorar la vida es saber lo que debes hacer, saber cómo lo puedes hacer, y estar seguro para quien lo tienes que hacer, pero al hacerlo hazlo con todo placer.

Es muy urgente que todo ser humano *entienda que cada uno es un administrador* de la vida, por consiguiente, debe ser un

---

50   La Biblia de las Américas (© 1997 Lockman).

excelente, fiel y eficaz administrador de ella para su propio bien (1 Co. 4:1-2). Cada individuo como persona es responsable de administrar con prioridad: la vida, el tiempo, la familia, el trabajo, el dinero, los talentos y el ministerio. Una vez entendamos y aceptemos la responsabilidad de cuidar, dirigir y gobernar todas las cosas que poseemos con Dios y para Dios, reconociendo que Dios es el Dueño y Dador de todas las cosas y que al final de una buena administración hay descanso, felicidad, tranquilidad y reposo, la vida será diferente y mucho mejor (Sal. 24:1; Ge. 1:31-2:3). Así que, valorar la vida es una *necesidad urgente*, una *responsabilidad personal* y una *búsqueda sabia* en vivir el presente de tal forma que asegure el futuro. En la medida que valoremos la vida, así será el empeño que pondremos en cuidarla, respetarla y tratarla. Este valor hacia la vida será no solo para nosotros mismos sino para los demás. ¿Cuándo valoro mi propia vida? ¿Cuánto valoro la vida de los demás? ¿Ve la relación, la secuencia e importancia que hay entre el valor del respeto, la cultura del perdón con el valor de la vida?

La vida tiene un valor natural, cuidarla es una necesidad individual

La urgencia de cuidar la vida obedece al poco valor que se le está dando en el presente (Mt.10:21, Ef.2:1). Un análisis del capítulo uno del libro **"Ética y Vida"** de Eduardo López Azpitarte nos permite conocer los cambios que ha tenido el concepto de vida.[51] Una presuposición universal es que el respeto a la vida humana es uno de los derechos humanos y principios fundamentales en todas las ideologías. Santo Tomás de Aquino fue uno de los defensores de tal presuposición al condenar todo atentado contra la vida humana por tres razones: el ser humano se ama por inclina-

---

51   Eduardo López Azpitarte, *Ética y Vida*, Biblioteca de Teología, Ediciones Paulinas, 1990, Análisis de las p.11-24.

ción natural por lo cual lucha a como dé lugar por su propia pre-servación, la vida de cada individuo pertenece de alguna manera al patrimonio común y la vida es un regalo de Dios, el único que tiene poder sobre la existencia humana.

Generalmente, las constituciones de todos los países declaran que un derecho primordial es el derecho a la vida, y el ser respetado como persona es un derecho legítimo de toda persona. Una de las enmiendas de la Constitución de Los Estados Unidos es el derecho a la vida. Con todo, las legislaciones sobre el aborto libre lo contradicen porque muchos niños jamás llegan a ver la luz del día por decisión de segundos y terceros.

Por mucho tiempo, la preocupación por la vida fue la simple subsistencia, tener vida cada día era suficiente. Sin embargo, desde hace unos años, el interés ya no es la sola subsistencia sino la calidad que merece la vida humana. El asunto es que la vida no es solo para existir, sino que es para tener una vida de calidad. Yo diría, la vida es para cumplir el propósito definido por el dador y sustentador de la misma. El enfoque, vivir con satisfacción para que sea agradable es la cultura de bienestar, la que se ha convertido en el valor prioritario. Estos dos enfoques han creado un problema social, político, ético y religioso en muchos países donde el índice de natalidad no es suficiente para el cero crecimiento de la población, lo que está produciendo una población envejecida, mientras que, en los países pobres, la tasa de crecimiento es alta, aumentando la pobreza.

Es por la propuesta anterior que surge el movimiento de la eugenesia y la eutanasia, la ingeniería genética, y las técnicas de reproducción artificial, las intenciones de los clonistas, en busca de una vida superior, de calidad, de satisfacción y de bienestar. La ética situacional hace su entrada triunfal con la propuesta que *el fin justifica los medios*. Aunque, la búsqueda de una súper vida, de un súper hombre y de una súper sociedad es antigua, antes del revolucionario Hitler, ya existían indicios de otros grupos que buscaban crear una sociedad pura. Es más, en las intenciones secretas de los inventores de la teoría de la evolución y la propuesta de Carlos Darwin con su tesis de la *selección de las especies*, estaba implícita la idea de eliminar todo aquello que no se ajustara a los paradigmas de la nueva forma de pensar. Es así como la vida no solo se definía como un simple subsistir, satisfacción plena, sino una vida de calidad y superior.

Estos extremos obligan a la iglesia y a los teólogos responsables y leales al texto bíblico, a hacer uso adecuado del método de interpretación para volver a los principios originales del Dueño y Dador de la vida, quien la ha dado para que la cuidemos, administremos, valoremos, respetemos y la usemos de buena manera recordando que de la existencia física no somos dueños, solo guardianes y administradores. *Este valor brota de la misma dignidad como persona, y lo apoyan los derechos constitucionales de los países y la confirma la fe que tenemos en Dios.* Es increíble pero muy cierto que el valor de la vida la da la misma persona al mantener una estima adecuada de sí misma. Como que, si lo necesitara, pero las leyes que rigen la conducta y el comportamiento de las personas apoyan a las personas como seres humanos con el derecho a vivir, a ser respetado, tratado con educación y valorado como dignidad. Finalmente, la fe que la persona tiene en Dios tal como lo dice la Biblia, defiende, realza, y protege la vida de las personas al confirmar que Dios es el dueño de esta y que él perfectamente decide sobre la vida (Salmo 24:1).

Entonces, ¿es el ser humano solo un simple administrador de la vida a quien se le ha encargado y, por consiguiente, no tiene ninguna competencia ni capacidad de decisión sobre la vida? ¿Debe ser aceptada la voluntad de Dios como la única obligación o es posible que se conceda libertad responsable al hombre sobre la vida? Esta es una propuesta intermedia, dejar que el hombre tome la decisión sobre la vida con la plena responsabilidad de sus decisiones y consecuencias, lo cual es un riesgo que se ha de tomar. "La posición tradicional ha tenido mayor respaldo. Sin embargo, aceptar esta segunda visión sobre la vida, dentro de una óptica cristiana y responsabilidad humana, está más de acuerdo con la sensibilidad y aspiraciones del hombre."[52] ¿Es más coherente esta posición con lo que realmente Dios ha plasmado en su Palabra? La voluntad de Dios es el "sumo bien" "mejor bien" para el ser humano que define el principio y final de la vida de cada ser humano, pero él mismo ha dejado la libertad para que cada ser humano tome sus propias decisiones, con la advertencia, de que según siembre, así será la cosecha y que debe asumir responsablemente las consecuencias resultantes de sus decisiones y acciones (Ecle. 11:9-12:2; Ga. 6:9-10).

Dios nos ha hecho con personalidad, capacidad y libertad para pensar, sentir y actuar o decidir. Es verdad que en Génesis 1-2, Dios como el Creador y Dueño de todo confió la administración de todo a Adán y Eva (guardar y labrar la tierra), que él (Salmo 24:1) dice que todo le pertenece a Dios, que (1 Co. 4:1-2) declara que nosotros somos administradores de todo, y que nuestra única responsabilidad es serle fiel. Significa entonces que, tenemos libertad para decidir, pero somos responsables de dichas decisiones y consecuencias de estas. Si administramos la vida con Dios y para Dios, lo más seguro es que cada decisión tomada traerá buenos resultados que honrarán a Dios y traerán satisfacción a nosotros mismos. Cuidar la vida significa valorarla, respetarla, protegerla y atenderla o defenderla. La posición intermedia donde aceptamos la voluntad como la obligación suprema pero que en el proceso de la administración poseemos libertad para tomar decisiones es lo más razonable, esto es un riesgo que hemos de tomar, pero es lo más coherente.

Me gustan las reflexiones que ha plasmado el escritor Emerson, en su libro, *"Respeto y Amor"* al referirse a los ciclos normales que se dan en las relaciones matrimoniales:

---

52   Ibíd.

1

El ciclo vigorizante

El amor de Él motiva el respeto de ella

El respeto de ella motiva el amor de Él

2

El ciclo de la locura

Sin el respeto de ella, Él reacciona sin amor

Sin el amor de Él, ella reacciona sin respeto

3

El ciclo de la recompensa

El amor del Él bendice sin tener en cuenta el respeto de ella

El respeto de ella bendice, sin tener en cuenta el amor de Él[53]

¿Cuándo valorar la vida?

La muerte de Michael Jackson fue una noticia que dio vuelta alrededor del mundo. Jackson fue considerado por el presidente Obama como una de las estrellas más famosas de todos los tiempos y de todo el mundo. Millones y millones de personas no solo de Estados Unidos de América, sino de todo el mundo estuvieron al tanto del entierro del astro musical. Su muerte ha sido lamentada por tantas personas que todos los medios de televisión americana y de todo el mundo estuvieron muy pendientes. La vieja casa donde se crió Jackson en Indiana fue convertida en

---

53   Emerson Eggerichs, *El lenguaje de amor y respeto: Descifra el código de la comunicación con tu cónyuge,* Grupo Nelson, Nashville, TN. 2010.

un pequeño museo en su honor. Es tanto el reconocimiento que recibió que pasaron por alto la muerte de otros personajes importantes de Estados Unidos como una de las actrices que participó en la serie "Los Ángeles de Charlie".

¿Es malo lo que se hizo por Michael Jackson? Por supuesto que no es malo. El problema es el tiempo cuando lo hicieron. Él vivió 50 años y los últimos 15 años en su mayoría los pasó en su casa, cortes y hospitales. ¿Por qué no le celebraron y valoraron su grandeza mientras él estaba en vida? ¿No es injusto que esperen que una persona muera para reconocer lo valioso que fue? Esto es lo paradójico de la vida y del accionar humano.

Jamás olvidaré las palabras de mi hermano Isaú el día que me recogió en Nueva Concepción el 27 de agosto de 1986 cuando íbamos al entierro de nuestro padre en Potero Sula, Chalatenango, El Salvador. Luis, me dijo mi hermano, "anoche, cuando velamos a papá, el lugar estaba lleno de personas y todos decían que él fue una buena persona". Está bien todo, pero porque no se lo dijeron a él cuando aún estaba con vida, sino que esperaron que muriera para decir cosas bonitas de él.

Lo mismo pasó en México con Pedro Infante, Cantinflas, y lo mismo pasó con Jackson. Lo mismo pasó con mi papá y lo mismo pasa con todos los que mueren hoy. ¿Será que esta es una característica natural de los humanos? Puede ser, pero no es la correcta. Personalmente, soy de la filosofía que, si habrá de reconocer el valor de una persona, es mejor que se haga mientras está con vida. Es más, no se debe esperar ni que se retire, que llegue a viejo y que esté enfermo o que se vaya del lugar donde lo conocieron para expresarle el amor, la admiración, y la gratitud que sienten hacia alguien que ha hecho algo bueno o significativo en favor de algún grupo de personas en particular.

Jesús dijo: "Dad al César lo que es del César y a Dios lo que es de Dios". Este proverbio del Maestro contiene el principio de dar reconocimiento a quien merece reconocimiento en el tiempo correcto, cuando se tiene vida y cuando la persona puede disfrutar de ese reconocimiento. Dicho reconocimiento es parte de la recompensa en esta vida y si es una persona que ha vivido y sigue viviendo para el Señor, es justo, loable y admirable que sea reconocido en esta vida porque de las recompensas eternas Cristo se encarga.

El llamado es para todos. Padre, madre, hijos, familias, matrimonios, jóvenes y niños. Vea a su alrededor y evalúe a las personas que de alguna forma ejercen influencia en su vida y están dedicados a hacer algo por la generación presente. Pueden estar en su casa, en la escuela, en el trabajo, en la vecindad, o en la Iglesia. Identifícalas y haz algo para reconocer lo que ellos hacen por ti. No esperes que tu amigo muera para decirle lo mucho que lo amabas, no esperes que se vayan las personas para decirles cuando los admirabas y los amabas y por favor, no esperes que sea tarde para expresarle lo mucho que significaba para ti. No pierdas tiempo, corre tras aquellas personas que valoras, estima, admira y ama y dile lo mucho que le agradeces, y lo mucho que significan para tu vida.

Nunca lo había visto, pero en la celebración de los quince años de dos chicas de la iglesia que actualmente pastoreo, lo vi y me agradó. Después de la ceremonia en el templo, y de la cena en el lugar de recepción, la cumpleañera pasó al frente para desarrollar otro punto más del programa. Para eso, la festejada, escoge a 15 personas quienes de alguna manera han influenciado en su vida. Estas quince personas pasan al frente llevando una candela encendida. Bueno, lo importante de esto, es que estas personas se sienten elogiadas, reconocidas, y valoradas por la influencia que han tenido sobre esta chica, pero más, porque son valoradas y reconocidas. ¿Qué te parece si la quinceañera no hace eso sabiendo que estas personas significan mucho en su vida, sino que espera a llegar a la vejez para escribirlo en un libro cuando estas personas posiblemente ya no están? ¿Qué valor tiene que nos digan que nos aman, aprecian, valoran y que nos den muchos reconocimientos cuando ya nos hemos ido? Se debe reconocer, valorar y celebrar cuando es tiempo, cuando la persona está con nosotros.

Todos podemos valorar
la vida de alguien

Una cultura maravillosa que podemos aprender todos en esta sociedad presente con tanta escasez de valores es la del reconocimiento. Reconocer es felicitar, admirar, agradecer, estimular, dar, abrazar, sonreír y apreciar cuando la otra persona hace algo que le beneficia. El tiempo para valorar es el presente. No espere que la gente se retire, se aleje, se enferme, se envejezca o muera para decir lo valioso que era para ti o lo agradecido que está por todo lo que hizo a tu favor.

Si tienes cerca de ti a alguien que hace algo bueno por alguno de los suyos o de la iglesia, por favor, haz algo para reconocer lo que hace. El tiempo para valorar o reconocer es hoy. El día de ayer, en la iglesia que pastoreo, el equipo de superintendencia remodeló como un templo el lugar donde se reúne la Iglesia Infantil. No he escuchado a ninguna persona que agradezca el trabajo de este equipo, es posible que lo hagan cuando ya las personas que trabajaron en esto no estén. Vuelvo a la idea, el día de ayer se inauguró esa remodelación y como pastor general fui invitado a predicarles a los niños. Les prediqué sobre los beneficios de ser respetuosos con Dios, los padres, los maestros, los pastores y los amigos quienes representan a (temor a Dios), (herencia familiar), (la formación bíblica y académica) y la (la cultura del entorno) que es lo que influencia en la formación de los valores.

Lo interesante es que pregunté a mis niños sobre el significado de respeto y muchos respondieron muy bien. Solo una niña muy introvertida levantó su pequeña y graciosa mano y me dijo con un gesto especial, "yo no respeto a mi mamá". Yo le dije, con que tú no respetas a tu mamá, ella volvió a decir, "sí, yo no respeto a mi mamá". El resto de los niños la vieron y algunos se rieron. Le dije, está bien, mira lo que vamos a hacer para que tú si respetes a tu mamá. Yo desarrollé el tema con una manualidad y al final, después de memorizar Efesios 6:1, esta misma niña repitió el texto.

Deje una tarea a todos, al llegar a su casa, dígale a mamá y a papá: que la (o) quieren, luego la (o) abrazan, luego le dicen que la (o) aman y por último le dan un beso. La misma niña dijo, mi papi me besa, y mi mami también, terminé y le dije, tú harás eso hoy con tus padres, si todos lo harán porque ellos valen mucho.

Estoy sumamente convencido que el mejor momento para cultivar los valores es en la niñez. Nosotros los mayores, aunque podemos cambiar y mejorar, el trabajo es más difícil. Diría alguien, el árbol torcido no tiene remedio, yo sí creo que todo árbol puede ser curado y transformado. Pero estoy muy consciente de que el mejor terreno para cultivar los valores, tal como el respeto, el perdón, la gratitud, la amistad, la vida, la integridad, la honestidad, etc., es en nuestros niños. La Biblia no se equivoca, al decir, "Instruye al niño en su camino, y cuando este sea grande no se apartará" (Prov. 22:6). No todo está perdido en este tiempo, aún es tiempo de rescatar los valores que forman una sociedad mejor, siguiendo el modelo original de Dios. Valoremos a los demás como deseamos que nos valoren a nosotros. "Decir muchas gracias no cuesta nada, pero vale mucho".

El valor de la vida lo da Dios

Los pasajes más básicos son: (Gé. 2:7, Lev. 17:11, Dt. 12:23), "la sangre es la vida"(30:20) "porque él es vida para ti y prolongación de días", (1 Sa. 2:6) Dios da y quita la vida, (Job. 2:4,6) "todo lo que tiene lo dará por su vida", (Lev.17:11) la vida es un soplo, (33:4) el soplo del Omnipotente me dio vida, (Sal. 34:12) ¿Quién es el hombre que desea vida?, (64:1) "Guarda mi vida del temor del enemigo", (Prov. 4:23) "Guarda tu corazón porque **de él mana** la vida", Jonás (4:3) "Oh Jehová, te ruego que me quites la vida…", (Jn. 10:10) "Yo he venido para que tengan vida y vida en abundancia", (Stg. 4:14).

¿Qué es la vida? ¿Cuándo y dónde comienza la vida? ¿Estoy

dando a la vida el valor legítimo, el que Dios le ha dado? ¿Por qué es tan difícil definir la vida? Esta pregunta tiene una respuesta concisa, porque la vida no es una cosa que pueda tocarse, sino un estado que solamente puede describirse operacionalmente. Así que, ni los biólogos encargados de explicar en qué consiste la vida, no saben explicarla porque todo lo ven bajo la perspectiva humana. La consideran como la *energía interna* causada por condiciones, medio ambiente, y otras cosas. Energía interna de un sistema asociada al movimiento de las moléculas en un sistema termodinámico, es decir, la energía subordinada a la temperatura de tal sistema (cuerpo).

De todo lo que Dios dio al ser humano para administrar, lo mejor y de mayor valor es la vida. (Gé. 2:7) dice: "Entonces Jehová formó al hombre del polvo de la tierra, y él sopló en su nariz aliento de **vida**, y fue el hombre un **ser viviente**". Otro texto dice, "Y el soplo del Omnipotente me dio **vida**". ¿Cuál es el valor de la vida según Job 7:7; 33: 4; Sal. 31:13; 102:11? *No es una simple energía, no es solo la existencia, es más que la personalidad, es la identidad* y el *valor intrínseco que posee un ser viviente, es una persona que camina, respira, come, sueña, piensa y anhela.* Es una persona creada por Dios con todos los derechos que deben ser reconocidos, valorados, estimados y respetados.

Pensemos un poco sobre las enseñanzas e implicaciones de (Gé. 2:7 y Job. 33:4). Estos pasajes describen al hombre material e inmaterial. Algunos deducen de este texto la enseñanza bipartita del hombre. Dios hizo al hombre del polvo de la tierra, y ¿qué le dio Dios? "soplo de vida" "aliento de vida". En otras palabras, Dios le dio la vida y la existencia misma. Dios es la fuente de la vida (Sal. 36:9), por lo cual, la vida que tiene cada ser humano le pertenece a Dios (Sal. 24:1). Por consiguiente, todo ser humano debe cuidarla muy bien. El soplo de Dios es el alma racional y el espíritu, con el cual el hombre llegó a ser completamente diferente de las otras formas de vida que hay en el mundo, como Dios es distinto de la creación. El Dr. Chafer dice que este aliento es *vida sin fin* y no está sujeta a la muerte, pero como castigo por el pecado, tiene que morir.[54] El Diccionario Ilustrado de la Biblia la define como "el conjunto de las propiedades características a los seres humanos, los animales y las plantas. En términos físicos, la vida comprende el período entre el nacimiento y la muerte".[55]

Entendiendo pues que, Dios es la fuente de la vida, esta *es un don de Dios,* un regalo de Dios (Sa. 36:9). En resumen, en cuanto a la definición, no podemos definirla biológica, ni científicamente, ya que esta es más que la duración del tiempo que va desde el nacimiento de una persona hasta la muerte de esta, *la vida es un don divino*, algo preciado que debe ser cuidado, respetado, valorado y atesorado. Las personas que no han entendido la vida como un regalo de Dios que debe ser cuidado, apreciado, disfrutado, es que no la valoran ni la respetan. La mejor manera de entender el significado y las dimensiones de la vida es a través de lo que la Biblia dice acerca de esta.

La Biblia confirma su valor

Los diez mandamientos de (Éxodo 20:1-17) se agrupan: 1-5 Amor hacia Dios y 6-10 Amor hacia el prójimo. Hacer lo contrario es no darle el valor a la vida que Dios le da. En pleno siglo XXI, si la misma persona no se está valorándose como debe ser, mucho menos valorará la vida del prójimo. Por ejemplo, en este tiempo hay secuestros, asesinatos, robos, pleitos, insultos, atropellos, abandonos, incumplimientos, estafas, maltratos, violencia, traiciones, engaños, deslealtades, etc., señal del poco valor que se da a la vida. Este es un problema, reto o desafío, sociológico que amerita no solo ser considerado y analizado por los gobernantes de un país, sino que esto requiere propuestas mediatas e inmediatas, preventivas y activas, profundas y consistentes, a tiempo y fuera de tiempo. Si no se hace algo para crear una cultura de respeto donde se valore a los demás bajo una perspectiva bíblica y humana, muy pronto habrá miles de ciudades inhabitables.

---

54   Lewis Sperry Chafer, Teología Sistemática, Tomo I, p. 563.

55   Diccionario Ilustrado de la Biblia, p. 1190-1191.

Le invito a dar una mirada con atención a la desvalorización de la vida en la actualidad. México vivió el mes de enero del 2010 el más violento en tres años, con **904 asesinatos** del crimen organizado, afirmó BBC Mundo, después de que un día antes fueran asesinadas 27 personas en el país. Los cuatro Estados con mayor número de asesinatos fueron, según el Milenio, los Estados fronterizos donde se encuentra Ciudad Juárez con 327 asesinatos; Sinaloa, con 169; Baja California, con 99, yGuerrero, en el sur del país, con 75.[56] Si todo ser humano entendiera el valor que Dios ha dado a cada persona, acabaría la envidia, los celos, los conflictos y los pleitos en gran manera. Este es el resultado que se da cuando cada persona valora y respeta a su prójimo, podremos vivir más en paz, tranquilidad, libertad, respeto y buenas relaciones. Sin embargo, la crisis de violencia es mundial, por la falta de temor a Dios y respeto a la vida. Pero el colmo de todo lo vemos en la orden emitida por el Sr. Expresidente de Los Estados Unidos, de perseguir a los cristianos pro-vida, los que defienden la vida.

Es una clara pandemia lo que hay en tres países centroamericanos, Honduras, El Salvador y Guatemala desde hace más de cinco años. En dichos países, la delincuencia, las pandillas y las organizaciones narcotraficantes han contribuido al cambio de perspectiva sobre el valor de la vida. No es suficiente con los discursos retóricos y elocuentes de los políticos. Ya no es suficiente con las promesas electorales de los futuros gobernantes para resolver esta problemática que ya es de todos. ¿Desde dónde se debe comenzar a rescatar el valor de la vida? ¿Quiénes son los principales responsables de enseñar, cultivar, modelar, e insistir o custodiar porque se dé el valor correspondiente a toda persona independientemente de la raza, color, posición, estatus social, religión y condición moral e intelectual? El valor de la vida implica respeto, lo cual no significa estar de acuerdo con lo que otras personas piensan, sienten y hacen.

Estoy hablando de valorar la vida, respetarlas como personas,

---

56   El Mundo, https://www.elmundo.es/america/2010/02/01/mexico/1265044036.html

aunque no se comulgue o se esté de acuerdo con lo que ellos o ellas sean o piensen. Son los padres, los esposos, los que están en posiciones altas, los gobernantes, los maestros, los pastores, los sacerdotes, los guías, los líderes, quienes debemos comenzar a cambiar esta forma de pensar, sentir y tratar la vida. Es uno mismo quien debe valorarse a sí mismo, luego se debe enseñar a valorar la vida en la manera que Dios la valora.

Vida en atropello, un testimonio real

Observe las contrariedades sobre el valor de la vida en otros países, Teherán (EVARED) - La vida de una mujer en Irán vale legalmente la mitad que la de un hombre. Esto es desigualdad, falta de respeto, falta de valor.[57] Déjeme compartir el testimonio de una víctima de los atropellos que se viven en uno de los países centroamericanos, que es un vivo retrato de la desvalorización de la vida que se vive a diario no solo en estos países sino en muchos más alrededor del mundo. Para proteger la identidad de esta mujer, la llamaré, Siriaca. Fue el lunes 22 de julio de 2013 que Siriaca abrió su corazón a este servidor para compartir la oscura, dolorosa y amarga experiencia de su vida. Siete años después, julio 31, 2020, Siriaca, tiene una perspectiva muy diferente sobre la vida, ama a Dios, vive para sus hijos.

Luis Gómez, ¿Cuéntame cómo ha sido tu vida, ¿qué pasó con tu abuelita y tus tíos?

Siriaca Pues al fallecer mi abuelita, me tuve que ir con mi mamá. Ella tenía a una persona, o sea mi padrastro. Para mí fue duro pastor. Después de estar con mis tíos, se casaron y eso me dolió porque teníamos que separarnos. Así que me fui con mi mamá hasta el centro de la

---

57   Eva Red, Fuente EFE en Google, *¿Cuánto vale la vida de una mujer en Irán?*, voy jo y que estete momento esteas sos, nismo. solucion a favor de la protecciestrabamos al estadio. s pruebas de sus intencione 6,2007.

capital. Ella por estar solo trabajando, me matriculó y para que yo estudiara por las mañanas. No me acostumbraba pastor.

Luis Gómez, ¿Por qué?

Siriaca. Pues en la colonia donde nos fuimos a vivir había un fulano que siempre me regalaba muchos dulces y era muy amigo de mi mamá. Extrañaba ir a la iglesia, pues no tenía amor de madre y me sentía muy sola. Esa persona, cierto día le pidió permiso a mi mamá para llevarme al cine. Nunca había ido ahí pastor. Fui con ese hombre de 39 años y yo solo tenía 13.

Luis Gómez, ¡Increíble!

Siriaca. Fuimos al cine, luego él me llevó a un lugar que nunca pensaba en ese tiempo lo que era.

Luis Gómez, Y ¿A qué lugar te llevó? ¿Qué pasó?

Siriaca. Un motel. Él se bajó del carro y yo me quedé dentro sin bajarme estacionado en la cochera.

Luis Gómez, ¡Si!

Siriaca. Yo en mi ignorancia pensé que era un lugar, así como una vivienda privada. Pasé dos horas sin bajarme. Luego esa persona sale del carro y me abre la puerta y me dice que me baje, que no me haga tan ignorante.

Luis Gómez. O sea, ¿este hombre estaba esperándote adentro?

Siriaca. A empujones me bajó y yo suplicándole que no, que no. Me bajó y abusó de mí pastor, fui violada.

Luis Gómez. ¡Oh no!

Siriaca. En mi vida nunca me habían dicho que era eso. Lo ignoraba, pues al irme para mi casa, él me dejó allí. Para mí todo había terminado en mi vida. Me sentía sucia, muy sucia, pues quedé embarazada de mi primer hijo. Luego este hombre siguió abusando de mí, pues mi mamá me dijo cosas como si yo fuese la culpable.

Luis Gómez. ¡En serio!!

Siriaca. Ciertas veces mi padrastro me quiso abrazar, así como si me quería tocar. Me sentí súper mal y mi mamá nunca me creyó. Le daba la razón a él siempre. No visitaba a mis tíos por el temor que me rechazaran y nació mi segundo hijo.

Luis Gómez ¡Qué terrible, lo siento mucho lo que te paso! Sigue por favor.

Siriaca. Luego, al sentir que ya soportaba estar así, porque me usaba cuando él quería, como que no valía nada. Un día me dije: no soporto más, me iré a robar para que me metan a la cárcel para que no me use más este hombre. No sabía qué hacer. Empecé a frecuentar un parque. Caminaba con mis bebés en la calle para que no me tocara al llegar la noche. Me iba para no verlo, estaba desesperada. Ahí en ese parque conocí a una persona tatuada de maras que me dijo: ¿Por qué lloras? Le dije que tenía problemas.

Le dije que me ayudara. Me dio de comer a mí y a mis bebés. Me sentí bien, le conté mis problemas y él me dijo que me ayudaría. Me preguntó dónde vivía. Todos los días me iba para el parque y él me daba de comer. Me dijo que, si podía ayudarme pero que tenía que hacer algo, me tenía que pasar a "la mara" para que me ayudaran. Fue así como yo tomé la decisión de brincarme a la mara pastor.

Luis Gómez ¿Qué edad tenías en ese momento...? En serio, te uniste a las maras (pandillas).

Siriaca. 15 años, si, para que me dejara en paz y pues andaba con mis bebés. Al verme así me dejó mi mamá sola en la casa porque le dije a mi padrastro que lo mataría por el abuso que me hacía.

Luis Gómez. Y tus tíos que sabían de ti, y tu mamá nunca reconoció el grave error.

Siriaca, nunca los busqué, ellos con su familia y yo en las calles.

Luis Gómez. ¿Tu padrastro también abusaba de ti?

Siriaca. Solo me tocaba y yo me corría… Pues pasó el tiempo y poco a poco empecé a ver asesinatos. En mi corazón algo me decía que huyera, que no era de esa vida, que no estaba sola, que había alguien que me amaba y me cuidaba. Sabe, cada vez que en el parque llegaban los hermanos a evangelizar, me decían que Dios estaba al cuidado de mí y que era luz, que me amaba y me perdonaba.

Luis Gómez. Y ¿qué pasó, qué edad tenías ya en ese momento?

Siriaca. De 14 años a los 22.

Luis Gómez. Durante todo ese tiempo estuviste en las maras, ¿qué cosas llegaste a hacer...?

Siriaca. Lo que hacía era denunciar muertes. Si a una persona iban a matar, advertirles cuando estaba a mi alcance. La verdad, robar, nunca matar, Dios no lo permitió.

Luis Gómez. Solo robar... y abusaban los de las maras de ti...no te drogaste...

Siriaca. Solo veía cosas malas. Me daba miedo porque entre ellos empezaban a matarse. Tenía una amiga en la mara que me llevé con ella como mi hermana y lo triste fue que me dijeron que tenía que salir con ella a un lugar por la noche.

Luis Gómez Oh si, y ¿a qué?

Siriaca. Pues en mi corazón sentía el no ir, algo me decía que me matarían.

Luis Gómez. Y entonces... ¿qué pasó con tu amiga?

Siriaca, Fui dejando a mis bebés solos, me fui pues presentía que me matarían, así como a los demás.

Luis Gómez. Y ¿qué hiciste...finalmente?

Siriaca. Eran las 7 de la noche, mi amiga, yo y uno de los veteranos fuimos a ese lugar. Según ellos yo y mi amiga teníamos que ir a ver una casa de los contrarios. A las 8 pasamos por un puente súper alto, yo tenía que pasar primero y ella detrás de mí y por último un veterano que no conocía, solo que era en Quezaltepeque.

Era solo monte. Al pasar en medio de un puente solo vi una luz fuerte, unos impactos de metralleta y dije ¡Señor! Di un grito pues mi amiga había caído en el barranco. El muchacho me gritó, corre sino tú también te quedarás aquí. Me sentí súper mal, muy impactada. Dije ¡DIOS AYUDAME! Ya no quiero andar aquí. Fue donde Dios comenzó a obrar en mí. Me obligaban a robar, me recordaban que me habían ayudado. Algunos se salieron de la mara por mí, pues les convencía a los jefes que les dijeran que sí, pero no sabían cómo decirles que ya no querían seguir aquí.

Le pedía a Dios de todo corazón que me llevaran presa, que ya no quería andar ahí, pues en mi corazón sabía que un día caería presa. Fui a robar con dos hombres y dos mujeres porque mis bebés no tenían qué comer, me dolió dejarlos solos.

Luis Gómez ¿Cómo fue que finalmente saliste de las maras?

Siriaca. Pues caí presa, En la angustia al día siguiente desesperada me dijo un policía si quería hacer una llamada. Le dije que sí, que quería llamar a mi tío. Mis bebés están solos, no han comido desde hace dos días...

Luis Gómez. Eso le pediste a Dios, era lo que habías sembrado y entonces... ¿Qué edad tenían tus hijos?

Siriaca. Pues él me dijo, no te preocupes, ahora mismo iré a traer a los niños. Le supliqué que me los cuidara, les diera comida y que por mí no se preocuparan, que estaría bien por lo menos 5 a 6 años. Me llevaron para la cárcel de mujeres donde pasé 3 años. Mis tíos me visitaban y me llevaban los bebés, nada me faltaba pues empecé ir a la iglesia.

Luis Gómez. ¿En qué tiempo estuviste ahí?

Siriaca. Ya no me acuerdo pastor. Le pedía a Dios que me borrara todo eso, solo recuerdo para testimonio. Empezaron a decirme las compañeras que me tenían que golpear porque en la cárcel tenía que pelear con las contrarias. Yo no lo hacía para que no me suspendieran las visitas, pues cada vez que llegaba al sector de la iglesia pasaba al baño para que me golpearan. Le pedí a Dios que me ayudara, que ya no soportaba más, ya que me dijeron que tenía que seguir en la mara, que no tenía otra opción. Me llevarían hasta que ya solo sangre vomitaba, solo con inyecciones pasaba.

Luis Gómez, Sigue contándome todo, mientras yo almuerzo, porque estoy muy interesado en escucharte...

Siriaca. Por los golpes, mi cuerpo ya no soportaba. Me dijeron que dijera a mi familia que no llegara a verme. Me lo prohibían. Fui penada por 15 años de prisión, ya nada me daba felicidad, yo se lo reprochaba a Dios. Le dije: Padre me salvaste de la muerte, pero porque quieres dejarme aquí. Ya nada vale mi vida. Reté a Dios, me sentí, así como arrepentida de haberle pedido que me encarcelaran.

Ya penada, me dijeron que tenía que andar con uno de ellos pues era la persona la cual me había dicho que me ayudaría para que saliera adelante. Ese día cuando me faltaban 2 meses para cumplir 3 años de prisión, llegó mi tía, y sentí mucha alegría en mi corazón al verla. La abracé y le dije, tía la extraño. Ella me dijo, tenía que verte, Dios te sacará de aquí, ten fe. Tía, tengo una pena de 15 años. Ella me dijo: Dios te ama y tiene misericordia si estás con vida es con un propósito. Él te ama, eres su hija, tú no tienes la culpa de nada, no te sientas mal. Yo le sonreía y le decía, sí tía.

Ese día me dijo que llegaría la siguiente visita pues ese día al terminar la visita, el muchacho se acercó y me dijo que tenía que andar con en. Que ya me esperó demasiado y que la familia quedaba en segundo plano, y que la mara valía más. Que no le gustaba que mi tía llegara, pues la mataría porque solo a envenenarme la mente llagaba.

Como en la salida tenían que hacer una fila, busqué a mi tía y le dije, tía, espere, quiero hablar con usted. Ya no me venga a visitar porque la van a matar. Ella solo se sonrió y me dijo que en la Biblia decía que ay de aquel que toque a uno de mis pequeñitos.

Yo le dije, si tía, pero me han amenazado. Ella dijo, no te preocupes, Dios es mi Padre y nada me pasará porque sus promesas son fieles. Antes de irse oramos y me reconcilié con Dios. Ellos me vieron cuando hablé con ella. Luego que se fue mi tía con la angustia me quedé. Al irse ella, me fui para el sector en el baño nuevamente donde me golpearon por órdenes del muchacho. Me dejaron mal, tuve que ir al hospital de emergencia. La directora del hospital me permitió que me atendieran como a una reina. Luego hablé en ese momento con la directora de la cárcel y me dijo que Dios me amaba y que tenía algo preparado.

Siriaca. Me cuidaban para que no me golpearan, estaban pendientes de mí. Y luego pues todo había cambiado en mi vida. Sentía cariño de las personas, me sentía diferente pero angustiada al saber que me faltaban dos días para que mi tía llegara a visitarme. Un sábado al ver las noticias, pasaban la noticia que aquel que iba a matar a mi tía había sido acribillado. Al ver eso me sentí feliz y recordé las palabras de mi tía y dije, sí tiene poder Dios.

En ciertos cultos me daban papelitos de promesas en ellas decían siempre: "te enseñaré cosas grandes y ocultas que tú no conoces" y que "él me iba a dar la libertad". En profecía me decían que yo sería libre, que él me había elegido. Ese domingo llegó mi tía. El abrazo y le digo, tía Dios es fiel pues al decirle lo que había pasado, me dijo que si Dios hizo eso conmigo lo hará contigo. Él te dará la libertad, te harán una audiencia especial. Prepárate, le sonreí y le dije, sí tia, siempre incrédula en mí, sentía algo que me decía que no saldría. Ese día en el culto me dijeron que Dios me daría la salida, que solo creyera, pues al llamarme por el micrófono para la audiencia, ellas se reían y me decían ya vas para que te lean la condena. Se reían y me decían, no saldrás, no te hagas ilusiones. Yo les dije, las amo mucho en el nombre del Señor, las abrace una a una y les deje mis cosas y les dije que las perdonaba en el nombre del Señor.

Ese día, la orientadora me dio una Biblia y me dijo: hija ya Dios te dio la salida. Le dije, retomo esas palabras. Ahora le pido a Dios que me haga invisible ante ellos y que sane mi corazón. Ese día salí libre.

Siriaca. Hoy comprendo que hay muchos jóvenes que andan perdidos no por su propio gusto. Siempre hay algo que los lleva a esas condiciones, siempre hay algo que los tiene ahí. Así yo he perdonado a todas esas personas, Dios sanó mi corazón, me dio un corazón fuerte, por eso digo corazón de Jesús.

Luis Gómez Tienes razón...tú fuiste víctima... y claro responsable de tus propios hechos, pero lo lindo es

que Dios perdona y restaura.

Siriaca. Fallo, sí lo sé, pero debo hacer las cosas agradables.

Luis Gómez. Dime Siriaca, ¿cuántos años hace que estás en libertad?

Siriaca. Pues 9 años pastor. Aprendí muchas cosas, todos tenemos derecho a una nueva oportunidad, Dios es fiel. Amen pastor, lo quiero muchísimo. Saludos y abrazos para usted y su familia. ¡Hasta pronto pastor!

Cuando no sabemos valorarnos a nosotros mismos, no podremos valorar a los demás. Si no descubres lo mucho que tú vales para Dios, no podrás valorar tu propia vida y mucho menos la de los demás. ¿Quién ama más tu vida? No pueden ser los demás, no puedes ser tú, sino que es quien te creó, quien te dio el don de la vida, quien te ama más que nadie es Dios. Tanto es el amor que él tiene por ti, que envió a su Único Hijo para que muriera en la cruz, si, solo por amor a ti, porque tú vales mucho. Cuando descubrimos que para Dios somos importantes, de mucho valor, entonces aprendemos a amarnos, cuidarnos, y valorarnos todos los días. Ese temor hacia Dios, y ese reconocimiento de Dios es lo que más está haciendo falta en esta sociedad, y como resultado no hemos aprendido a amarnos como él nos ama, y por ende, no nos valoramos como él nos valora.

Una perspectiva diferente acerca de la vida llega a nuestra vida, porque la Palabra de Dios lo enseña, Dios nos lo hace sentir, y comenzamos a ver a los demás como personas, con dignidad, con valor y con el derecho natural a ser respetados. La vida no es solo un simple existir, tampoco es una autosatisfacción, mucho menos la búsqueda de la súper vida, la calidad de vida. La vida es un regalo de Dios, un derecho que todos tenemos, valor que no lo da lo que somos o tenemos o hacemos, sino Dios, quien nos creó con el derecho de vivir, al hacernos seres vivientes.

Dios ha dado a todo ser humano el derecho de la vida, del respeto, de la consideración, de la libertad y de la felicidad. Sobre esto, dice Gary Smalley: "Respeta los derechos de los demás si quieres ser feliz sobre la base de que todos los hombres (genérico) somos creados iguales, dotados por el Creador con ciertos derechos irrenunciables, entre los cuales está: la búsqueda de la felicidad".[58] Todos tienen derecho de ser felices, y cuando se valora la vida, no importa lo que se tenga o no, lo que se haga o no, será feliz, porque el valor de la vida viene cuando miramos la vida con los ojos de Dios.

---

58   Gary Smalley, *Para que el amor no se apague*, Editorial Caribe, 1996: 116.

Palabras que la Biblia
usa para "vida"

Por la combinación de ***khayyim***-movimiento y acción (Ge. 7:21), ***Nefes***- respirar, soplar "alma viviente" que está en la sangre (Ge. 2:7) y Ruaj-espíritu (Job. 33:4); el Antiguo Testamento define la vida como la *acción y el movimiento que tiene el ser humano de respirar, es el alma viviente que Dios ha dado a todo ser humano.* La vida es un poder que se manifiesta (Sal. 69:34), principio que distingue a la vida de la muerte. En este Testamento la vida no es entendida como ´una idea abstracta´. La vida es una unidad: carne, corazón, sangre con una función física y espiritual. La vida no es la simple existencia, es un don supremo dado por Dios (Sal. 34:12,13; Prov. 4:10). La plenitud de la vida depende de la actitud que el hombre tenga hacia Dios como el dador de esta y su palabra.[59]

El Nuevo Testamento también usa tres palabras para vida. La primera es ***Zoé***-se refiere a la vida física, sobrenatural y eterna. Aparece entre 150 a 200 veces, ejemplo de ello lo encontramos en (Lc. 16:25; Jn. 5:24-25, Ro. 8:38; 1 Pe. 3:7). La segunda es ***Psyjé***-alma, aliento, principio de vida física (Hch. 20:10; Ap. 8:9), vida terrenal en sí (Mt. 2:20; Ro. 11:3), sede de la vida interior (Lc. 12:19; 1 Te. 2:8; Stg. 1:21). La última es ***Bios***-existencia terrenal que termina con la muerte (1 Ti. 2:2; 2 Ti. 2:4,16; 3:17; Fil. 1:20). Con todo, Marcos 8:36 nos recuerda que la vida es uno de los mayores bienes que tenemos.

Así que, vida no solo es la existencia que tenemos, sino que es un don supremo otorgado por Dios a todos los seres humanos. Este regalo precioso que Dios le ha dado, que es real en el presente, debe ser cuidado, atendido, bien usado y administrado para tener un mejor futuro. Dios es la única fuente, Creador absoluto, Dueño soberano de la vida y depende de la actitud y del valor que le demos es que la vida traerá abundantes beneficios. De todo lo

59   Lewis Chafer, Ibíd.

que Dios dio al ser humano para administrar, que es lo mejor y de mayor valor es la vida. Ge. 2:7 dice: "Entonces Jehová formó al hombre del polvo de la tierra, y él sopló en su nariz aliento de vida, y fue el hombre un ser viviente". ¿Cuál es el valor de la vida según Job 7:7; 33:4; Sal. 31:13; 102:11?

La vida no es producto ni de especulaciones evolucionistas, ni de experimentos clonistas o científicos, porque Dios da la vida y solo él la puede quitar. La eutanasia y la eugenesia no tienen derecho de existencia porque no tienen derecho para decidir si vivir o morir, porque solo Dios tiene potestad y capacidad para quitar o dar la vida. La vida es un valor incalculable de Dios y una bendición para ser disfrutada. *El verdadero valor de la vida está en reconocer que Dios nos hizo y no nosotros a nosotros mismos y que somos suyos (Sal. 92:1-2).*

Componentes de la vida

La vida no es solo la duración de tiempo, o la simple existencia pues incluye la parte física, emocional y espiritual. La vida de una persona incluye la **parte material**: cuerpo, corazón y sangre. ¿Cómo estamos usando el **cuerpo** y cómo debemos usarlo? (Dt. 10:14; Sal. 24.1; 1 Co. 6:19-20; 2 Co. 6: 16ª). El cuerpo en su totalidad tiene valor, con los más de 650 muslos, con 206 huesos y millones de funciones, porque todo combinado armoniosamente cumple su función propia con el propósito de mantenerse con vida.

El corazón es un órgano vacío, del tamaño del puño, encerrado en la cavidad torácica, en el centro del pecho, entre los pulmones, sobre el diafragma, a la "entrada" de los cardias.

Se discute sobre el hecho de que el corazón es uno de los órganos más importantes del cuerpo. Bombea sangre por todo el cuerpo, enviándola por **las arterias** y **las venas.**

Las arterias son canales como tubos flexibles que llevan la sangre con oxígeno de los pulmones a las células del cuerpo. **Las venas** son canales que llevan la sangre llena de dióxido de carbono de regreso al corazón y pulmones. La sangre pasa por los pulmones para llenarse de oxígeno y dejar el dióxido de carbono, luego pasa por el hígado y los riñones para dejar otros desechos. Además de llevar oxígeno a las células del cuerpo, la sangre también ayuda a llevar alimento en forma de azúcar y proteínas a las células. Al circular la sangre por todo el cuerpo, lo mantiene caluroso.[60]

¿Qué relación hay entre el uso del cuerpo con la carne, los huesos, la energía, el corazón, las diversiones, la alimentación, tiempo de dormir, trabajo pesado, horas extras, bebidas dañinas, actividades peligrosas, etc.? ¿Cómo cuidar el corazón para que cumpla con las funciones propias de tal modo que el cuerpo esté perfectamente saludable? ¿Es responsabilidad del gobierno cuidar mi cuerpo, mi vida y mi salud?

Es nuestra responsabilidad y solo nuestra. Buena alimentación, regular tiempo de ejercicios, tiempo suficiente para dormir, chequeo regular médico y vitaminas rutinarias. Todo esto tiene que ver con la vida. Siempre que tomemos agua en vez de soda, comemos verduras y vegetales más que grasa, menos sal y azúcar, mejor estamos cuidando la vida que Dios nos ha dejado para que la disfrutemos y la usemos para dar gloria al Creador.

¿Qué cosas dañan el cuerpo y por ende a la vida? Según el Dr. George H. Malkmus en su libro *¿Por qué se enferman los cristianos?*

Nuestro cuerpo está hecho de unas 125, 000, 000, 000,000 (Ciento veinticinco billones) de células, las cuales necesitan constantemente sustento y reconstrucción. Requieren también de un proceso constante de limpieza

---

60   http://www.sedl.org/scimath/pasopartners/pdfs/tbody.pdf

de contaminantes. Algunas partes del cuerpo se remueven cada semana, los huesos requieren varios años para su total construcción. Si estas células no son cuidadas, protegidas, conservadas, pueden debilitarse, pueden traer enfermedad. Es necesario un mantenimiento adecuado.

Debemos cuidar el cuerpo evitando todo lo que contamina, intoxica y enferma. La **sangre** calculada en cada cuerpo es de *5 litros*, la cual está en constante circulación y da entre 3000 a 5000 viajes por todo el cuerpo cada día. El corazón impulsa veinte mil millones (20, 000, 000,000) de células sanguíneas por todo el cuerpo. Estas llevan alimento a todo el cuerpo dándole vida. Por tanto, el cuerpo debe estar fuerte para mantener la sangre en constante movimiento y fuerza, a fin de alentar y limpiar todas las células del cuerpo.[61]

La vida de una persona incluye también la **parte inmaterial**: alma, espíritu, corazón y conciencia. Esto se relaciona con el *intelecto, los sentimientos y la voluntad*. ¿Cómo es que usamos todo esto? ¿Qué podemos aprender de los siguientes pasajes? (Sal 119:9-11, 17, 77,116; 34:20, 41:2, Prov. 4:23). ¿Cómo podemos usar mejor el cuerpo, la mente, la energía, y las habilidades para que esta rinda más y sea fuerte, feliz, y agradable a Dios? Escribo todo esto porque toda persona debe valorar a los demás al saber que todo esto es parte de su persona, de su vida, y se debe respetar porque tiene el sello de su Creador.

El alma, el espíritu y la *conciencia* son aspectos abstractos de la vida humana que la Biblia llama *"hombre interior"*. No puede verse ni tocarse, pero si sus movimientos, sentimientos y acciones. Todo esto de la vida debemos cuidar con sabiduría. *¿Qué es alma?* Algunas veces se distingue con el espíritu, pero otras veces no, pues se usan como sinónimos. La Biblia usa espíritu y alma para referirse a la parte inmaterial del hombre (1 Co. 5:3, 6:20, 7:34; Stg. 2:26; Mt. 10:28, Hch. 2:31, 1 Pe. 2:11).

---

61 Malkmus George, ¿Por qué se enferman los cristianos?, (1998):11.

Marais[62] traduce *alma como aquello que respira, es la respiración de la vida*, la cual parte en el momento de la muerte (Ge. 35:18; Sal. 16:10; Job 33:18; Jer. 15:2). El latín usa la palabra *"ánimus, ánima"* como *el alma de la vida, principio que anima a la sangre* (Dt. 12:23). El alma es el centro de nuestras actividades y pasividades mentales (Job 30:25; Sal. 42:2; 107:9; Cant.1:7). Es la parte con la cual se comunica Dios y algunos pasajes en la Biblia implican que el alma es lo que Dios recoge cuando un cristiano muere.

Espíritu, en los dos testamentos se refiere al *viento* (Ge. 8:1; 11:31), *hálito* (Job 12:10). También se considera como el asiento de las emociones (Ex.28:3, Ez. 11:19). Es el principio de vida en el hombre y que, en el momento de la muerte, el espíritu se entrega en las manos del Señor (Lc. 23:46). Vida y muerte es el acto de impartir o quitar el hálito de Dios (Job 27:3, 33:4, 34:14). El hombre es espíritu por lo que depende de Dios y es un alma, porque a diferencia de los ángeles, tiene un cuerpo lo que lo relaciona con la tierra.

Conciencia. - Algunos la han llamado, la *voz de Dios que habla al que se ejercita en la conciencia*. Chafer dice que es una inclinación de la mente, que le ha quedado desde la niñez. Esta juzga a la voluntad y todos los aspectos del hombre.

La mente origina los pensamientos, la memoria los retiene, el espíritu puede discernir el valor de ellos y el alma responde a dichos pensamientos, pero la conciencia juzga esos pensamientos con respecto al valor moral.[63] Esta es natural si corresponde a los no regenerados, y es sobrenatural si responde a los regenerados. La conciencia del incrédulo es corrompida (Ti. 1:15), mala (He. 10:22) acusadora (Jn. 8:9) y está cauterizada (1 Ti. 4:2). La conciencia sobrenatural es el conocimiento profundo que tenemos acerca de Dios la cual nos habla internamente a través del Espíritu (Ro. 9:1; He. 10:1,2; 1 Pe. 3:16).

---

62 J.I. Marais, International Standard Bible Encyclopedia, en Chafer, Tomo 1, p.604.
63 Ibíd., 620.

En fin, cuando hablamos de valorar, cuidar, dirigir y gobernar nuestra vida con Dios y para Dios es cuidar, amar y proteger nuestro cuerpo físico (carne) externo que incluye la apariencia, el orden, la decencia, lo que vemos, decimos y hacemos, pero también lo interno que incluye el alma, mente, conciencia, corazón y el espíritu. Por fin, nuestros pensamientos, sentimientos y las acciones son las cosas que hacemos porque tenemos vida.

Debemos valorar nuestra vida misma y la de los demás porque tenemos la imagen de Dios que nos capacita (Gé. 1:27), hemos sido comisionados por Dios para hacer esto con excelencia (Gé. 1:28-31) y porque nuestra vida pertenece a Dios por derecho de creación (Is. 42:5) de mantenimiento o sustento (Hch. 17:28; Ro. 11:36; Co. 1:17), de redención (Is. 41:14, 42:5; Col. 1:14,19-22), de identidad y pertenencia (Dt. 10:14; Sal. 24:1, 100:3). Todo cristiano debe responder delante de Dios por la vida *espiritual* (relación con Dios), *física, emocional, intelectual, social* (Cuerpo) y de su vida interior (espíritu, alma, conciencia y corazón). No olvide que el que ya es cristiano, es templo del Espíritu Santo y que el cuerpo dura más y la vida es mejor cuando la cuidamos bien. ¿Cómo cuidarla? 1) Buena relación con Dios, 2) buena alimentación, 3) buen plan de ejercicios, 4) un plan de chequeos médicos regulares, 5) le pertenece a Dios. Debemos recordar tres cosas que nos ayudan a respetar y valorar no solo nuestra vida sino la de los demás independientemente del estatus social, color, raza, procedencia, etc. Todos debemos respetarnos y jamás hacer nada que atente contra la seguridad de las personas.

1. Dios es el dueño de la vida (Sal. 24:1)

2. Todo lo que hay en este mundo está a nuestra disposición, pero no todo ayuda.

3. Nosotros somos administradores del cuidado y buen uso de la vida (1 Co. 4:1-2).

Así que, administrar la vida significa valorar, cuidar, dirigir y gobernar la vida interior para que esté en constante relación con

Dios. Significa, cuidar el alma y el espíritu de donde salen los deseos, sentimientos, pensamientos, la respiración, los sueños y el cuerpo que es el templo y morada del Espíritu Santo. Hacer esto implica cuidar la alimentación, el ejercicio, la apariencia, la limpieza, el descanso, y el chequeo médico de nuestro cuerpo, ya que este es la habitación donde reside la vida.

Valorar la vida es una responsabilidad personal por la relación que hay con el Creador.

Lo que da valor a la vida es la relación que se tiene con Dios. - (Salmo 73). Asaf dice: "¿A quién tengo yo en los cielos sino a Ti? Y fuera de Ti nada deseo en la tierra." Para él, la relación con Dios es lo que más importa sobre todo lo demás en la vida. (Job. 33:4, 19:25-27) habla de la seguridad de la vida eterna basada en la relación que tiene con Dios. Santiago 4:13-17 expresa el valor de la vida, lo que nos obliga a cuidarla y apreciarla. La pregunta es, ¿mi relación con Dios es una relación de calidad?

Conocí en Guatemala a Mayron Patzál, durante los dos años que pastoreé la iglesia Roca de Salvación en la ciudad de Escuintla. Él siempre asistió con su mamá y hermanos. Se bautizó, y aprendió lo que es la vida cristiana. Le gustaba hacer preguntas, todo apuntaba que sería un buen chico. Hace un año, lo saludé después de 6 años, ya no estaba asistiendo a la iglesia, ha puesto un taller de reparación de carros, y está teniendo amistades con personas no de bien. Sus padres me lo dijeron, pero su madre le insistía que dejara esas amistades. Daba mantenimiento a carros, pero no a su relación personal con Dios, pero decía que era un hijo de Dios.

Hace unos meses prediqué que la vida cristiana no es una religión sino una relación personal con Dios. Cuando descuidamos la relación personal con Dios se corre el peligro de convertirse en una religión. Alcanzar los niveles más elevados en la vida cristiana debe ser el mayor anhelo de cada cristiano, pues de lo contrario se puede llegar a una parálisis espiritual. El peligro para el hijo de Dios, quien se queda sin crecer espiritualmente, el letargo lo llevará no solo a la decadencia espiritual, sino que lo pone en el peligro de ser descalificado para vivir en esta tierra (1 Co. 9:27). Es, por consiguiente, la vida cristiana para que se mantenga en el nivel de ser una relación personal fresca, sincera y transparente con Dios, cada día debe estar siendo renovada.

Un vehículo para estar en buenas condiciones y cumplir con sus obligaciones, los expertos dicen que debe dársele mantenimiento en el tiempo indicado La vida cristiana es así, para estar en buenas condiciones espirituales y cumplir con las obligaciones que Dios nos ha estipulado en Su palabra, debemos renovarla cada día, que cada día venga a ser como cuando fue el primer día que aceptamos a Cristo, en el primer amor.

La relación con Dios es un pacto de por vida. La relación con Dios es tener buena comunicación, amistad y unidad por medio de la cual se vive en armonía y paz interna la cual nos prepara para relacionarnos de buena manera con los demás y con el mundo sin ofender a Dios. La renovación como una relación fresca, madura y armoniosa con Dios no se logra con tan solo escuchar un mensaje de tres puntos mayores, con la asistencia fiel a los cultos de la semana, no se fabrica, ni se compra, esta requiere una disciplina de constante comunión con Dios y obediencia a las exigencias del pacto o alianza hecha en el momento de creer en él. Un Pacto es una alianza, un acuerdo, un contrato, y una relación. Dios hizo un trato, alianza, y un acuerdo de mantener una amistad, una relación, y una sociedad basada en parámetros e instrucciones que debían ser obedecidos y cumplidos. Revisar cada día nuestra relación con Dios no solo es saludable y refrescante, sino agradable a Dios y beneficiosa para el que lo hace.

Lo que da valor a la vida está en conocer el valor que Dios le da. (Mateo 6:26-32). -Dios nos hizo y somos suyos (Sal. 92:1-2). La plenitud de la vida depende de la actitud que el hombre tenga hacia Dios como el Dador de esta y Su Palabra. Eso es cuidarla como lo que es, dando el valor que Dios le da, sabiendo que del buen uso que hagamos de esta tendremos reposo, tranquilidad y muchos beneficios. ¿Cuánto vale algo? Lo que alguien esté dispuesto a pagar.

Una carta firmada por los 3 miembros de los Beatles cuando decidieron separarse fue subastada por $91,000. Alguien ha dicho con mucha verdad que, "La basura de uno viene a ser el tesoro de otro". En las tiendas online de IBM pusieron a la venta el Aire respirado por Brad Pitt y Angelina Jolie puesto en frasco alguien lo compró por $500.00, y el Volkswagen del Papa Benedicto XVI cuesta $250,000 y en el 2020 vale mucho más. Nuevamente, ¿Cuánto vales tú? Lo que alguien esté dispuesto a pagar. Esto nos lleva a una maravillosa revelación, y es que tú vales mucho, tu valor no tiene precio, eres incomparable en valor, pues Jesús estuvo dispuesto a morir en la cruz para comprarte con su sangre (Juan 3:16).

El diablo está minando la mente de los seres humanos al hacerles creer que no valen nada, que la vida no vale nada[64] y por eso nos estamos matando y destruyendo unos a otros porque no nos estamos viendo como Dios nos ve. Él nos ve y nos da valor, para Dios tenemos mucho valor. Mateo 6:26-32 dice que valemos más que los pájaros, más que los árboles, y más que todo lo que hay en la tierra. Si Dios envía la lluvia, deja que el sol y la luna salgan para todos, aunque sean malos, muchos más nos ayudarán y nos cuidará a nosotros que somos sus hijos. La relación con Dios es lo que da identidad, seguridad y garantía de prosperidad integral.

La relación con Dios no es religión (Juan 15:16-18). La re-

---

64   Tres pastores se han suicidado en los últimos meses, por debilidad y por la influencia del diablo que hace todo por confundir, y que aun los siervos de Dios caigan en semejante pecado. Lea este artículo, sobre la muerte de estos pastores en http://www.cristianosaldia.net/index.php/Mundo-Cristiano/Tres-pastores-se-han-suicidado-en-los-ultimos-30-dias.html. 12-13-13.

ligión conduce a la idolatría. Esto es muy peligroso, es como el opio de hoy. La relación con Dios no permite la acomodación (Juan 15:19-21). La acomodación conduce a la decadencia moral o situacional. La relación con Dios poco seria trae consecuencias (Juan 15:22-28). El deseo de Dios es que cada uno de sus hijos se esfuerce por mantener una relación fresca, sincera y transparente con él. Significa que cada día pondrá mucha atención a lo que Dios ha hecho, a las instrucciones que debemos obedecer, y a las promesas de bendición por obedecerlo o el castigo por desobedecerlo. El martes 25 de junio 2013, a las 6:00 de la mañana mientras aún dormía en su casa, Mayron Patzal, fue acribillado a balazos. Fue llevado al hospital donde murió a las 7:30 am. Mayron hizo un pacto con Dios cuando lo aceptó en su corazón, pero *no se esforzó por dar buen mantenimiento a su relación con Dios*, que es vivir en obediencia, apartado de lo malo, consecuencia de ello fue su muerte prematura, cuando estaba en el inicio de su juventud. Mayron solo tenía 22 años.

Quienes ya somos sus hijos, tenemos que cuidar que esta relación personal con Dios sea siempre fresca, sincera y transparente, no solo porque es nuestra obligación, sino porque esa es la garantía de muchas bendiciones. De la relación que yo tengo con Dios depende el valor que yo le doy a mi vida y así será el respeto y el valor que daré a la vida de los demás.

La vida es una búsqueda diaria de vivir bien el presente para asegurar el futuro

David. - A diferencia de aquellos cuyas ganancias están en esta vida, David buscaba su satisfacción en el tiempo futuro tal como lo hizo Job. Él decía, en cuanto a mí, veré tu rostro en justicia; estaré satisfecho cuando despierte a tu semejanza (Salmo 17:15). Para David, su completa satisfacción llegaría el día cuando despertara (en la vida futura) mirando la faz de Dios (en compañerismo con Él) y llegando a ser semejante a él (1 Juan 3:2). *Esta búsqueda es lo que valoriza nuestra vida.* No hay mayor valor en la vida que la satisfacción en Dios, y vivir a plenitud solo para él. David lo sabía muy bien, pues él sabía que la porción de su vida era Jehová, y que vivir para agradarlo era su sumo bien, el mayor valor, pues había entendido que el propósito de su vida era este, vivir para adorar a Dios y para darlo a conocer al mundo (Salmos 119:57).

Este deseo de vivir la vida para agradar a Dios, David lo expresa de diferentes formas debido a que él está seguro de que ese es el mayor valor de su existencia. Por ejemplo, el (Sal. 34:1-3) dedica sus días para bendecir a Jehová, engrandecerlo con su alabanza y para que lo escuchen los demás. El salmista ha entendido que en Dios está la fuente de la vida, él es quien la da y el único que la puede quitar, pero estando bien con Dios, hay garantía de la vida no solo terrenal sino eterna (36:9) "Porque contigo está el manantial de la vida". Tal es su seguridad en Dios y su anhelo de estar en comunión con él que habla con él por la mañana, al medio día, y al atardecer, antes de acostarse y al levantarse, porque Dios quien le da la vida, lo guardara (55:17-18, 5:1, 57:7-10). Así que, en Dios está tranquila su vida (62:1-2, 63:1-3) y solo ruega a Dios guía y sabiduría para saber vivir (90:12). Este pues es el todo de David, vivir para Dios, porque Dios ha valorado tanto su vida que la ha vindicado, y le ha asegurado que la guardará hasta la eternidad.

Salomón. - Después de hablar acerca de la utilidad de la vida, cuando vivió con todo lo que este mundo pudiera ofrecerle, Salomón nos da importantes conclusiones en el libro de Eclesiastés: "El fin de todo el discurso oído es este: Teme a Dios, y guarda sus mandamientos; porque esto es el todo del hombre. Porque Dios traerá toda obra a juicio, juntamente con toda cosa encubierta, sea buena o sea mala." (Ec 12:13-14). Salomón dice que el todo de la vida es honrar a Dios con los pensamientos y la vida guardando sus mandamientos, porque un día compareceremos ante Él para entregarle cuentas. Es el temor de Dios en nuestra vida lo que da verdadero valor a nuestra existencia. Nada en este mundo da valor a la vida, solamente el Creador. En segundo lugar, uno mismo es quien debe aprender a valorar su propia vida. No debemos permitir que nuestro valor dependa de las cosas, de las personas, de lo que tenemos, de lo que sabemos, o de lo que hacemos, sino de la relación que tengamos con Dios, el dueño de nuestra vida.

Pablo. - Después de conocer a Dios, concluyó que lo único que da valor a la vida es vivir para Cristo. En Filipenses 3:9-10, él dice que lo que él quería era "Ser hallado en Él, no teniendo su propia justicia, que es por la ley, sino la que es por la fe de Cristo, la justicia que es de Dios por la fe, a fin de conocerle, y el poder de Su resurrección, y la participación de sus padecimientos, llegando a ser semejante a Él en Su muerte." Nuevamente, para Pablo lo que más le importaba era **conocer a Cristo** y ser hallado justo, por la justicia obtenida de Dios a través de la fe en Jesucristo, y vivir en comunión con Él, aun cuando eso le acarrearía sufrimientos (2 Timoteo 3:12). Es la filosofía de Pablo: "Porque para mí el vivir es Cristo y el morir es ganancia" (Fil. 1:21), es lo que da valor a la vida. Jesús dijo que quien quería ganar la vida debía perderla (Mr. 8:35), hablando espiritualmente, que se debe renunciar a todo lo que se opone a Dios (Mr. 8:35), y apegarse a lo justo, a lo ético, a lo recto, a lo bueno, a lo verdadero (Fil. 4:8-9), y dejar lo terrenal; eso es perder la vida, para tener una mejor vida en Cristo y para Cristo. La conclusión de Pablo es simple por lo que él hizo según Fil. 3:7-8.

Elías y Jonás, en un descuido de su fe atentaron contra su vida. Esto es muy importante tomar en cuenta que cuando quitamos la mirada de Dios, el único que da el real valor a la vida, somos presa de la debilidad, fragilidad, impotencia y dominados mentalmente al escuchar las voces del negativismo, y de la autosuficiencia. Elías y Jonás al dejar de confiar en Dios comenzaron a ser presa de su baja autoestima, hasta apocarse a sí mismos, y cerrar su perspectiva amplia que Dios les había dado, al no encontrar otra salida más que la de la muerte. Más Dios, el único que da la vida, quien tiene poder y dominio sobre la vida, quien controla todo y detiene a quien él quiere, los fortalece y los levanta para volver a ver como Dios ve y valorar la vida como Dios lo hace. Una descripción amplia de la crisis de Elías lo puedes encontrar en mi segundo libro publicado en mayo 2013, *"Paradojas en la vida pastoral, lo que callamos los pastores"*.[65]

Esta actitud y decisión tomada por estos hombres santos de Dios, es lo que ha aprovechado el diablo en los últimos años llevando a hombres y mujeres a atentar contra su vida. Este es un dilema teológico que ha cobrado fuerza en este siglo XXI donde las respuestas y explicaciones ofrecidas son pocas e insatisfactorias. Por ejemplo, hace unos meses se suicidó el hijo de Rick Warren,[66] en los últimos 30 días se han suicidado tres pastores solo en Estados Unidos,[67] y las razones normales las ofrece el instituto Scheaffer:

Según el Instituto Schaeffer, el 70% de los pastores luchan constantemente con la depresión, y el 71% están "agotados". Por otra parte, el 72% de los pastores dicen que solo estudian la Biblia cuando van a preparar sermones, el 80% cree que el ministerio pastoral afecta negativamente a sus familias, y el 70% dice que no tienen un "amigo cercano".[68]

Maneras de valorar la vida

Marcos Witt da tres consejos para valorarse: 1) Llénese de la Palabra de Dios. 2) Apague las voces negativas que subrayan lo malo de nosotros, gente que le pasan diciendo que usted no sirve y que no sabe hacer nada, 3) Júntese con gente que lo valore. Me gustaron estos tres principios, porque no hay mejor manera de levantar la autoestima, que, escuchando, leyendo, estudiando, analizando y percibiendo la voz de Dios, la Palabra de Dios que

---

65   Gómez, Luis Alberto, Paradojas en la vida pastoral, Guatemala, 2013.

66   Muerte de Matthew Warren. www.noticiacristiana.com.

67   https://www.noticiacristiana.com/pastor/2013/12/tres-pastores-se-han-suicidado-en-los-ultimos-30-dias-en-eeuu.html.

68   Ibíd.

es más dulce que la miel. Esta da consuelo, propósito de vida, instruye, corrige, guía, sustenta y crecimiento espiritual (2 Ti. 3:15-17).

Todo el tiempo, toda persona tiene acompañantes indeseados, malos pensamientos, instrucciones internas y motivaciones nada correctas. A todo eso, no se debe hacer caso, pues son voces a veces negativas, o a veces engañosas, mal intencionadas, o disfrazadas de medias verdades, pero que finalmente son mensajeros del enemigo que solo busca que nos desvaloremos, que nos desestimemos, y que finalmente lleguemos a degradarnos tanto hasta desear ya no vivir, punto final de la falta de valoración de la vida. Esto se da cuando dejamos de oír a Dios, su palabra, cuando dejamos de creer y esperar en Dios y nos apartamos de las personas que realmente nos pueden ayudar. No olvide, el valor real de nuestra vida, lo da Dios, y lo da uno mismo. Estos son algunos de los comentarios sobre Mathew quien atentó contra su propia vida y que ha desatado una serie de comentarios.

"Matthew era un joven muy amable, gentil y compasivo cuyo espíritu era dulce aliento y consuelo de muchos", dijo la Iglesia Saddleback en un comunicado. "Desafortunadamente, también sufría una enfermedad mental que desembocó en una profunda depresión y pensamientos suicidas".[69]

"Solo sus más cercanos conocían que él luchó desde su nacimiento con una enfermedad mental, grandes episodios de depresión e incluso pensamientos suicidas. Pese a contar con los mejores doctores de Estados Unidos, consejeros y oradores por su sanación, la tortura de su padecimiento mental nunca disminuyó", reveló.

Agregó que "Nunca olvidaré cómo, hace muchos años, después de otro método que había fallado para darle alivio, Matthew dijo 'Papá, sé que iré al cielo. Por qué no puedo solo morir y terminar este dolor'. Pero él continuó otra década".[70]

69   Funes, *El arma con la que se mató el hijo de Rick Warren no estaba registrada*, www.cnnespanol.cnn.com, 15 abril 2013.

70   *Hijo de pastor Rick Warren sufría enfermedad mental*, www.elheraldo.hn

En fin, dónde está el valor de la vida

La vida no solo es la existencia que tenemos, sino que es el don supremo otorgado por Dios a todos los seres humanos. Este regalo precioso que Dios nos ha dado, que es real en el presente, debe ser cuidado, atendido, valorado, bien usado y administrado con responsabilidad para que dé fruto en el futuro. Dios es la única fuente, es el Creador absoluto, dueño soberano de la vida y depende de la actitud y del valor que le demos a la vida así serán los abundantes beneficios que Dios nos dará. La vida es un regalo sublime de Dios, un valor incalculable y una bendición para ser disfrutada.

El verdadero valor de la vida está en reconocer el valor que Dios le ha dado. Le pertenecemos por derecho de creación y redención. ¿Cuánto vale su vida para Dios? Lo que él estuvo dispuesto a pagar por usted, él dio su vida por ti (Jn. 3:16, Ro. 5:8). Esto es lo más bello, saber el valor tan alto que Dios da a nuestra vida, vivirla tal como Dios lo ha planeado, valorar a los demás como Dios los valora, y respetarlos como Dios los respeta, es la verdadera cultura, el verdadero estilo de vida que cambiará nuestra sociedad.

¿Cuándo y dónde comienza la vida? ¿Estoy dando a la vida el verdadero valor? ¿Por qué es tan difícil definir la vida? Esta pregunta tiene una respuesta concisa, porque la vida no es una cosa que pueda tocarse, sino un estado que solamente puede describirse operacionalmente.[71] Así que, ni los biólogos, encargados de explicar en qué consiste la vida, no saben explicarla porque todo lo ven bajo la perspectiva humana. La consideran como la *energía interna* causada por condiciones, medio ambiente, y otras cosas. Energía interna de un sistema es la energía asociada al movimiento de las moléculas en un sistema termodinámico, es decir, la energía subordinada a la temperatura de tal sistema (cuerpo).

---

71   Nasif Nahle, *Definicion de Vida*, http://www.biocab.org, 25 febrero 2009.

Enseñanzas e implicaciones de Gé. 2:7 y Job. 33:4 sobre el valor de la vida

Estos pasajes describen al hombre material e inmaterial. Algunos deducen de este texto la enseñanza bipartita del hombre. Dios hizo al hombre del polvo de la tierra, y ¿qué le dio Dios? "el soplo de vida", "aliento de vida". En otras palabras, Dios le dio la vida. Dios es la fuente de la vida, la vida que tenemos le pertenece a Dios. Por lo tanto, debemos cuidarla muy bien. El soplo de Dios es el alma racional y el espíritu, con el cual el hombre llegó a ser completamente diferente de las otras formas de vida que hay en el mundo, como Dios es distinto de la creación. El Dr. Chafer dice que este aliento es vida sin fin y no estaba sujeta a la muerte, pero como castigo por el pecado, tiene que morir.[72] El DILAB la define como "el conjunto de las propiedades características a los seres humanos, los animales y las plantas. En términos físicos, la vida comprende el periodo entre el nacimiento y la muerte".[73]

Entendiendo pues que, Dios es la fuente de la vida, esta *es un don de Dios,* regalo de Dios (Sa. 36:9). La conclusión en cuanto a la definición es que no podemos definirla ni biológica ni científicamente, ya que esta *es más que la duración del tiempo entre el nacimiento y la muerte de una persona, la vida es un don divino, algo preciado que debe ser cuidado.* Las personas que no han entendido la vida como un regalo de Dios son quienes no la valoran. La mejor manera de entender el significado y las dimensiones de la vida es ver lo que dice la Biblia acerca de esta.

Recomiendo leer los capítulos 3, 4, 5 del libro "Una vida con propósito" del pastor. Rick Warren.[74] En estos capítulos, el autor

---

72   Lewis Chafer, Teología Sistemática, Tomo I, p. 563.
73   Diccionario Ilustrado de la Biblia, p. 1190-1191.
74   Rick Warren, *Una vida con propósito*, Editorial Vida, Miami Florida, 2002.

reorienta al lector hacia la obtención de la perspectiva adecuada sobre la vida, y concluye que la perspectiva correcta es la de Dios. Yo he enseñado en uno de los estudios para los grupos de crecimiento de nuestra iglesia, "todo depende como veamos las cosas". Quiere decir, por tanto, que si logramos ver la vida como Dios la ve, le daremos el valor adecuado a la vida, ni más alto, ni más bajo, le daremos el valor correcto. Solícitamente he insistido en tratar de mirar las cosas no de manera vertical o circunferente sino horizontalmente, desde el mismo lugar donde está Dios, de arriba hacia abajo. Dios siempre verá la vida de cada ser humano con amor, y con una adecuada estimación.

Terminemos contestando esta pregunta, ¿cuál es el propósito de rescatar el valor de la vida? Cuando entendemos que la vida es un regalo de Dios, que se nos ha encomendado para lograr un propósito sagrado, esta debe ser cuidada, guardada, protegida y bien usada. No podemos hacer nada que ponga en peligro la vida, no podemos hacer nada que atente en contra de la vida, solo debemos hacer aquello que contribuya al bienestar de la vida. Cuando aprendemos a amar la vida por lo que es y por lo que significa; entonces estaremos listos para valorar la vida de los demás. Una nación y una sociedad formada por familias, matrimonios e individuos que se respetan mutuamente y que se valoran como Dios lo ordena, aseguran un mundo mejor, una vida de paz, armonía, felicidad, justicia, y equidad.

Preguntas de reflexión y discusión

1. ¿Cuál es la posición más acertada que debemos tener sobre la vida?

2. ¿Finalmente, cual es el significado de la vida?

3. ¿De qué depende que la vida nos dé abundantes beneficios?

4. ¿Quién es el que da el valor correcto a la vida?

5. ¿Qué enseñanzas sobre la vida ofrece el autor según el libro de Job 33:4?

6. ¿Cuánto valoras tu propia vida?

7. ¿Has una lista de 10 actividades o cosas que podemos hacer para valorar la vida comenzando desde este día?

5
Matrimonios al estilo de Dios

Ellos tienen más de 34 años de casados y los conozco desde hace 33 años. Algunos creen que después de 34 años la galantería termina, pero no es cierto, por lo menos en este matrimonio donde él dice lo siguiente: "Esta es la mujer que, en primavera, verano, otoño o invierno, ¡me tiene loco! En calor, en frío, en la playa, o en la ciudad; en España, Alemania, Cancún, Dallas, Guatemala o El Salvador vivo por ella, su sonrisa me da vida, me alegra el alma, ¡después de mi salvación es el mejor regalo que Dios me ha hecho!".[75]

Hace unos días, vi por televisión un debate sobre el matrimonio versus lo innecesario del matrimonio. Quien defendía el matrimonio como la relación más bella, tierna y completa que Dios ha dejado es un artista mexicano que antes de creer en Cristo estuvo a punto de separarse de su esposa, pero una vez Cristo fue integrado en la vida de ellos, el matrimonio ha vuelto a ser una alianza sagrada en presencia de Dios, una sociedad con derechos compartidos, una relación o unión consciente y voluntaria para toda la vida al estilo de Dios y un compromiso que requiere lealtad. Por el otro lado, estaba el que abogaba porque no hay necesidad del matrimonio, que es mejor la unión libre, y que él había vivido casado 10 años, pero que ahora que está separado, él ve que no hay necesidad de casarse pues al vivir ligados por un documento comienzan los pleitos. La audiencia dio su opinión la cual favoreció al matrimonio. Escuche lo que dijo quien se oponía al matrimonio al final del debate: "saben, quiero decirles algo, que los diez años que vive casado, son los diez años más felices y hermosos que he vivido en toda mi vida".

---

75 Palabras que el Dr. Gerardo Alfaro dedica a su esposa Alma.

La atención del núcleo más importante y de la institución más valiosa de la sociedad, *la familia,* es algo que no puede esperar más tiempo. La lista mayor de los problemas que enfrenta la iglesia no es por el dinero, no es por el edificio, no es por la cantidad de personas, no es por el trabajo, no es por los estudios, salud, casa, etc. *El problema es por la poca atención que se le está dedicando al matrimonio-familia y la incorrecta educación que se le está brindando.* Este fue el error de Jacob con los doce hermanos que vendieron a José, fue el mismo error del sacerdote Elí con sus dos hijos que murieron en la guerra y fue el mismo error que cometió el rey David quien tuvo todo, pero no supo educar a sus hijos. Ese mismo error se está cometiendo hoy, la familia o mejor dicho los padres, en vez de impulsar los valores, las prioridades, las virtudes y la responsabilidad, está gastando mayor tiempo y esfuerzo en el trabajo, en lo material y en lo que es secundario.

La familia es un producto creado directamente por Dios, quien es Poderoso, Amoroso, Creativo, Soberano, Sabio y Bello. Es el Arquitecto y Dueño de todo (Sal. 24:1). Dios es quien **DISEÑÓ** el matrimonio, la familia y cada miembro en particular, por lo tanto, si Dios hizo al hombre y a la mujer, el matrimonio y la familia; todo es perfecto y debe funcionar perfectamente bien. La pregunta lógica que surge de inmediato es, si lo anterior es verdad, **¿Por qué hay tantos problemas en el matrimonio y la familia hoy más que nunca?** Porque se han olvidado del Creador y se han apartado de las normas, reglas y lineamientos originales establecidos por Dios. Como Dios es quien los ha hecho, *él sabe cómo funcionan,* lo único que nos queda es obedecer y seguir las instrucciones del fabricante eterno.

El impase es esto, aunque fue creado por las manos de Dios, si no aprende a vivir en las manos de Dios no podrá alcanzar su máxima felicidad, realización y satisfacción en este mundo. Así que, la familia necesita vivir controlada, dirigida y protegida por Dios todos los días porque solo la familia que vive así podrá transmitir a esta sociedad los valores fundamentales: verdad, santidad y fidelidad.

El matrimonio en la Biblia

La Biblia dice que Dios creó al hombre y a la mujer a su imagen y semejanza, varón y hembra los creó (Ge.1:27; Mt. 19:4). Son dos sexos los que creó Dios no tres y esa dualidad de sexo es lo que necesita la humanidad para estar completa. La sociedad no necesita de un tercer sexo, solo dos hizo Dios, él es perfecto, esto es lo que se necesitaba para que la sociedad funcione bien (Ge. 2:2-3). Dios los creó por separado, primero hizo al hombre (Ge. 1:26-28), luego hizo a la mujer de uno de los costados del hombre (Ge.2:18, 20-23). Satanás, y el hombre natural, con la intención de entorpecer el plan de Dios sobre el matrimonio al estilo de Dios, entre dos personas de los únicos dos géneros opuestos, masculino y femenino, están usando las mentes de profesionales y científicos al anunciar en Alemania que oficializan bebés con un género indefinido.

En algunas escuelas de Los Estados Unidos consideran el tercer sexo de manera oficial. Hay en lugares públicos y centros comerciales un tercer baño, que no es para hombres ni para mujeres, sino para quienes renuncian a su sexo biológico, de nacimiento, el que Dios les dio. Tal decisión e inclinación, por muy razonable que sea, continúa siendo la decisión rebelde del ser humano, que solo busca saciar sus instintos de la carne, y obedecer al príncipe de este mundo, en vez de acogerse de la protección de Dios y obedecer las directrices soberanas divinas para su vida.

Toda pareja antes de unir sus vidas en matrimonio para siempre debe estar seguros de lo que significa e implica. Ambos, el hombre y la mujer son diferentes, pero con la capacidad de vivir unidos. Dios hizo al hombre muy diferente[76] a la mujer en todo sentido: emocional, intelectual, espiritual, física y social, pero ambos guardan la estampa de que han sido creados por el mismo Dios, porque mantienen la imagen de Dios, su Creador.

---

76   Emerson Eggerichs, *El lenguaje de amor y respeto*, Grupo Nelson, Nashville, TN, 2007: 12-15. Recomiendo profundamente leer este libro antes, durante y después del matrimonio. Leerlo de tiempo en tiempo es bueno.

Esto es lo interesante que, en el matrimonio, las dos dimensiones: masculina y femenina, se unifican, se funden y se complementan produciendo así una relación bella, satisfactoria y completa de la imagen de Dios, el Creador del matrimonio. ¿Dónde cabe el tercer género? ¿Qué es lo que le permite al médico determinar el sexo o género de un bebé cuando este aún está en el vientre de su madre? ¿Dónde en la Biblia hay tan solo un pasaje donde sustente la existencia de un tercer género?

A ambos les dijo Dios, "Fructificad, multiplicaos, llenad, sojuzgad y señoread" (procrear y administrar) tarea que solo se puede hacer entre dos personas de sexo opuesto. Dios responsabiliza al hombre de tener dominio sobre la tierra como representante suyo y para lograrlo se necesitaba la participación de ambos. La ecuación divina $1+1=1$ es diferente a la matemática normal de $1+1=2$. El triunfo del matrimonio está en vivir fielmente esa unidad y en la matemática de Dios para cumplir la tarea de cuidar la tierra para honra y gloria de Dios. El gran error de muchos matrimonios que han terminado en el fracaso es por falta de amor a Dios y obediencia a los lineamientos y la práctica del amor, respeto[77] y lealtad. El error de aquellos hombres o mujeres con el sexo medica y legalmente identificado desde su nacimiento pero que luego deciden renunciar a su sexo biológico para experimentar una inclinación pecaminosa de la carne es por falta del temor de Dios y sometimiento a la voluntad de Dios.

Primero, Dios escoge a quienes se unirán en matrimonio para que se complementen. Dijo: "no es bueno que el hombre esté solo, le haré ayuda idónea." El v.20 "más para Adán no se halló ayuda idónea para él" "Más Jehová tomó una de las costillas de Adán, mientras este dormía y cerró la carne en su lugar" "Y de la costilla que Jehová Dios tomó del hombre, hizo una mujer y la trajo al hombre". Aquí es necesario considerar los pasos concretos para un matrimonio ideal según el deseo de Dios. Antes de proseguir, debo recordar una verdad que ha de ser tomada con mucha seriedad. El matrimonio ha fallado no porque la institución del

---

77   Ibíd.

matrimonio falle, sino porque el hombre y la mujer que se unen en matrimonio no definen el propósito para el cual se unen, no es para ser felices, sino para honrar y glorificar el creador del matrimonio, a quien les unió en matrimonio, a Dios. Cuando la pareja teme y respeta a Dios en prioridad, el matrimonio vivirá en plena satisfacción, y la felicidad vendrá como añadidura.

Segundo, Dios aprueba, celebra y bendice la unión del hombre y la mujer que se casan (Gé. 2:24) (Mt. 19:5-6). Dios une a estas dos personas en una y el concepto de dos personas en el matrimonio desaparece porque ambos se funden en una sola carne. Quienes se casan forman una unidad inseparable delante de Dios, ante las leyes, ante la sociedad y ante la iglesia. El gran error postmoderno sobre el matrimonio es que se casan para probar o experimentar, se casan con reglas pre-elaboradas o pactadas, lo hacen sin conocerse a profundidad, sin el amor verdadero a Dios, y sin darle importancia que el matrimonio es para siempre, y que nada pondrá en juego ese pacto.

Tercero, Dios delega responsabilidad al matrimonio y este existe para cumplirla. (Gé.2:24). El dejar a los padres y unirse a otra persona expresa una dimensión pública conocida como la ceremonia civil y religiosa. El ser una sola carne expresa una dimensión privada conocida como la relación íntima entre los que se casan que inicia en la primera noche de luna de miel. Las tres frases describen la naturaleza unitiva del matrimonio, porque hay una unión física, emocional, intelectual y espiritual. "No serán ya más dos, sino una sola carne para siempre".

Hay un elemento a destacar acá en cuanto al momento de tener relación sexual. 1) Dejar a los padres, 2) Luego unirse en matrimonio civil y religioso; 3) se da la luna de miel "en una sola carne". Tener relación sexual antes del matrimonio es pecado de fornicación y tener relación sexual fuera del matrimonio es pecado de adulterio. Tener relaciones íntimas entre el mismo sexo es pecado de abominación a Dios. Los tres hechos desagradan a Dios, van en contra del plan original de Dios y distorsionan el concepto del matrimonio. Todo esto es lo que rechaza los que promueven la filosofía postmoderna de la unión libre, probatoria, sin compromisos, sin documentos, sin reglas y en libertinaje del mismo sexo.

Dios no se equivocó, él es perfecto, y cuando instituyó el matrimonio, sabía que era la mejor alternativa para la sociedad humana. El Dios Santo desde que pensó en la humanidad planeó bien las cosas, y primero hizo el matrimonio como la institución más sagrada que daría a la familia y a la sociedad identidad, estilo, forma, orden, contentamiento, sentido, y propósito. Unido al matrimonio, Dios especificó las instrucciones para su desenvolvimiento, su desarrollo y su comportamiento. La clave de todo está en la obediencia del matrimonio a Dios al seguir fielmente las instrucciones originales de su Creador. También, sabedores que el matrimonio se forma de dos personas, un hombre y una mujer, cada uno debe seguir las instrucciones de comportamiento el uno hacia el otro, y el poder que los une es el amor, la obediencia, respeto y el temor a Dios.

Cualquier otro invento del hombre que pretenda sustituir al matrimonio, o algo que intente reemplazar, igualar, ignorar, cambiar, modificar, o desfigurar la estructura original, divina y bíblica del matrimonio, si no es una relación entre un hombre y una mujer bajo el marco del santo matrimonio instituido por Dios, y oficiado por un agente legalmente reconocido, es solo una expresión de rebeldía. Cualquier otro invento humano es solo un proyecto de la carne que no tiene que ver con los derechos legítimos como seres humanos, sino con una expresión de rebeldía impuesta contra las instrucciones originales del Creador, quien es perfecto, que jamás pudo equivocarse al dejar el matrimonio como la manera más perfecta para que el hombre y la mujer fueran plenamente felices y realizados.

Bases del matrimonio y los conflictos naturales

En el Antiguo y Nuevo Testamento, la relación de noviazgo no puede ser encontrado y menos descrito con exactitud. Lo que se puede ver es una relación unida a la decisión oficial del matrimonio. Es por ello por lo que, vemos a un Isaac que inmediatamente vio a Rebeca la amó y pronto la conoció porque se casaron (Ge. 24). Vemos a José con María en un año de desposorio (noviazgo) pero ya es una relación de compromiso por la decisión oficial del matrimonio (Mt.1:18). El libro de Cantares es el único libro que ayuda con las etapas en el proceso del matrimonio: noviazgo, boda, luna de miel. Con todo, es necesario escudriñar sobre los pasos que se han de dar para la formación de un noviazgo que agrada a Dios y que tiene como fin el matrimonio. Hay unos libros recomendables para este espacio, uno es el de Dr. Luis Palau, *¿Con quién me casaré?*, otro es el de Dina Zaldívar y Guillermo Taylor, *la amistad*. Recientemente han sido publicados, *Amor y Respeto* escrito por Emerson Eggerichs, Matrimonio *Sagrado* (Sacred Marriege) por Larry Thomas, Gran Rapids. MI, Zondervan, 2000, *Cartas a Karina*, Abingdon Press, Nashville, TN, 1965 y *Love is something you do*, John Bisagno, 2010, Lucid Books Breham, TX.

Hacia una definición de noviazgo

Es un período de compromiso formal donde un joven y una señorita acuerdan encaminarse hacia el matrimonio. Es una decisión seria, la cual compromete a dos personas de sexo opuesto desde sus raíces. Es la antesala del matrimonio. Es la declaración de amor entre un joven y una señorita, en la que se comprometen a caminar juntos y tener un tiempo de conocimiento, compañerismo y confianza mutua. Encuentre las características y elementos comunes en las definiciones ofrecidas anteriormente sobre lo que es el noviazgo. El noviazgo no es un juego romántico, pasatiempo, aventura de satisfacción egoísta, sino una relación de amistad profunda seria, responsable y de respeto que llega a considerarse antesala del matrimonio. ¿Qué diferencia hay entre el noviazgo entre no cristianos y entre cristianos? ¿Cuál es el concepto que la sociedad actual tiene acerca de lo que es el noviazgo? Definitivamente, aquí está el primer error, por lo cual muchos matrimonios fracasan por no tener un concepto adecuado y bíblico sobre el noviazgo.

La Biblia llama al noviazgo, **"desposorio"**, tiempo en el cual, el novio da una prenda a los padres de la novia en señal de compromiso, lealtad, fidelidad, entrega y amor. Se firma un documento legal para un año, que no es el acta de matrimonio, pero se comprometían oficialmente a cumplirlo. Adquirían ante la sociedad el compromiso de ser fieles, leales y respetuosos el uno hacia el otro y de casarse después de un año. Durante este tiempo es que José quería abandonar a María creyendo que le había sido infiel a causa de su embarazo por obra del Espíritu Santo (Mt. 1:19).

¿Dónde comienza la semilla del noviazgo que se perfila para el matrimonio?

A continuación, emito mi perspectiva personal y pastoral de lo que debe ser el noviazgo cristiano. Este tiene un ideal bíblico, lógico y natural que termina con el matrimonio. Es una relación hecha delante de Dios y para Dios, tal actitud asegura el porvenir. Es una relación de amistad profunda, seria, responsable y de respeto que llega a considerarse como antesala del matrimonio. Para llegar a un noviazgo verdadero, puro y bíblico, debe experimentarse un proceso de etapas de adaptación y progresión. En cada etapa hay un conocimiento mutuo y suficiente que les conduce a tomar la decisión seria del noviazgo y luego por el descubrimiento de ciertas características personales, descubren la autenticidad del amor.

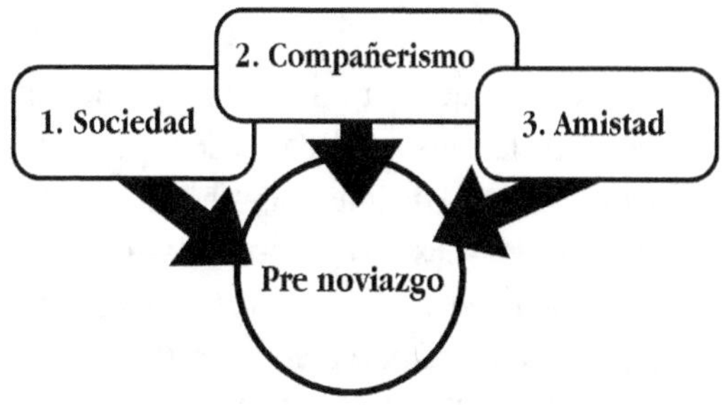

El *"pre-noviazgo"* antesala del noviazgo, incluye la **sociedad**, **compañerismo** y **amistad**. Cuando una persona busca una relación sana, saludable y segura de noviazgo debe buscar en oración en la sociedad donde primero se da la *camaradería*. En seguida, de la camaradería pasa al *compañerismo,* donde se relaciona con un grupo más pequeño y selecto de personas por afinidad e interés común. Como resultado de pasar mucho tiempo juntos, se da cierto grado de confianza y lealtad que cultiva la *amistad* con ciertas personas en particular.

Hay dos verdades acerca del noviazgo que son indispensables: el noviazgo tiene un ideal y una realidad. El ideal es lo bíblico y cristiano, el real es lo humano, cultural, y no apegado a lo que Dios manda. El noviazgo sano, bíblico y cristiano sigue un proceso natural, lógico y progresivo hasta llegar a la meta que es el matrimonio sin cometer pecado alguno. El noviazgo tiene una realidad en muchas personas, una realidad anticristiana, cultural, humana, posicional y que no se preocupa de llegar al matrimonio o si se llega lo hacen por caminos equivocados.

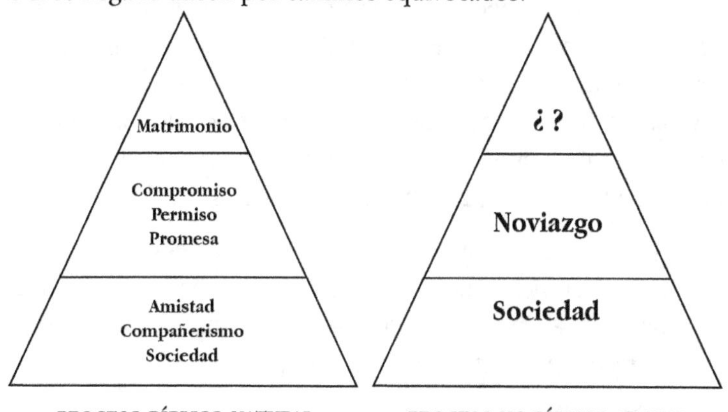

El noviazgo es un tiempo para disfrutar con alegría las sensaciones y emociones de la amistad. Pero no debe convertirse en una especie de idolatría al grado de interrumpir la comunión con Dios y la amistad con los demás. Es un tiempo de mantener el orden de prioridades: Dios, padres, estudios o trabajo, iglesia o ministerio, novio o novia, familia en segundo grado, amistades, etc. Una relación de noviazgo que se alimenta de los celos, desconfianza y de un espíritu posesivo o antisocial, y de abuso o violencia de palabras, físico y emociones no es una relación saludable y no asegura que sea la relación correcta. La meta de un noviazgo sano, lógico, natural y bíblico es aquel que tiene como objetivo respetar, proteger, cuidar a la otra persona hasta llegar al matrimonio.

Promesa, compromiso y matrimonio

La siguiente fase del proceso después de la amistad, es el *noviazgo*. El noviazgo formal, serio y sano es el que incluye: **promesa**, **compromiso** y **matrimonio**. Un noviazgo se forma de dos personas que por haberse conocido lo suficiente, comparten una amistad sincera y profunda y están preparados para ser más que amigos. Después de un prudente tiempo de noviazgo, por la seriedad, dan el primer paso de la *promesa* de lealtad, amor, y fidelidad; los padres dan aprobación para dicho noviazgo. Luego viene el *compromiso*, donde ambos, conscientes de las implicaciones, se comprometen para ser novios en vías de contraer matrimonio. Un noviazgo que ha seguido todos los pasos anteriores, seguros que ambos son cristianos, que tienen la aprobación de sus padres y que están seguros de que su relación no está fundada en algún tipo de presión o sentimiento ajeno, este noviazgo tiene mayor garantía de llegar a ser un matrimonio saludable.

A Dios le agrada que los matrimonios, a pesar de las dificultades, diferencias culturales, gustos personales, actividades acostumbradas y posiciones sociales, aprendan a saberse llevar y a esforzarse por evitar que dichas diferencias en lugar de que les separen les una y les complemente. Las relaciones matrimoniales son fuertes, sólidas, estables, frescas, transparentes y sinceras cuando se tiene como base a Dios, el amor, el respeto y la responsabilidad de cada uno. La Biblia enseña al esposo y a la esposa el orden de prioridad y de responsabilidad dentro del matrimonio que cuando se sujetan a estas, muchos conflictos son evitados. Este es el orden de prioridad a guardar: Dios, esposo, esposa, hijos, trabajo, o estudios, iglesia, parientes, y otros. Cuando se ama a Dios, y al cónyuge como Dios lo ordena, no hay situación que no se pueda resolver. Cuando un esposo ama a Dios en primer lugar, será leal, fiel y responsable ante su esposa e hijos, la cuidará y la sustentará (la amará) (Ef. 5:21-33). La esposa que ama a Dios será fiel, leal y responsable ante su esposo en obediencia y cuidado para sus hijos (lo respetará) (Ef. 5:33), siguiendo el ciclo vigorizante propuesto por Emerson.[78]

Fundamentos para el matrimonio

El amor y la obediencia (respeto) es lo que forma la confianza en el matrimonio. La lealtad es la madre de la confianza y la fidelidad. El significado del matrimonio va más allá de la ceremonia civil y religiosa. En un matrimonio se da la "unión de dos vidas, dos personas de sexo opuesto para toda la vida". Dos personas muy diferentes deciden vivir juntos, unidos en proyectos, anhelos, sueños, gustos, actividades y planes. Lo que determina el éxito de la unión de una pareja a pesar de los conflictos que se dan es la determinación y la convicción de que el matrimonio es para honrar a Dios, que es para toda la vida y para amarse (amor y respeto) a pesar de todo.

Como padres debemos enseñar que antes del matrimonio de nuestros hijos es de suma importancia que se dé el compañerismo, la amistad, el noviazgo, el compromiso, la promesa, la boda y mucho amor ágape por, sobre todo, pero que en todos los pasos predomine la lealtad, honestidad, la fidelidad, y el res-

---

78   Ibíd., p.17-20ª.

peto. Cuando se da el compañerismo, la amistad, el noviazgo, el compromiso, la promesa, la boda acompañados de lealtad, honestidad, fidelidad, y respeto es lo que va construyendo el fundamento y el ambiente de confianza entre ambos, lo cual da seguridad a la pareja. Cuando hay confianza, ambos saben que se pertenecen y en ese sentido de pertenencia, se estimulan recíprocamente a mantener la lealtad, expresión de la confianza, el amor y la obediencia.

Lo opuesto a la confianza es la desconfianza que crece hasta convertirse en celos. Los celos es el producto de la inseguridad causada por algo o alguien, que a veces es una estrategia para cubrir la infidelidad. Los celos dentro del matrimonio son como un comején destructor, a veces invisible, y aunque no se ve, trabaja poco a poco en lo oculto hasta destruir los pilares que sostienen al matrimonio. Es imposible ser feliz en el matrimonio si uno tiene arranques de celos o espíritu de desconfianza. Una persona celosa pierde el sentido de la objetividad y todo lo ve sospechoso, está llega a enfermarse de paranoia. Daniel Elam dice que los celos son como una nube que continúa reuniendo a muchas más nubes hasta transformarla en una tormenta (1 Co. 3:3, Ga. 5:20, Stg. 3:14,16). La confianza dentro del matrimonio es como un viñedo que en la medida que la cuidemos así será el fruto que este dará.

Causas de conflicto en el matrimonio

Otros temas que causan conflicto entre las parejas de casados son el sexo, la indiferencia, la poca comunicación, pero, sobre todo, las finanzas. Alguien ha dicho que, si una pareja logra ponerse de acuerdo con respecto al dinero, ha logrado un triunfo. Es que, si hay desacuerdo, mala administración, despilfarro, escasez, exceso, mezquindad, entonces vendrán con seguridad los conflictos sin aviso. Para evitar conflictos como pareja por causa del dinero, es necesario establecer ciertas reglas de comportamiento y administración.

1. Reconocer que todo lo que somos y tenemos pertenece a Dios (Stg. 1:16-17)

2. Fijar un orden de prioridades concretas de acuerdo con las necesidades de la vida.

3. Desarrollar un espíritu de contentamiento, conformidad y gozo en Dios (Fil. 4:4-8,13).

4. Evitar en la medida posible endeudarse (Pro. 22:7; Ro. 13:8).

5. Elaborar y vivir guiados por un presupuesto familiar.

6. Aprenda a saber gastar y comprar según el principio de lo urgente y lo necesario.

Otros temas no menos importantes pero fundamentales para el buen desarrollo del matrimonio son el carácter, el temperamento, los suegros y la infidelidad. Toda la lista de temas que he mencionado someramente fue el resultado de una encuesta hecha con un grupo de matrimonios. Es verdad, ya pasó mucho tiempo desde que hice esta encuesta, es probable que el orden ya ha cambiado, pero continúan siendo los mismos temas que si no son tratados a tiempo, con sabiduría y en el temor de Dios, se convierten en los comejenes que destruyen los cimientos del matrimonio y de la familia.

Como pastor, maestro, conferencista, consejero y escritor me he encontrado con más de alguno de estos problemas donde me he visto obligado a depender del Espíritu, de la Biblia, de las convicciones y de la preparación para saber dirigir cada caso hasta el final, sea bueno o no. El asunto es que cuando no actuamos con prevención, nos toca actuar de manera reactiva, y eso es casi como hacer la labor de bomberos, que solo solventan lo urgente más no previenen, que es cuidar de lo importante.

Recuerdo el nombre de una clínica en El Salvador, "Clínica para niños sanos". La cultura de los países subdesarrollados es que los doctores solo son visitados cuando los niños o los grandes están enfermos. Y solo son llevados cuando la enfermedad lo amerita. Es muy inusual que un niño, o un joven o un adulto visite al médico cuando está perfectamente bien de salud. No pasa por la mente la idea de chequeos, vitaminas, dieta o buena alimentación por prevención. En el pueblo donde nací y crecí los padres más felicitados eran los que tenían hijos más gorditos y "cachetoncitos", y los delgados decían que estaban enfermos. El problema está en que solo resolvemos lo urgente, lo de hoy, lo temporal, y no prevenimos como las hormiguitas que se preparan antes de que llegue el invierno. Prevenir es cosa de sabios, todos los hijos de Dios tenemos la sabiduría de lo alto para evitar el lamento y el fracaso.

El matrimonio en
peligro de extinción

Ahora bien, no podemos negar la realidad del caos en que se encuentra la sociedad en pleno siglo XXI. He visto que, de muchos matrimonios, muy pocos llegan a vivir como Dios lo planeó, porque dos se divorcian en los primeros años de casados, y los otros dos deciden vivir separados y con problemas. A tal punto, que alguien, en calidad de broma o serio, dijo: que para que ya no haya divorcios, es mejor no casarse. Pensamiento que se ha convertido en una realidad y un estilo de vida promovido por el postmodernismo. Sin embargo, vivir en unión libre es pecado ante los ojos de Dios, va en contra de las leyes humanas, no es el ideal de Dios, es puro invento del hombre, es alternativa de la carne, es siempre una acción de rebeldía contra el plan de Dios, contra el matrimonio que el Dios perfecto estableció. Un estudio realizado en España el 15 de marzo del 2013 afirma que ahora son menos los matrimonios civiles y mucho menos los religiosos, porque han optado por la cohabitación libre. Dice este periódico "El Mundo", que se han reducido casi a la mitad en los últimos 35 años.[79]

79 *Los matrimonios en España se reducen casi a la mitad en los últimos 35 años*, www.elmundo.es, Europa Press, Madrid.

La anarquía humana queriendo hacer valer sus derechos como personas, sin importar los derechos de muchos otros más, pensando egoístamente, sin tomar en cuenta las instrucciones originales de Dios para el matrimonio, han inventado otras maneras de matrimonios para resolver la problemática de la sociedad. Estos movimientos no toman en cuenta que, con ello, están llevando la moral, los valores, las reglas y la identidad de la sociedad actual y de la familia misma al caos total. El objetivo y la meta de Satanás es ese, el caos de la sociedad.

Lo más grave, triste y decepcionante de todo es que aún las autoridades establecidas por Dios han sucumbido ante esta influencia, aceptando por interés, coerción, concesión, política o algo más, que se realicen esos cambios civiles sin pensar en el mal que están haciendo a las generaciones venideras, no digamos a las actuales. Todo esto se hace por quedar bien con ciertos sectores, a veces minorías, en vez de quedar bien con el Dios Santo quien los ha puesto en esos lugares. Es lamentable la opción del señor expresidente de Los Estados Unidos quien destacó que el fallo, (refiriéndose al permiso de los matrimonios del mismo sexo), acaba con una norma que trataba a los homosexuales como una clase separada e inferior.[80] Estoy seguro de que, por esta decisión y apoyo, el señor presidente tendrá que responder ante Dios quien le permitió llegar a la casa blanca, como a todos los gobernantes del mundo entero que lo están permitiendo.

Al respecto de ese cambio abrupto del señor expresidente de Los Estados Unidos, habla con contundencia el hijo de Billy Graham, Franklin quien, en resumen, dice que la tendencia homosexual es pecado. Esta declaración no es cosa de Graham, es la verdad de Dios plasmada en la Biblia y que el ser humano insiste no solo en resistirla sino en cambiarla. Estas son las declaraciones de Graham bajo la frase "Obama le está sacudiendo el puño a Dios".

80	http://elpais.com/tag/matrimonio_homosexual/a/, El país, Matrimonios gay.

De la libertad bíblica
al libertinaje humano

Estoy hablando del libertinaje que se vive en la sociedad actual donde ya son varios los países alrededor del mundo que están dando libertad para los matrimonios del mismo sexo. Países como Francia, Estados Unidos, Argentina, Brasil, México, Uruguay,[81] y muchos otros más ya tienen leyes que respaldan la unión entre dos hombres, o dos mujeres, y el divorcio de estos, y que estos puedan adoptar hijos, etc. Francia es el decimocuarto país que legaliza el matrimonio homosexual.[82] En diciembre 2013 se unió Uruguay. Con tristeza escribo que este miércoles 26 de junio del 2013, "La Corte Suprema de Justicia de Los Estados Unidos dictaminó que las parejas del mismo sexo tienen los mismos derechos federales que los heterosexuales". Ahora, las parejas casadas del mismo sexo tienen los mismos derechos que los matrimonios tradicionales, aprobados por décadas de años por la misma constitución como los matrimonios aceptados y aprobados.

Mi preocupación es que solo se señale el cambio, no el daño y el peligro que esto acarrea. Imagínese, si la fiebre de los matrimonios gay continua y la sociedad termina viéndolos, aceptándolos e incorporándolos como algo normal, esto traerá problemas genéticos, biológicos, familiares, psicológicos, sociológicos, relacionales, y de identidad. ¿Cuáles hijos podrán nacer de dos hombres que forman el matrimonio gay? No puede haber hijos, y qué les parece a dos lesbianas cohabitando, ¿Cómo podrán tener hijos si no hay hombre o la semilla masculina? Esto es una degenera-

---

81   El Congreso de Uruguay votó este miércoles de forma abrumadora para legalizar el matrimonio homosexual. La Ley de Matrimonio Igualitario fue aprobada con el voto de 71 de los 92 parlamentarios presentes en la sesión. De esta forma Uruguay se convierte en la décimo segunda nación en adoptar esa medida y en la segunda de América Latina, después de Argentina. La propuesta ya había sido aprobada por el Senado y se espera que se convierta en ley en unas dos semanas. El presidente José "Pepe" Mujica ha impulsado la propuesta a la que se opone la Iglesia Católica uruguaya. Abril 13, 2013.

82   Lori Hinnant está en Twitter como: https://twitter.com/lhinnant.

ción sin remedio, la sociedad se volverá una sociedad enferma moral, social, emocional y espiritual. Una sociedad en crisis, una sociedad con problemas psiquiátricos. En pleno 2020, el incremento de la erosión de valores es mayor, y la influencia de los movimientos LGBT es mundial, lo cual es preocupante porque la sociedad cada vez se está volviendo más liberal, postmoderna, y menos temerosa de Dios.

Lo que produce tristeza a Dios

Lo más triste y delicado es que iglesias con poca seriedad e interés en ser fiel a la Palabra de Dios están aceptando los matrimonios de personas del mismo sexo como un derecho que se ha de dar como expresión de amor aun dentro de las iglesias.[83] El 14 de marzo 2014, una de las congregaciones presbiterianas más grandes de Estados Unidos se separó por no estar de acuerdo con la tendencia liberal de otra parte de la denominación. La tendencia liberal es la aceptación. Este es parte del comunicado:

> Los miembros de una de las congregaciones más grandes y conocidas de la Iglesia Presbiteriana (EE.UU.) decidieron abandonar su denominación. La congregación de Menlo Park Presbyterian, está ubicada en el área de la bahía de San Francisco y es liderada por el

---

83   Mujer Obispo Bautista en EE. UU. renuncia al cargo porque se casó con una mujer. Según informó el periódico Detroid Free Press, la unión ha generado un intenso debate entre la feligresía ocasionando división entre los fieles. Sin embargo, Abrams decidió renunciar para no causar división en la congregación a pesar de que un grupo sigue apoyándola. Al anunciar su decisión Abrams señaló que existen varios pasajes bíblicos que tratan la homosexualidad como algo permitido y que "el amor es algo que debe ser incondicional". Al referirse a su futuro pastoral Abrams señaló que se afiliará a otra denominación, aunque no reveló a cuál, pero señal porque **encima** de todo continuará a predicar el Evangelio. Abrams also resigned from her other prominent post as secretary of the Council of Baptist Pastor of Detroit and Vicinity, and as co-editor of the magazine of the Progressive National Baptist Convention. Es de hacer notar que el **cargo** de obispo se otorga a ciertos pastores en algunas denominaciones bautistas predominando las de origen afroamericano. Abrams también renunció a su cargo como secretaria del Concilio de Pastores Bautistas de Detroit y sus alrededores, así como al cargo de coeditora de una revista bautista. Publicado el 22 octubre 2013.

conocido autor y pastor John Ortberg. Esta es la novena y mayor iglesia Presbiteriana de los Estados Unidos, con aproximadamente 4.000 miembros, entre ellos la exsecretaria de Estado, la estadounidense, Condoleezza Rice, una mujer que trabajó con el gobierno de los Bush.

La decisión de abandonar el PCUSA, fue aprobada por el 93% de los miembros de la congregación, de acuerdo con la carta enviada por Ortberg al PCUSA. Sin embargo, se determinó que mantener la propiedad la congregación tiene que reembolsar al PCUSA $8.890 mil dólares, entre otros aspectos tratados en el acuerdo de salida.

Desde hace algunos años el PCUSA ha sufrido discordias entre sus líderes, debido a las posiciones muy liberales de algunos líderes de la denominación. Uno de los temas que más ha dividido a la iglesia se relaciona con el permiso de ordenar ministros homosexuales y la definición del matrimonio que incluye las parejas homosexuales.[84]

El reto para nosotros los cristianos es fuerte, el mantener el valor del matrimonio al estilo de Dios. Esto requiere unidad como cristianos, fidelidad a la Palabra e instrucción profunda de la Biblia. Debemos reclamar nuestros derechos constitucionales y la autonomía en la fe cristiana. No podemos quedarnos con los brazos cruzados viendo como las minorías amparadas en el apoyo de los que están en posiciones de poder, influencia, para hacer prevalecer sus derechos sin importarles que estén violando los derechos de muchos otros más. La Iglesia evangélica basada en la Biblia no está de acuerdo con los matrimonios del mismo sexo, pero tampoco tendrá como enemigos a quienes lo hagan. Lo único que la Iglesia de Cristo pide es que se respete el derecho como institución religiosa, espiritual y le permitan prevalecer en sus valores internos. Las puertas están abiertas para todo aquel que reconociendo que está en pecado, pide perdón a Dios, la

---

84   Nínro Ruíz Peña, Noticias cristianas.com, Estados Unidos, jueves 13 de marzo de 2014.

iglesia lo recibirá y Dios se encargará de cambiar esa conducta que no es la que Él le dio en el momento de nacer (2 Co. 5:17).

Estas son las palabras de unos colegas del ministerio pastoral. El primero dijo, estoy preocupado porque en el Estado donde vivo están presionando para que los pastores cumplan con la responsabilidad ante la petición de aspirantes a un matrimonio del mismo sexo. Yo respondí, no te pueden obligar. Este pastor me dijo, si tú has sido reconocido por el Estado, y has solicitado licencia para celebrar matrimonios civiles y religiosos, estás obligado y te pueden perseguir o enjuiciar por no hacerlo. Otro respondió, esa es la razón por la cual no he solicitado tal licencia, así que no pueden obligarme pues no tengo esa jurisdicción legal para hacerlo, este lo dijo en el 2019.

El tercer consiervo me dijo en 2017, estoy siendo presionado por la denominación a la que pertenezco o colaboro porque esta ha abrazado y aceptado la práctica de matrimonios del mismo sexo dentro de las iglesias. Me están presionando para que yo los celebre también, y eso va en contra de mi identidad y convicción bíblica. Yo no sé qué es lo que haré si me presionan, creo que tendré que renunciar a esa denominación, pues no está a la venta mis valores y convicciones, por ningún precio porque la oferta es alta. La presión contra los ministros a que acepten este estilo de matrimonios antibíblicos es muy fuerte desde el 2013 hasta el 2020, año en el que finalmente será publicado este libro.

La infidelidad tiene parte de culpa del caos social según las estadísticas

La infidelidad es una de las más dolorosas y devastadoras experiencias que una persona casada puede vivir. Es también la razón más común para solicitar el divorcio, aunque en algunas sociedades es una jurisdicción para cometer asesinato. Es difícil de entender para alguien que no lo ha experimentado en carne propia, sin embargo, cuando sucede, las personas se ven afectadas hasta en el mismo centro de sus vidas.

Alfred Kinsey alarmó en 1948 cuando dijo que el 50% de los esposos encuestados habían sido infieles en ese año. Investigaciones más recientes indican que el número ha crecido. El Dr. Bernald Green en 1973 tomó una muestra a 750 hombres casados y concluyó que el 60% de estos habían sido infieles. En 1981, Shere Hite reportó que hizo un survey (encuesta) con 7000 hombres casados y el 72% de estos en solo dos años habían sido infieles al menos una vez. Por otro lado, el mismo Kinsey encontró que solo el 25% de las mujeres habían sido infieles, pero que, en 1982, según Altwater el número había crecido al 50% y en 1987 según Share Hite, reportó que el 75% de las mujeres que habían estado casadas durante 5 años o más, estaban involucradas en una relación de adulterio.

Si ya no se incrementara este número en ninguno de los sexos, la infidelidad acurre en 3 de cada 4 matrimonios de las parejas jóvenes o edad media. ¿Por qué pasa esto? Uno de cada diez casos de consejería matrimonial tiene que ver con infidelidad. Lo serio del caso como escribe Charles Mylander, pastor evangélico, en su libro "Running the Red" (pasándose los semáforos en rojo) dice: "Lo que es sorprendente es darse cuenta de que muchos cristianos pueden caer en relaciones extramaritales aun cuando no las andan buscando".[85]

El Dr. Mijangos, maestro del Seminario Teológico Centroamericano, en la clase de maestría, "resolución de conflictos" dice que hay por lo menos dos razones o causas por las cuales la infidelidad continúa incrementándose aun en los círculos cristianos. 1) Hombres y mujeres cristianos continúan trabajando por largas horas con miembros del sexo opuesto. Estas relaciones de trabajo consistentemente han demostrado estar asociadas con incremento en el nivel de infidelidad. Esto resta el tiempo que se debe dar a la

---

85   Notas inéditas de clase de consejería de parejas, impartidas por el Dr. Luis Gómez en la ACEI-SBG de la Iglesia Bíblica Peniel, Hyattsville, MD, 2013.

familia, esto es un terreno minado. 2) Satanás ha descubierto que la infidelidad es la forma más fácil de destruir a la familia cristiana, el ministerio cristiano y de difamar al nombre de Dios, destruir las relaciones de amistad, fraternales y eclesiales. La infidelidad inicia en los aspectos emocionales, no en los sexuales.[86]

La otra parte de culpa del caos social es la falta de atención a la vulnerabilidad femenina formada por la insensibilidad masculina

La mujer se ha vuelto más vulnerable por sentirse no realizada, valorada y plenamente feliz, tanto por quedarse en el hogar cumpliendo el rol tradicional como por salir todos los días a trabajar para contribuir al sostenimiento de la familia. Mientras que el hombre después de probar estos dos roles, en vez de considerar, se ha vuelto más insensible, descuidado, indiferente, apático y hasta infiel. La mujer ha dejado de ser tratada como la esposa, como la reina, como la esposa bella que espera a su amado, como la única mujer que merece fidelidad, la olvida o ignora creando así un vacío emocional y de autoestima. El hombre ha dejado de valorar, estimar y honrar a su esposa por lo que es, por lo que significa, por lo que hace, por la posición original que Dios le dio desde un principio, "ayuda idónea". De manera que, aunque la esposa tenga todo materialmente porque su esposo es responsable y fiel en trabajar; ella sigue sintiéndose vacía, sin amor, sin reconocimiento, sin valoración y muy vulnerable a todo, y he aquí el peligro de la vulnerabilidad.

Por el otro lado, el error más grande del hombre es sentirse <u>seguro de la esposa</u> que tiene en casa, que ella siempre estará

86   Ibíd., citando al Dr. MIjangos, Maestro de Consejería de parejas en conflicto, a nivel Maestría, Seminario Teológico Centroamericano, 2003.

allí, pues no puede hacer nada sin él. Es tan fuerte la soberbia del hombre que se vuelve insensible ante los vacíos, necesidades, derechos, sueños, deseos, anhelos y aspiraciones que tiene su esposa. A él solo le importa él, su trabajo, su ropa limpia, su comida a tiempo, llegar a la cama y sin muchas palabras disfrutar de su esposa sin pensar en que ella es una persona con sentimientos, inteligencia y voluntad. Ese descuido, esa insensibilidad, ese poco reconocimiento, ese sentido machista es lo que ha puesto en peligro la estabilidad no solo matrimonial sino la de la familia.

Esto es el resultado de la vulnerabilidad de la mujer formada por la insensibilidad del hombre; matrimonios han llegado al fracaso. El resultado es hijos sin padres, los nuevos padres delincuentes, familias despedazadas, una sociedad fragmentada y la perspectiva impulsada por el postmodernismo es que vean esto como algo normal, es la sociedad moderna, sin ataduras, sin remordimientos, con derechos, con igualdad, sin obligaciones a seguir los patrones, valores, credos y principios tradicionales.

Hipótesis en proceso de verificación

La hipótesis, una mujer, aunque tenga todo en el hogar no garantiza que esté totalmente realizada, por lo tanto, es vulnerable, ya es casi comprobada después de ser probada con 10 casos de consejería, 8 de ellas casadas y dos solteras. Un hombre a pesar de tener la lealtad de su esposa en el hogar a cambio de todo lo que él lleva, no garantiza que este sea fiel y leal a su esposa. Es la soberbia e insensibilidad masculina lo que lo hace indiferente y poco reverente hacia Dios. Hay crisis por infidelidad de ambos: hombre y mujer. La estadística lo confirma que, en los últimos años, tanto el hombre como la mujer están en un 50% de probabilidad de ser infieles a su cónyuge, por la vulnerabilidad femenina y por la insensibilidad masculina, que encuentran su clara explicación en no tomar en cuenta a Dios y la Biblia en su vida diaria para respetarlo, temerlo y obedecerlo. El alejamiento de Dios y el descuido de las normas originales de Dios para el matrimonio debilita no solo la relación con Dios sino la relación con el cónyuge, y ese es el campo propicio para que Satanás, el enemigo del matrimonio al estilo de Dios, destruya los matrimonios con perspectivas liberales, humanas, tolerantes, mundanas, rebeldes y antibíblicas.

La solución al caos social, moral, espiritual y emocional de la sociedad actual: regreso a Dios, a la Biblia y a las instrucciones del diseño original

¿Hasta dónde llegará la rebeldía de esta sociedad, sin valores y sin respeto de Dios? ¿Hasta dónde llegará la tolerancia de las autoridades que prefieren congraciarse con el pecado, con la inmoralidad, con el libertinaje, con las minorías de la sociedad, y con la tolerancia mal usada antes que obedecer a Dios y promover valores que perduren y que ayuden a las nuevas generaciones? ¿Hasta dónde Dios permitirá que el hombre decida por su vida, se salga con la suya, que haga lo que le venga en gana y las autoridades responsables de la moral, se dejen llevar por la presión de las minorías y por su propia decisión o interés en vez de obedecer a Dios y su Palabra? Tanta es la tolerancia hoy que no solo hay matrimonios de personas del mismo sexo, sino que ya hay matrimonios entre animales[87], me imagino que también hay divorcios.

¿Qué pasará con el futuro de los niños que son criados por dos hombres o por dos mujeres donde no se distingue sus roles, ni los sexos? ¿Qué pasará en el futuro con la ropa, la comida, los restaurantes, los servicios sanitarios, los buses públicos, los parques,

---

87   https://www.plasmalia.es/blog/bodas-de-perros-como-son

las iglesias con esta sociedad de cultura sodomita? ¿Acaso Satanás se detendrá en su afán de plagar toda la tierra con el pecado? ¿Acaso se saciará el hombre de pecar y hacer que la gente vea bien aquello que es malo delante de Dios?

¿Por qué no seguir las instrucciones que el perfecto Dios estableció desde un principio? ¿Por qué el hombre o la mujer no está conforme y satisfecho con lo que Dios les ha dado, por la manera perfecta que los creó, por lo que son, lo que tienen y lo que hacen, sino que cada día muestra inconformidad, descontento y rebeldía? ¿No es esto un espíritu carnal, control del ego y señal de rebeldía lo cual no viene de Dios sino del hombre mismo y del príncipe de este mundo y Satanás que solo busca oponerse a Dios en todo? Una de las razones es porque no se ha entendido a la luz de la Biblia el significado del matrimonio, su valor, su aportación y su beneficio no solo para el desarrollo de la sociedad sino para las personas mismas. Otra razón es el abandono de las instrucciones originales del Arquitecto en cuanto a la estructura del matrimonio y de la familia. El no tomar en cuenta a Dios, el no seguir las instrucciones de la Biblia, y el no pensar en los demás, sino solo en los intereses narcisistas, esto es lo que está llevando a la sociedad actual al caos irremediable y consecuentemente al castigo de Dios.

Un regreso a Dios, a la Biblia y a las instrucciones del diseño original es lo único que puede detener la avalancha de la influencia postmoderna y la maquinaria satánica en contra de todo lo que Dios perfectamente ha establecido. Esto requiere que los seminarios, denominaciones, iglesias y pastores hagamos un convenio, un pacto delante de Dios sellado con el compromiso de estudiar, obedecer, practicar y enseñar todo el consejo de Dios en la Biblia y exigir obediencia, lealtad y fidelidad de cada cristiano ante Dios, ante la Biblia, ante el evangelio, ante la fe, ante la misión, y ante la iglesia misma. Además, enseñar a que cada cristiano se convierta en un apologista (defensor) de la Palabra, del Evangelio y de la fe en el Dios verdadero. En este apartado, repasaremos las instrucciones originales sobre el matrimonio según Jesús y el apóstol Pablo. Terminaremos reafirmando que es necesario vivir en lealtad total ante Dios, la Biblia y el Espíritu.

San Pablo explica el significado y los parámetros del matrimonio según Dios

El capítulo 7 de 1 Corintios describe el matrimonio como una unión sagrada, una alianza eterna, una sociedad basada en el amor, una relación al estilo de Dios y realizada delante de Dios bajo el compromiso de lealtad y fidelidad. El matrimonio es una institución inventada y creada por Dios, por ende, no puede disolverla hombre alguno, solo la muerte. Así lo prescribió Dios en Génesis 2, Jesús mismo lo reafirmó en Mateo 19, "lo que Dios juntó (unió) no lo separe el hombre". Es por tal razón que un abogado, un sacerdote, un pastor, el presidente de un país y ni ley terrenal tiene permiso de Dios para disolverlo. Aquí está el meollo del asunto, por no seguir estos lineamientos divinos y originales es que la sociedad postmoderna ha distorsionado el orden acerca del matrimonio. La Biblia es la guía, la autoridad, el manual e instrucción completa que el hombre y la mujer necesitan para tener una vida matrimonial al estilo de Dios. El apartarse y olvidarse del Arquitecto del matrimonio y de las normas, reglas e instrucciones del diseño original es lo que ha llevado a la sociedad a corromper esta institución sagrada.

Jesús y el matrimonio

No obstante, a Jesús le preguntaron, ¿por qué Moisés dio cartas de divorcio en el Antiguo Testamento? Jesús respondió, Moisés dio cartas de divorcio por la dureza del corazón de las personas, lo hizo para *regular un problema* que se había generalizado entre el pueblo por influencia de las naciones aledañas, pero él jamás aprobó tal cosa. Es por eso por lo que Jesús les responde, en el principio, o sea, en Génesis, en el corazón de Dios no fue así, el divorcio no fue planeado ni aprobado por Dios. Entonces, el divorcio para Jesús no forma parte del plan original de Dios para el matrimonio. Pero ¿qué hacer con la gran cantidad de matrimonios que están por separarse o divorciarse? ¿Es el nuevo estilo de la sociedad postmoderna una alternativa que ayuda a la sociedad? ¿Hay razones para que se den los divorcios hoy en día a pesar de no ser parte del deseo original de Dios? Lo más difícil para las iglesias que buscan apegarse a lo que la Biblia ordena es el hecho de que las leyes de la mayoría de los países están cambiando y permitiendo la disolución de los matrimonios con tanta facilidad que de antemano establecen el tiempo de duración y los parámetros del matrimonio, como un contrato de conveniencia e intereses separados.

Jesús, aunque no aprobó lo que Moisés hizo, sí dejó una clausula que permite el divorcio hoy y que la mayoría de los países en lo referente a la disolución del matrimonio la establecen. En el tiempo de Jesús, ya había dos corrientes de interpretación acerca del divorcio, la Shamai, y la Hillel, una decía que el divorcio se permitía por cualquier causa, la otra decía que solo por infidelidad. Jesús dice, que el matrimonio puede llegar al divorcio como la última alternativa de solución para un matrimonio insuperable, insostenible e insoportable e intolerable, **solo por causa de infidelidad** de uno de los dos cónyuges, "a no ser por causa de adulterio". Sin embargo, Jesús declaró con firmeza que **quien se separa o se divorcia no puede volverse a casar**. A raíz de esto, los discípulos dijeron, que era mejor no casarse. Hacer esto es pecado, vivir en unión libre, sin casarse, es pecado, porque Dios ha dejado el matrimonio *para prevenir el pecado* por causa de la fornicación o el adulterio (1 Co. 7:1-3).

El mismo 1 Corintios 7 deja la posibilidad de que un cristiano (a) casado (a) con un incrédulo puede divorciarse si quien decide separarse es el incrédulo. No obstante, la Biblia no dice si el cristiano queda libre para volverse a casar y tampoco lo prohíbe. El famoso pastor, predicador y escritor Charles Swindoll dice que esta es otra razón bíblica que permite el divorcio, y considera que si no puede contenerse quien queda libre, puede casarse para no estar quemando o pecando más. Personalmente no encuentro base bíblica solo racional, para que pueda darse segundas nupcias después de este tipo de divorcio.

Instrucciones de Jesús y Pablo sobre el matrimonio al estilo de Dios

Dios no está de acuerdo con el divorcio, ni lo aprueba. Sin embargo, tomando en cuenta la perspectiva progresiva de la revelación de Dios, es aceptable la apertura que da Jesús, la de decir que, si puede concederse el divorcio, solo cuando uno de los dos ha sido infiel al pacto matrimonial, pero que no puede casarse nuevamente. También, en la perspectiva de Pablo, por inspiración del Espíritu, se permite el divorcio cuando el cónyuge incrédulo decide separarse. El hecho de decir que no se puede volver a casar, se basa en el criterio original de Dios, de que no inventó el divorcio, ni aprueba el divorcio, y que, al fin de cuenta, este es invento del hombre, es alternativa de la carne, y es una solución humana.

Así que, si un matrimonio está pensando divorciarse, debe recordar las únicas dos alternativas que tiene si desea obedecer a Dios. Divorciarse, pero no volverse a casar, porque si lo hace cometerá adulterio. O reconciliarse con quien le ha sido infiel, decisión y acción que solo la tomará quien realmente ha aprendido a amar a Dios y practicar el perdón. No son muchos los que tienen la capacidad de perdonar a los infieles. Por otro lado, antes de tomar una decisión como esta, debe considerar el costo financiero, la responsabilidad legal, y los efectos psicológicos en los que le rodean, por no decir que el divorcio en todo sentido es un fracaso matrimonial. Ahora, ¿qué haremos con los que quedan divorciados, se quedaran divorciados para toda la vida, sin volverse a casar, aun cuando lo deseen porque no tiene el don de continencia? ¿Y si se divorcian y se vuelven a casar, quedarán como miembros inactivos dentro de las iglesias, sin poder ser restaurados para tener oportunidad al ministerio?

Esta problemática candente en boga es muy común en este tiempo. Hay diferentes posiciones dentro del cristianismo, ya que la Iglesia Católica, aunque teóricamente lo prohíbe, entre los feligreses es donde más se practica todos los días. Las leyes de todos los países lo permiten con facilidad, en algunos con restricciones, pero en otros con casi ninguna. Sin embargo, dentro del ámbito evangélico, las diferentes denominaciones basadas en la escuela de interpretación de la Biblia con que se identifican, así es la posición en cuanto al divorcio y las segundas o terceras nupcias. Hay denominaciones que permiten el divorcio y las segundas nupcias sin mayor dificultad.[88] Otras establecen ciertos requisitos que cumplir, entre estos está la disciplina que pretende decir que no están totalmente de acuerdo, pero que después de un tiempo, son aceptados y tratados de la misma manera en que son tratados los demás miembros.[89] Sin embargo, hay iglesias conservadoras que lo permiten no porque estén de acuerdo, sino porque es la única salida para dar solución, pero establecen reglas disciplinarias en cuanto a ministerios que no podrán ejercer por sus condiciones maritales. Finalmente, hay iglesias ultra conservadoras que rotundamente no lo permite, y no se habla más del caso.[90]

Hay dos cosas más que deseo agregar que al parecer San Pablo establece en Efesios 5:21-6:9 con mucha relevancia. Lo primero es, que Dios sigue manteniendo su postura de que el matrimonio en su estilo divino y original es la mejor alternativa para que un hombre y una mujer alcancen el verdadero significado y sentido de la vida sobre la tierra. Yo llamo a esto la plena satisfacción o contentamiento como personas basado en una buena relación con su Creador y como resultado, la felicidad deseada por todo matrimonio. No hay otra manera de reemplazarlo, compararlo, o igualarlo, etc. El matrimonio que sigue las normas establecidas

---

88   Algunas denominaciones que lo permiten, Iglesias metodistas, episcopales, luteranas, bautistas liberales, etc.

89   Denominaciones que lo permiten con condiciones…. Iglesias Bíblicas y bautistas americanas (del norte).

90   Denominaciones que no lo permiten…Iglesias Bíblicas conservadoras, Iglesias Centroamericanas, y algunas Iglesias bautistas del sur.

por Dios para cada una de las dos partes, un hombre y una mujer, es el que vive feliz, satisfecho, realizado; alcanza la plenitud y el significado de lo que es vivir en matrimonio según el plan de Dios, bajo su temor y siguiendo las instrucciones originales. El orden, la identidad, la integridad, la moral, la educación, el sentido y el significado de una sociedad se alcanzan cuando está formada por familias que tienen como base matrimonios al estilo de Dios y no al estilo del criterio del hombre.

La segunda cosa que deseo resaltar acerca del matrimonio para que se desenvuelva y se desarrolle como Dios lo planeó y que da significado, sentido y satisfacción a quienes lo conforman es el *vivir bajo el temor de Dios* (Ef. 5:21). Cuando se ama y se respeta a Dios por sobre todas las cosas, el esposo amará a su esposa como se ama a sí mismo, y, es más, la amará más que a su propia vida independientemente que ella lo respete (Ef. 5: 24-26). Una esposa que se siente amada, apreciada, tratada, estimada y valorada como lo que es dentro del matrimonio; respetará a su esposo, seguirá las instrucciones de Dios dentro del matrimonio y por su gran amor hacia Dios, amará a su esposo y obedecerá la dirección que el esposo sabio y temeroso de Dios le da.[91] Un matrimonio donde los dos, hombre y mujer entienden la razón de su existencia, el propósito de su vida, la función de cada uno dentro del matrimonio, las responsabilidades, el rol que deben atender y ambos se esfuerzan en vivir bajo estos parámetros y el temor de Dios; el matrimonio es seguro, estable, feliz, satisfecho, pleno y realizado. Consecuentemente, el matrimonio viene a ser la garantía de una sociedad estable, segura, con futuro, con valores y será muy productiva.

La lealtad en el matrimonio es imprescindible

Si hay algo que aprecia Dios de un matrimonio es la lealtad recíproca. Si hay algo que valora un hombre y una mujer es la

---

91   Recomiendo leer el libro "Amor y Respeto" de Emerson Eggerich para ampliar esta perspectiva.

lealtad de su cónyuge. Si hay algo que engalana al evangelio, a la iglesia, a la familia, al matrimonio y a la sociedad es la lealtad de los casados. Si hay algo que da seguridad, estabilidad, y responsabilidad a la sociedad y a un gobierno son los matrimonios que viven en la dimensión de la lealtad a Dios, a su cónyuge, a sus hijos y a sus votos.

Significado de lealtad matrimonial

La lealtad es una virtud que se debe practicar todos los días, en todo lugar y a toda costa como parte del ser. La Real Academia Española define la palabra lealtad: (De *leal*). 1. f. Cumplimiento de lo que exigen las leyes de la fidelidad. 2. f. Amor o gratitud que muestran al hombre algunos animales, como el perro y el caballo. 3. f. p. Legalidad, verdad, realidad.[92] En otro diccionario dice que: 1) Firmeza en los afectos y en las ideas que lleva a no engañar ni traicionar a los demás: la lealtad de una conducta; la lealtad es una gran virtud. Fidelidad. 2) Comportamiento de una persona o animal que guarda la máxima fidelidad, que no engaña. [93]

La lealtad es una obligación de fidelidad que un sujeto o ciudadano le debe a su estado o monarca. Lealtad es una virtud que escasea en nuestros tiempos.[94] Ya cuando pensamos en el contexto del matrimonio de inmediato definimos que lealtad es el cumplimiento diario de los votos repetidos voluntariamente el día que se casaron. Finalmente, Juan Carlos García se refiere al matrimonio como un pacto, alianza, poner en garantía, afianzar (Ge. 6:18, 9:13). Apoyar, confirmar, ser fiel (*Qal, Niphal, Hiphil*). Ser estable, ser fiel, pararse firme, ser confiable, estar seguro. Deuteronomio 7:9, 1 Corintios 7:37.[95]

---

92   La Real Academia Española, citado el 2 de 2010.

93   Diccionario Manual de la Lengua Española Vox. © 2007 Larousse Editorial, S.L.

94   Susana Sechi, **Directora de La Historia Paralela,** Publicado el 19 de octubre, 2009 en Editorial Susana Sechi.

95   Juan Carlos García, http://amistadcuauti.wordpress.com

Las áreas en que se debe ser leal

La lealtad, forma parte de la promesa matrimonial de perseverar en la bonanza y en la adversidad, de agradecer lo bueno y soportar lo malo; de mantenerse fiel en medio de toda circunstancia. Lo tremendo es que debemos ser fieles a pesar de los momentos agradables que con frecuencia nos pueden apartar de Dios o en los desagradables que con seguridad nos confunden para no buscar a Dios.

Lealtad vertical: hacia Dios y la fe (espiritual) *(Ejemplo José, Daniel, Juan).* - Moisés escribió que Dios estaba con José (Ge. 39:2-3), y que lo hacía prosperar. Al leer detenidamente la historia de este gran personaje, podemos destacar su tremendo respeto, temor y lealtad hacia Dios. Un solo texto es suficiente para comprobar dicha lealtad no solo a Dios, sino a Potifar, su patrón terrenal (Ge.39:9-10). Indiscutiblemente, José en esa inigualable tentación demostró con sus sentimientos, pensamientos y acciones ser un varón conforme al corazón de Dios. José vive lo que cree, practica lo que dice.

Así como José, hay otros ejemplos de lealtad, a Josué, a Moisés, a Daniel, a Juan, a Pablo, etc. Lo primero que Dios busca es lealtad a él (Dt. 6:1-4; Ex. 20): amor, respeto, dedicación y fidelidad. Esta es la lealtad vertical, esta es la que está faltando en la sociedad postmoderna, y esta es la razón por la cual estamos como estamos, en decadencia moral, social y espiritual, en caos total. ¡¡Oh, Dios, ayúdanos en nuestra debilidad, ayúdanos en nuestra condición, ¡¡auxílianos en nuestra condición y necesidad!! La lealtad a Dios inicia en el momento que abrimos nuestro corazón a Jesús y se desarrolla en la medida que cedemos nuestro espacio al Espíritu Santo.

Lealtad horizontal: hacia el cónyuge y los hijos (matrimonial-familiar). - Hay algunos pasajes en la Biblia que respaldan esta verdad. Salmo 127:1 dice: "Si Jehová no edificare la casa, en vano trabajan los que la edifican". Salmo 128:1 dice: "Bienaventurado el varón que teme a Jehová…. su mujer será como vid que lleva frutos a sus lados, y él comerá del fruto de sus manos". Finalmente, "Someteos unos a otros en el temor de Jehová" (Ef. 5:21). La verdad es que, si el esposo y la esposa viven en la dimensión hermosa del respeto, la lealtad, fidelidad, entrega, obediencia y temor a Dios, esto facilitará el ser leal y fiel a su cónyuge, y a sus hijos. Este es uno de los retos más grandes que enfrenta el hombre y la mujer, ser fiel a su esposo cuando este no ama, o ser fiel a la esposa cuando ella no lo respeta, pero Ef. 5:33 da la respuesta. Emerson Eggerichs explica con mucho detalle este principio de que Dios bendice a quien ama y a quien respeta independiente de ser amada o respetado.[96]

Lealtad interna y externa: con uno mismo, con los demás. (Individual y colectiva). – Es necesario e importante autoevaluarse, autoestimarse y autoamarse sin tener que llegar al hedonismo o al egoísmo o antropocentrismo. No puedo respetar a los demás, a menos que aprenda a respetar a Dios en mi corazón. Él da el poder, la fuerza divina, el dominio, la habilidad, y facilidad para sentir con respeto, pensar con respeto y hablar con respeto hacia uno mismo, y luego hacia los demás. Romanos 12.18 dice: "En cuanto dependa de vosotros, estad en paz con todos". Semejante acción no será posible si no está en paz consigo mismo, no podrá respetar y buscar la paz, y la sociedad con los demás si no tiene una limpia, sana conciencia, una sincera y transparente relación con Dios, y consigo mismo.

Piensa por un momento en ¿cómo serían las cosas en la sociedad actual si todos, absolutamente todos en particular determinamos ser leales en toda nuestra manera de vivir? Cuando se es leal a Dios porque se ama, respeta y obedece, nos será más fácil ser leal en las otras áreas de la vida. Si eres casado (a), o soltero (a), toma en serio esta verdad, aprende a amar a Dios con todo tu corazón, con toda tu mente, y con todas tus fuerzas, y en esa dimensión sublime de respeto; serás fiel, y leal en todo, no solo a él (Dios), sino a tu cónyuge, padres, hermanos, amigos, compañeros, etc.

---

96   Emerson Eggerichs, Amor y Respeto, pgs. 30-40.

La recompensa por ser leal

Las familias que son fieles a Dios son las que están atrayendo bendiciones. Dios recompensa al esposo leal, a la esposa leal, al matrimonio leal, y a la familia leal. Dice Emerson, "Dios bendice al esposo que ama independientemente que la esposa lo respete, y Dios bendice a la esposa que respeta al esposo independientemente que él la ame".[97] Es una vida de honestidad, transparencia y autenticidad donde *se dice la verdad, se vive según la verdad* y se *está gobernada por la verdad*. En primer lugar, *Dios promete días prolongados* (Dt. 6:2) a quien es leal. Cuando se es leal se vive más, ya que la lealtad evita estar en lugares peligrosos, en horas inapropiadas y con las personas menos convenientes, haciendo cosas que no agradan a Dios. Quien evita lo malo y practica lo bueno es sabio y vivirá más. La lealtad en el matrimonio garantiza mejores relaciones y más años de vida sobre la tierra. Según Efesios 5:33, Dios bendice a quien decide ser fiel. ¿Cuántos problemas nos evitaremos por ser fieles y leales a nuestro cónyuge en pensamiento, mirada, palabras, acciones y hechos?

En segundo lugar, *Dios promete darte más vida y bendecirte si eres leal* (v.3) "Te irá bien" (Jo. 1:6-9). Cuando la vida es linda, satisfactoria y es valorada como el regalo precioso que Dios da, ninguna persona desea que esta termine. El rey Ezequías en Isa. 38, rogó a Dios para que alargara su vida basado en que él había vivido correctamente, en completa lealtad. ¿Quién desea morir cuando está viviendo bien? El premio a la lealtad es que Dios asegura la vida, porque él se encarga que así sea. La generación presente y la sociedad actual, si rescata el valor de la lealtad, estarán poniendo una base sólida y segura para la generación venidera.

En tercer lugar, *Dios promete felicidad a cambio de la lealtad* (Sal. 128). El rey Salomón buscó denodadamente la felicidad en todas las cosas que hay en la tierra sin poderla encontrar, ya que él mismo termina diciendo que la felicidad está en amar, temer, honrar y adorar a Dios (Ecl. 12:13) porque la busco por el ca-

---

97   Ibíd.

mino incorrecto. Este es el gran problema de la sociedad postmoderna, está tratando de ser feliz, pero sin tomar en cuenta a Dios, la Biblia y los valores e instrucciones morales y espirituales establecidas, aceptadas, probadas y aprobadas por nuestros antepasados. El mismo rey dice: "Dichoso, feliz el hombre que teme a Dios y anda en sus caminos". El salmista dice que esa felicidad se demuestra en el trabajo, en los alimentos, en la comunión, en la unidad familiar, en la satisfacción de que se teme a Dios, se trabaja para Dios, se es leal a Dios, a la esposa y a los hijos.

Por último, *la lealtad vindica integralmente* (Job 42). Job 1 y 2 describen al Job temeroso, leal, perfecto y apartado del pecado delante de Dios, rico, lleno de hijos y junto a su esposa. Pero Dios para demostrar al diablo y al mundo entero que cuando alguien es fiel y leal a Dios basado en una íntima relación de respeto y amor hacia Dios, nada lo hará violar el pacto de lealtad con Dios. Job quedándose sin nada y enfermo, mantiene su lealtad en alto delante de Dios. La lealtad a Dios y a la familia jamás cosecha mal, porque, aunque se sufra la prueba y el dolor, tarde o temprano Dios vindica o premia integralmente la vida de lealtad. Todos abandonaron a Job y los amigos que se quedaron cerca fue solo para hacerlo sufrir más, pero Job 42 describe la manera como Dios recompensa la lealtad de Job.

Urge volver a las instrucciones del diseño original

Tener temor hacia Dios es lo que responde al anarquismo de la sociedad actual y al incremento de la rebeldía de este siglo que no solo se da en los círculos no cristianos de la sociedad sino también en las iglesias evangélicas. El modelo virtual está desplazando al modelo tradicional del matrimonio. La mejor manera para que el matrimonio al estilo de Dios, el denominado tradicional, prevalezca *es volvernos a Dios*, a su Palabra y a los valores morales tradicionales, ya probados, aceptados y comprobados no solo por el tiempo sino por los buenos resultados. El mejor consejo y recomendación para mis pastores consiervos es que; enseñemos de Dios; obedezcamos la Palabra; y modelemos la Palabra de Dios como la solución suficiente en todo tiempo para la sociedad. Mateo 24:35 dice: "Los cielos y la tierra pasarán, pero mis palabras no pasarán".

Decir, reclamar y afirmar que hay derecho y que no es malo contraer matrimonio entre dos personas del mismo sexo es depravar la santidad de Dios quien instituyó el matrimonio santo como el plan perfecto. Dice Génesis 1:31 "Y vio Dios que todo lo que había hecho era bueno (perfecto) en gran manera". Decir que el matrimonio no funciona, es insultar al Dios perfecto que no puede equivocarse. Es la ignorancia personificada cuestionando la perfección de Dios. El *Pastor Joseph Chambers de Ministerios Paw Creek, dice:* La tendencia mundial para legalizar esta conducta ha pasado el punto de no retorno. Ahora el clamor es legalizar el matrimonio del mismo sexo, y hacer de la comunidad sodomita los representantes de las características dominantes de la humanidad.

Es muy importante, por tanto, que volvamos a creer y defender la institución pura del matrimonio al estilo de Dios, el descrito e instituido por Dios en la Biblia, el que nuestros antepasados practicaron, defendieron y enseñaron. *Nosotros los cristianos somos los responsables de creer, vivir, defender y enseñar las bases del matrimonio al estilo de Dios.* Somos los primeros en sostener que el perfecto plan por medio del matrimonio si funciona si cada pareja de un hombre y una mujer temen a Dios, obedece las directrices de Dios y cada día se esfuerzan por amar a Dios y amarse como matrimonio siendo fieles y respetándose mutuamente.

Si tienes duda en que el matrimonio aún funciona, solo deja que Dios te guíe, sométete a las instrucciones de él en la Biblia sobre la funcionalidad del matrimonio y comprobarás, que el matrimonio al estilo de Dios seguirá siendo lo mejor y lo más adecuado para la humanidad. Ningún invento humano, producto de la rebeldía, del anarquismo mental influenciado por la carne, y el dominio del príncipe de este mundo, del diablo; por muy razonable que parezca, jamás podrá reemplazar al matrimonio al estilo de Dios, formado por un hombre y una mujer. Todos aquellos que proponen, promueven y celebran la unión opuesta al matrimonio designado por Dios, están en rebeldía contra Dios y eso es pecado. Quien queriendo justificar su mal proceder, promueve la tesis de que hay otras maneras de sustituir el matrimonio al estilo de Dios sin que este sea totalmente malo, y que debe ser aceptado como natural en la sociedad, el tal debe ser rechazado.

Y Dijo Dios: *"No es bueno que el hombre esté solo, le haré una ayuda idónea para él. Y de la costilla que Jehová Dios tomó del hombre, hizo una mujer, y la trajo al hombre. Esta será llamada varona, porque del varón fue tomado. Por tanto, dejará el hombre a su padre y a su madre, y se unirá a su mujer, y serán una sola carne, hasta que la muerte los separe. Lo que Dios unió no lo separe el hombre"* (Ge. 2:18,22-24; Mr.10:9).

Preguntas de discusión

1. ¿Por qué crees que el ser humano se ha apartado de las instrucciones originales del matrimonio?

2. ¿Quiénes son los más responsables de la desintegración familiar y del caos sobre el concepto del matrimonio y la familia?

3. ¿Qué papel debe jugar la Iglesia ante la posición liberal acerca del matrimonio?

4. ¿Qué pasos concretos se han de dar para restaurar la práctica del matrimonio al estilo de Dios?

5. ¿Qué posición deben tomar los pastores ante la petición de dos hombres o dos mujeres que solicitan que los unan en matrimonio?

6. ¿Cuál debe ser la posición de las instituciones bíblicas y teológicas ante esta influencia postmoderna que promueve la libertad para la práctica del matrimonio del mismo sexo?

7. ¿Qué se debe hacer con aquellos pastores que deciden apoyar a los homosexuales brindándoles la oportunidad de casarse y vivir con normalidad como los matrimonios tradicionales al estilo de Dios?

6
La amistad que no falla

Hace unos años se realizó una entrevista entre Charles Schwab, presidente de la compañía Bethlehem Steel con Ivy Lee, un consejero de dirección de autodidáctica. En la entrevista, Lee aseguro que, si Bethlehem seguía sus consejos, la compañía aumentaría e incrementaría sus beneficios. El señor Schwab le dijo que mostraría el camino y si funciona, pagará lo razonable. Lee dio a Schwab una hoja de papel en blanco y dijo: escriba las cosas más importantes que ha de hacer mañana. El señor Schwab lo hizo. Lee continuó, enumérelas en orden de importancia. Schwab lo hizo. Mañana empiece con el número uno hasta completarlo, luego el dos, y tres. No se preocupe si al final del día no ha completado todo. Practique esto hasta estar seguro del valor del sistema y luego haga que todos sus empleados lo prueben. Pruebe este sistema cuanto quiera y luego envíe el cheque por lo que crea que vale el consejo. Después, los dos hombres se dieron la mano y se fueron. Pocas semanas después, Schwab envió a Lee un cheque por valor de $25,000 dólares. Dijo que era la lección más provechosa que había aprendido en toda su larga carrera en los negocios.

En la vida espiritual hay una prioridad a la que debe dársele mayor importancia para alcanzar el mayor éxito espiritual, y es la amistad con Dios. En la Biblia hay varios títulos que se les da a algunas personas: a Moisés "compañero de Dios" Éxodo 33:11, a Daniel "varón amado", a David "conforme al corazón de Dios" a Juan "Discípulo amado", pero solo a Abraham se le dio el título de "amigo de Dios". A los discípulos dijo Jesús que ya no los llamaría siervos sino *amigos*. ¿Qué es lo que tenemos que hacer para llegar a ser considerados amigos de Dios? Todos estos personajes tenían la amistad con Dios como su primera prioridad de sus vidas en cada día.

La amistad se construye sobre la base de la confianza

La confianza, como la seguridad que alguien tiene en otra persona es lo que se ha perdido en este tiempo porque la inseguridad se la ha comido. Creo que en parte hay razón de que no se confíe en los demás. Uno, por la calidad de tiempo que estamos viviendo, es de completa inseguridad. Dos, por las malas experiencias que hemos visto o vivido; traición y deslealtad. Por último, porque no estamos dispuestos a perdonar las fallas del pasado y a arriesgar el presente al conceder una segunda oportunidad para comenzar un futuro mejor.

Desconfiar de todos por causa de la inseguridad es un tanto injusto. Primero, porque con esta decisión justos y pecadores son tratados con igualdad. Segundo, porque esa no es la mejor perspectiva que el ser humano ha de tener sobre el prójimo, pues si no se aprende a creer, confiar en los demás, nunca terminaremos con esta inseguridad. Es por eso por lo que debemos cambiar nuestra forma de pensar, sentir y actuar frente aquellos que consideramos no dignos de confianza, y hagamos una indulgencia. Dele el beneficio de la duda, ofrézcale una nueva oportunidad para que demuestre que se puede confiar en él.

Yo sí creo que hay personas confiables aún, pues creo que superamos la crisis de inseguridad a la que se encontraba Abraham cuando intercedió por Sodoma y Gomorra. Estoy muy de acuerdo que al pecador se debe tratar de una manera, según su caso, y al justo de otra, pero no establecer una realidad de inseguridad solo por el mal precedente de unos. Es necesario edificar una cultura o una sociedad de amor, de amistad sobre la base de la confianza en vez de alimentar el estado de inseguridad por el simple hecho de que un grupo pequeño de personas andan por las calles irrumpiendo la paz, la tranquilidad, la seguridad y la confianza de los muchos.

La cultura de la confianza no inicia de manera colectiva, sino individual. Comienza en el corazón, pasa a la mente y termina en la acción. Somos nosotros mismos los que creamos el estado de inseguridad y desconfianza, somos nosotros los que permitimos que el monstruo de la inseguridad se alimente con nuestros negativos, pesimistas y escandalosos pensamientos, sentimientos y acciones. La inseguridad primero la sentimos, luego la anidamos en la mente y cuando la expresamos a veces es más grande de lo que realmente es. Por esta razón, yo propongo invertir el orden, que alimentemos la cultura de confianza y la seguridad para que desaparezca la inseguridad o la desconfianza.

Cambie el orden, aprendiendo a perdonar a aquellos que le han fallado. Luego, ofrézcales la oportunidad para que se reivindiquen ante los demás, pues todos tienen derecho a una segunda y tercera oportunidad para cambiar. Tercero, nunca deje de confiar en los demás, aunque muchos le fallen, pero el amor verdadero todo lo cree. Esta forma de creer ofrece un tipo de confianza con prudencia, justicia y según verdad. Solo cuando aprendemos a confiar en alguien estamos listos a desarrollar una amistad saludable, fuerte y duradera. La verdadera amistad se construye sobre la base de la confianza que nosotros mismos decidimos a quién dársela y de quien esperarla, cuando darla y porque darla.

Pierde menos, aunque sufre más, el que cree en las personas, que el que todo el tiempo desconfía de los demás, pues al final pierde todo. No puede haber amistad genuina sino aprendemos a confiar en los demás, aun cuando esté de por medio el riesgo de perder. Cuando se confía en los demás, dejamos atrás los pormenores que nos alejan y pasamos por alto los defectos que nos distancian. Cuando confiamos en los demás, somos pacientes en soportar los errores sin ni siquiera enojarnos y esperamos pacientemente hasta el final. Cuando confiamos en los demás, entregamos lo mejor que tenemos con el fin de mantener la seguridad reinante y fortalecer los lazos de la confianza. Este es el costo de confiar en los demás. Vale la pena intentarlo pues solo así, la confianza triunfará sobre la inseguridad.

¿Pueden dos personas ser buenos amigos, aunque no se vean en muchos años, y solo se comuniquen vía internet? Hace unos días me escribió el Dr. Jim Adams, exrector del Seminario Teológico Centroamericano en Guatemala y me dijo: "Sería fantástico verte en mayo! Aquí estaré. Te considero uno de mis amigos más queridos y apreciados, a pesar de la distancia que nos separa. Siempre puedo hablar contigo como si viviéramos a la esquina el uno del otro. Cuando tengas las fechas para tu estadía aquí, me avisas. No tengo ningún viaje planificado después de este, al menos unos días en Huehuetenango voy a dar una capacitación sobre la formación espiritual en el seminario." Trabajamos juntos en El Salvador entre 1993 y 1997. Luego nos volvimos a reunir en el 2003 en Guatemala, y estuvimos cerca hasta el 2005. Desde el 2005 hasta la fecha solo nos comunicamos a la distancia, y nos vemos unas dos a tres veces al año, pero la amistad no ha menguado, porque se basa en la confianza y la lealtad. Jim Adams es mi amigo y yo soy su amigo. Pregunte a un amigo, ¿Cuántos amigos tiene dentro de la iglesia? Creo que ninguno. Esto es una realidad porque ha desaparecido la confianza y la lealtad.

La amistad con Dios se fortalece por la obediencia

El amor todo lo cree

Abraham dejó todo porque confió en Dios (Ge. 12:1-4; 15:6-7).

Abraham era un hombre próspero, pero al conocer a Dios creyó dejándolo todo. ¿Fue fácil? Allí comienza la caminata, la aventura del compañerismo y la amistad entre Abraham y Dios (Ge. 15:7; 12:1-3). La relación de amistad entre Dios y Abraham inicia en el momento en que Dios lo escoge y lo llama para que confíe en él. No puede haber amistad a menos que esta se edifique sobre la base de la confianza. Nadie es amigo de alguien si no confía en esa persona.

¿Qué entendemos por confianza? Si tratamos de definir "confianza" según Hebreos 11:1, es seguridad, certeza, práctica de lo que se cree, y esto es fe. Lo mismo que dice la wikipedia: La confianza es la seguridad o esperanza firme que alguien tiene de otro individuo o de algo. También se trata de la presunción de uno mismo o que uno aduce de alguien por su apariencia, acciones, o pasado. Por ejemplo: "Este hombre no me inspira confianza, creo que no voy a aceptar el trato", "Juan le dio su confianza y ella lo traicionó", "Tengo la confianza necesaria para derrotar al rival". Confianza se refiere, por otra parte, a la familiaridad en el trato: "No hace falta que te peines cada vez que voy a tu casa, ya tenemos bastante confianza", "¿Cómo te atreves a hablarme de esa forma? Nunca te di semejante confianza".

Hay otro aspecto más sobre el significado de confianza y es que esta se basa en la verdad. En las monedas y billetes de un dólar desde 1864 y 1957 ha aparecido la frase "In God we trust" "En Dios confiamos", y la palabra que se usa "trust" tiene la misma raíz que verdad "truth". Quiere decir que la confianza se basa en la verdad, o en lo verdadero. Una amistad genuina se da cuando somos genuinos, auténticos, verdaderos, y confiables.

¿Cuándo y por qué se llega a desconfiar de alguien? Cuando se falla, se es irresponsable, deshonesto, no se dice la verdad, no es confidente o discreto, es informal, etc. Entonces, el elemento que funde la amistad entre dos personas es la autenticidad, la veracidad, y la honestidad. La amistad se basa en el nivel de confianza y seguridad que se tiene de la otra persona. Es por eso por lo que Abraham fue contado como amigo de Dios porque creyó en lo que Dios le dijo que era verdad y que jamás haría algo que lo dañaría. Principio: La amistad solo se da cuando hay credibilidad, confianza y fe de por medio.

El amor sabe esperar

Abraham esperó el tiempo necesario porque confió en Dios.

El tiempo es la mejor prueba de la amistad (12:4, 16:16, 17:1, 19, 21:1,5). Cuando hay amistad, no se exige explicación por lo que se diga o no se diga solo se confía en lo que hará la otra persona. La amistad entre Abraham y Dios había durado más de 37 años y durante todo ese tiempo, la amistad pasó por una gran cantidad de incidentes, retos, promesas, apariciones, decisiones de fe, y el milagro del nacimiento de Isaac que fue contra naturaleza, contra esperanza y contra todo pronóstico, lo que les hizo crecer. Dios durante todo este tiempo demostró a Abraham su amor, su compromiso, y su fidelidad por lo cual lo expuso a duras pruebas de su fe, confianza y seguridad, con el fin de que estuviera listo para ser el padre de toda una nación. Fue hasta que Abraham confió que fue llamado amigo de Dios.

La actitud de espera es la mejor señal de que se confía (Sal. 37:5-7[a]). Dios estuvo formando a Abraham *durante 25 años* como padre de muchas naciones. Al revisar lo que sucedió en este matrimonio durante los 25 años de espera, hubo altibajos, pero en la mayoría del tiempo, esperaron con fe, pues tuvieron pruebas del poder de Dios y no dejaron de confiar en Dios y su promesa. El salmista David dice que quien cree y confía en Dios, se deleita, espera con paciencia, guarda en silencio y espera con seguridad. Eso hizo Abraham, eso debemos hacer nosotros, no desconfiar, dudar, ni cuestionar la aparente tardanza. Jamás prejuzgar por algo que pase, siempre se debe creer, pues el verdadero amigo jamás hará algo para dañar a su amigo, pues si lo hace es porque no era amigo. Principio: Quien no espera no confía en la otra persona.

El amor da sin esperar

Abraham entregó lo mejor que tenía porque confió en Dios.

La máxima demostración de la amistad es la entrega (Ge. 22:1-3). El punto culminante de la Academia de Abraham, que es el examen final donde se graduó de la materia de la fe que confirmaría la veracidad de su amistad con Dios, es que *ofrecer a Isaac*, el hijo único, el hijo de la promesa, quién lo haría padre de muchas naciones. *"Toma ahora a tu hijo, tu único, Isaac, a quien amas, y vete a tierra de Moriah, y ofrécelo allí en holocausto"* (Ge. 22:2). ¿Por qué Abraham dejó todo, esperó siempre y entregó lo mejor que tenía? Abrahán comprobó que la amistad que Dios le había demostrado durante 25 años era suficiente para entregar lo mejor que tenía con la seguridad que Dios jamás haría algo que lo dañara. Lea estos pasajes paralelos (He. 11:17-19, Stg. 2:23).

Abraham aprendió a obedecer porque tenía confianza en Dios. **Dejó todo y se encaminó a Canaán, la tierra que Dios le prometió. Le dijo que creyera en la promesa de que sería Padre contra todo pronóstico humano y luego que ofreciera a su hijo de 12 años en señal de obediencia y fe. En Gé. 21:1-4 nace Isaac, pero en el v. 22 Dios le ordena que lo sacrifique.** La amistad, la íntima relación entre Dios y Abraham fue probada con la sangre de su hijo, lo que más amaba. ¿Qué preguntas podrían haber venido a la mente de Abrahán acerca de la clase de Dios que tenía como amigo? ¿De qué sirvió dejar todo, caminar tanto, esperar, obedecer y creer en Dios al momento de pedirle que matara a su propio y único hijo, al que amaba más que a su propia vida?

Dios desea que seamos sus amigos. Significa estar dispuestos a participar de sus proyectos, cambiar nuestras prioridades, dejar todo, entregar todo y obedecer en todo, recordando que Dios es mayor que todo, y que para él no hay nada imposible, pues puede darnos vida, aun cuando estemos muertos. Abraham dejó de pensar en su presente, en su hijo, en el dolor, en sus bienes, y creyó en que Dios es más poderoso y dueño de todo ¿Hay algo imposible para Dios? Hebreos 11:17-19 y Ge. 18:14.

La amistad con Dios está sellada por un compromiso

No hay nada más importante, que cultivar la amistad con Dios. Hebreos 11:17-19 presenta el resumen de la fe y la obediencia de Abraham, por eso, el Señor decide llamarlo "su amigo". En este pasaje hay un llamado, una promesa, obediencia y fe. *"Por la fe Abraham, cuando fue probado, ofreció a Isaac… habiéndole dicho: En Isaac te será llamada descendencia; pensando que Dios es poderoso para levantar aun de entre los muertos…"* La amistad entre Dios y Abraham fue sellada con la sangre del pacto en Gé. 15 donde ambos adquirieron un compromiso, por parte de Abraham fue obediencia y por parte de Dios fidelidad. Abraham no tenía otra alternativa, el único camino que define su vida, es el caminar con Dios, ser amigo de Dios, creer y obedecer a él.

Esta es la única alternativa que tenemos nosotros los cristianos, creer y obedecer a Dios, esto es el todo, temer a Dios. Hacer esto acrecienta la relación de amistad con Dios. Entonces el compromiso de por vida es obedecer, estar dispuesto a dar toda la vida, lo más preciado que tenemos. Es un compromiso de por vida que requiere recíproca confianza (1 Sa. 18:1-4; 20:3, 4, 17,42). Y creyó Abraham en Jehová y Jehová creyó en que Abrahán correspondería a su confianza. El alma de Jonathan y la de David estaba ligada por una relación tan profunda que ambos estaban dispuestos a dar su vida el uno por el otro. La vida de Dios estaba ligada con la de Abraham por una promesa, por una relación, por un compañerismo, por una amistad de más de 37 años, a tal punto que ambos estaban dispuestos a dar su vida por el otro.

La amistad con Dios está demostrada por la entrega

Tomaremos como referencia a Pedro para hablar de la amistad con Dios. Jesús dijo a sus discípulos "vosotros sois mis amigos, si hacéis lo que yo os mando" "os he llamado amigos, porque todas las cosas que oí de mi Padre, os las he dado a conocer" (Jn. 15:14-15). Pedro es uno de los discípulos con quien Jesús tenía mucha amistad, pues pertenecía al grupo pequeño cercano a Jesús: Juan, Jacob y Pedro.

En Juan 21:15-17 hay una entrevista pública entre Jesús y Pedro donde este último es confrontado y retado a confirmar el grado de amistad que tiene con Jesús. Según el libro *"el éxito según Dios"* escrito por Kent y Bárbara Hughes, lo que Pedro sentía por Jesús era un afecto profundo como un amigo. Sin embargo, no estaba dispuesto a dejar todo para obedecer a Jesús. Surge la pregunta, ¿Era amistad profunda la que Pedro sentía hacia Jesús? Esto confunde un poco porque Proverbios 17:17 dice que un amigo es más que un hermano. Luego Jesús llamó a sus discípulos amigos colocando esta relación en un nivel más alto que el de un siervo.

Lo más importante es definir el significado, el costo y el resultado de tener amistad profunda con Dios. La palabra que utiliza Juan para amistad en la Biblia es "filieo" "amor fraternal" "amor entre amigos". Sin embargo, en este pasaje, según Juan Stan, se usa como sinónimo de "ágape" sin precisar alguna superioridad. Personalmente sí creo que Jesús está tratando de cambiar la perspectiva que Pedro tiene acerca de la amistad hacia Jesús. La profunda amistad es aquella donde se está dispuesto a dar la vida por la otra persona (David y Jonathan), se entrega más que un hermano biológico (Prov. 17:17) y permite mayor confianza (Jn. 15:16), se entrega totalmente (Jn. 21). Esto es lo que Jesús está pidiendo de Pedro al hacerle tres veces la misma pregunta en público tal como Pedro le negó tres veces.

Lo que Jesús quiere saber no es cuánto trabajas o sirves a Dios, si asistes o no a los cultos, si das el diezmo o no, si evangelizas o no, lo que le interesa saber es ¿si le amas a tal punto de dar tu vida por él? Lo que Jesús desea saber es si la relación o el vínculo que tienes con él es cercano, estrecho, honesto y sincero. No es lo que haces lo que define lo que eres, sino el amor que tienes hacia Jesús, el resto vendrá por añadidura. Todo sin amor no es nada, no sirve de nada, no tiene valor.

Algunos sugieren que la entrevista de Jesús con Pedro donde le hace tres preguntas es para rehabilitarlo públicamente después de la triple negación. De esta entrevista surgen algunos principios bien acertados: Primero, que la amistad con Dios es la más alta prioridad que una persona ha de cultivar (Dt. 6:4-5; Mt. 22:37,28; Jn. 21:15-17). Esta es la que nos capacita para entregarnos (Jn. 21:15). Segundo, la amistad con Dios es la más alta ocupación en la cual una persona ha de invertir su tiempo (Fil. 3:7-15). Tercero, 1 Juan 4:7-11 la amistad con Dios es el resultado de creer en él y creerle a él, obedecer su Palabra y entregar a él todo lo que se es. En otras palabras, la prioridad de todo cristiano ha de ser, el tener una íntima amistad con Dios y la mayor ocupación ha de ser el fortalecerla todos los días por medio de creerle, obedecerle y entregarle todo lo que se es. En la lista de las cosas más importantes del día, primero debe estar el tener una íntima y estrecha amistad con Dios.

La amistad con Dios es enemistad con el mundo

Este apartado fácilmente puede ser mal entendido. En apariencia significa que la amistad con Dios nos vuelve enemigos de los no cristianos. En cierta manera la Biblia así lo dice, que los que no creen en él, son sus enemigos de Dios (Stg. 4:4, 1). Juan es enfático al decir que no debemos amar al mundo, al sistema de cosas del mundo: la moda, la influencia, el postmodernismo, lo que sustituye a Dios, lo que nos aleja de Dios y los que no creen en Dios. Cuando dejamos que el mundo se infiltre en la iglesia, en nuestras vidas, esto se vuelve enemistad contra Dios. Así que, debemos aborrecerlo, desecharlo y apartarnos (1 Juan 2:15-17).

Esta afirmación contiene una aparente contradicción. Por un lado, Jesús nos dice que no amemos al mundo, pero por el otro lado nos dice que nos acerquemos al mundo para ser luz. Realmente, lo que Dios quiere es que seamos enemigos de lo malo, que no practiquemos las cosas de este mundo, que evitemos, rechacemos todo lo que va en contra de Dios y que nos apartemos de todo aquello que pertenece al mundo y (Mt. 6:33, Salmo 1, 15).

Juan hace una exposición más amplia al respecto. En el capítulo 1 y parte del 2 de 1 Juan, donde afirma que la comunión con Dios exige apartarnos del pecado, obedecer la palabra y por último amar al prójimo. La medida de exigencia es el ejemplo de Jesús, él es santo, él obedeció a Dios y amó hasta morir en la cruz. La vida cristiana se comprueba en que amamos al prójimo.

El amar al hermano es demostración que estamos en la luz

El andar o estar en luz es guardar los mandamientos y guardarlos es obedecer la Palabra. Quien obedece la palabra: ama a Dios, hace la voluntad de Dios y conoce a Dios. El amar al prójimo o al hermano es un mandamiento antiguo y nuevo. Dice Donald Burdick que es nuevo porque es verdadero en Jesús y en nosotros. Es antiguo porque fue enseñado desde el A.T, y por los apóstoles, es el mensaje original y no es anticuado. Es desde el principio (1 Jn. 1:1) y se refiere a la proclamación del evangelio y el comienzo de la vida nueva en Cristo.

1 Jn. 2:8 se refiere al mandamiento del amor. En el A.T. Dios dio 10 mandamientos al pueblo de Israel que se resumen en una

virtud negativa y una positiva, codicia y amor (Dt.6:5). Jesús resumió los diez mandamientos en solo dos: amar a Dios y amar al prójimo (Mt.12:29-31) y Pablo resumió toda la ley en una sola palabra; el amor (Ro.13:8-10). Lo nuevo del mandamiento antiguo es que Jesús así lo llamó en (Jn. 13:36), un amor real y verdadero. Jesús es la luz que va disipando toda la oscuridad y cuando él venga por su iglesia, la oscuridad desaparecerá, el verbo es "van pasando" voz media.

¿Por qué Juan escribe esta afirmación sobre el amor? Porque había personas que tenían un concepto diferente sobre la vida cristiana. Ellos creían que aun cuando no se llevaban bien con ciertas personas, seguían amando a Dios, y tal cosa es inválida. La prueba de que estamos en Cristo, que andamos en luz, guardamos los mandamientos y tenemos comunión con Dios es que amamos a nuestro hermano (v.9-10). La conclusión inmediata es que, si alguien odia a su hermano, permanece aún en las tinieblas, es esclavo del pecado y no ama a Dios. El amor filial es la prueba de que se es creyente. Y en esto se comprueba la vida cristiana, en el amor que tiene hacia los demás hermanos. El amor fomenta la permanencia de la luz.[98]

El amor a Dios se demuestra al no amar las cosas del mundo

En estos versículos 12-17 de 1 Juan 2 está el meollo del asunto. Juan se dirige a tres diferentes edades representativas de la iglesia: niños, jóvenes y a padres. Primero, él escribe a los *teknia*, hijos, niños, a los nuevos creyentes, para decirles que, aunque tienen esa edad, conocen al Padre. Segundo, escribe a las **pateras**, los padres, los maduros que por su experiencia están guiando a la iglesia. Último, se refiere a los *neaniskoi*, los jóvenes que tienen fuerza en la palabra permanecen en la fe y han vencido al mundo. Algunos sugieren que los vv.12-17 forman otro tópico. Pero al ver los vv.15-17, Juan lleva a los lectores a reflexionar sobre el

---

98   Harmut Beyert, *Las Cartas de Juan, Hermenéutica y Exégesis.* 104-106.

amor que tienen hacia Dios, hacia el prójimo o hacia el mundo. No améis al mundo, se traduce mejor "dejad de amar al mundo" porque Dios no ama al mundo como pecado, y esas cosas del mundo son temporales.

La palabra mundo acá es **kosmos**, sistema de cosas. Todo lo que hay en el mundo: deseos de la carne o apetitos de maldad que vienen de adentro del hombre (Gé.3:6) "vio el árbol que era bueno", deseos de los ojos, lo que seduce a los ojos que viene de afuera del hombre (Gé. 3:6) "vio que era agradable", y la vanagloria de la vida, el orgullo y la arrogancia por las cosas materiales (Gé.3:6) "vio lo que podía llegar a ser y tener" (Stg. 4:16). Todo esto, no procede de Dios. El énfasis es que, si conocemos y obedecemos a Dios y su palabra, no tenemos que estar amando al mundo. Quien hace tales cosas es porque no conoce ni obedece a Dios, todavía está en las tinieblas porque "anda en las tinieblas" "no sabe a donde va" "las tinieblas han cegado sus ojos" (v.11). Nada de lo que hay en el mundo que no agrada a Dios es duradero, todo termina y sus consecuencias son duras.

Un día una señora escribió a mi cuenta de Facebook para conocer mi opinión sobre algo que sucedió con su hija en la iglesia. La pregunta concreta fue, ¿pastor, es correcto que en la iglesia se comience una academia de baile dicen los responsables que es para promover la comunión con Dios? Mi hija llegó asustada a la casa y aunque es pequeña dijo que no le gustaba y no estaba de acuerdo con eso. La misma madre reveló su posición de desacuerdo. Mi posición fue similar argumentando en que estamos dejando que las modas, o las cosas camufladas del mundo se estén acomodando en el estilo de vida de la iglesia, y eso no ayuda al crecimiento espiritual de los jóvenes, y en vez de consolidar su identidad cristiana, apartada del mundo, la confunde y comienzan a dudar creyendo que todo es permitido si el fin es la comunión o agradar a Dios, sin importar los medios. Esa es la influencia de la nueva tolerancia, de la ética situacional, el poder del postmodernismo.

¿Cuándo ha visto que el pecado llega de manera desagradable para convencerte? ¿Con qué parte tiene mayor problema el Espíritu, con los deseos de la carne, los deseos de los ojos o con la soberbia, vanagloria, ambición, o jactancia y arrogancia?

En fin, permanecer en comunión con Dios tiene exigencias que cumplir; apartarse del pecado, obedecer la palabra y amar a los hermanos y a Dios más que al mundo. La manera más visible que confirma nuestro amor hacia Dios es que obedecemos su palabra, buenas relaciones con los demás, y cada día dejamos de practicar los pecados de la carne, de los ojos y de la vida.

¿Habrá necesidad de apartarte de algún pecado el cual estás practicando, siendo hijo de Dios? ¿Deseas hacer un pacto con Dios para obedecer más su palabra bendita? ¿Existe alguna persona con quien no tienes buena relación y hoy deseas pedir perdón? Aborrecer al mundo significa no practicar las cosas del mundo que no agradan a Dios. También evitar que el sistema de cosas del mundo se infiltre en la Iglesia, y en ese caso, aborrecer esas cosas significa cuidar, velar, vigilar y defender lo que es recto, puro, sano y ético aun cuando implique ganar el rechazo, desprecio, el abandono y/o hasta la incomprensión de muchos.

El amar a Dios y aborrecer el sistema de cosas del mundo lo confirma (Ro. 12:12). Las personas que han recibido autoridad delegada por Dios, pastores, ancianos, diáconos, padres, maestros, jefes, etc., son responsables de velar porque se cumpla esta orden de Dios. Es tarea de todos, enseñar a ganarse el favor de Dios aun cuando signifique perder la amistad con el mundo entero.

El amor ha estado desde antes y por eso debemos cuidarlo en todo tiempo

San Juan escribe, hermanos no os escribo un mandamiento nuevo, sino el mandamiento antiguo, es la palabra que habéis oído desde el principio (1 Jn. 2:7). Este mandamiento antiguo es verdadero en Dios y en sus hijos. Este es el mandamiento que ha estado desde antes, el que es en el presente y el que será en el futuro, es la virtud de amar. Todos los que ya hemos creído en Cristo, ya recibimos ese amor (Ro. 5:5), amor ágape, que es más que sentimiento, es una acción y se demuestra en la vida diaria. "El que ama a su hermano, demuestra que ama a Dios" (1 Jn. 2:10), pero el que no ama a su hermano, aún no tiene ese amor. Este es el mandamiento antiguo, amar al prójimo como a ti mismo.

Se da cuenta de la falacia del día del amor. Escogen un solo día, el 14 de febrero para regalar, decir y expresar o demostrar lo mucho que se aman, y el resto de los días del año, se olvidan. Otra cosa, en este día, regalan, invitan, conviven y dicen palabras bonitas a quienes son sus amigos, a quienes son sus conocidos, pero no lo hacen con los enemigos, con quienes no se llevan bien, con quienes les dicen la verdad, con quienes les confrontan, con quienes no mucho se tratan, a ellos los ignoramos, y eso es lo que el mandamiento nos dice que hagamos, amarlos. Es por esta razón, que el amor es una virtud que todos los días debemos cuidar, abonar, renovar y fortalecer para compartirlo con todos, amigos, conocidos, o desconocidos y enemigos. Amad a todos por igual en todo tiempo, dice el Señor.

El amor:
valor indispensable en la amistad

El contexto mediato e inmediato del capítulo 13 de 1 Corintios es de pleitos, envidias, celos, rivalidades, abusos, carnalidad, inmoralidad, deslealtad y muchas otras cosas que no son muestras de amor. Todo esto se da entre las mismas personas que se reúnen supuestamente para adorar a Dios. Todo esto se estaba dando entre las personas que confesaban haber recibido a Cristo en sus corazones y como consecuencia el amor de Dios también.

Leyendo por aquí y por allá, encontré este comentario acerca de 1 Co. 13 que sirve no solo de trasfondo sino de un enfoque a la realidad. Se predica mucho sobre la necesidad de respetar la autoridad de las Escrituras, y de seguir el patrón bíblico, pero muchos hermanos no le dan importancia. La premisa que se desea exponer y explicar hoy es que *el amor es el valor más indispensable en las relaciones interpersonales.*

El amor es lo que da valor a todas nuestras acciones hacia los demás (v.1-3)

Lo que decimos (v.1), Elocuencia. - No puede haber relación, comunicación y amistad entre dos personas *si no hay palabras de por medio.* Las palabras sueltas forman oraciones y la unión de varias oraciones es lo que constituye un párrafo el cual a sí mismo vienen a formar el desarrollo de un tema. Sin embargo, las más hermosas palabras, rebuscadas en los más elocuentes diccionarios no tienen valor alguno si se dicen fuera de un contexto de amor. En otras palabras, todo lo que decimos tiene valor cuando va acompañado de amor y una conversación, una amistad y una relación revestida de amor, es una bendición.

Lo que somos (v.2), Posesión. - Ni la posición ni la posesión dan tanto valor como lo da nuestra identidad. Tener el mejor carro, la mejor habilidad, la mejor casa, vestir los mejores atuendos, usar el mejor calzado no podrán quitarte la identidad que traes dentro de tu ser. Por ejemplo, yo sigo siendo Luis, use lo que use, tenga lo que tenga, viva donde viva, este donde este, sigo siendo Luis. Y aunque lo cubran con las alhajas más costosas del mundo, eso no me quita ser quien soy, Luis, porque esa es mi identidad. Así que, lo ideal es que yo siga siendo quien soy, un hijo de Dios nacido por amor y para amar. Nada de lo que use o tenga acrecentará el amor.

Lo que hacemos (v.3), Generosidad. - Las palabras, las habilidades y las posesiones cuando se usan con amor, estas adquieren un valor incalculable en el momento de relacionarte con los demás. Sin embargo, no basta con dar, repartir, entregar y ayudar a las personas necesitadas si lo que damos es lo que nos sobra, lo que no nos gusta, lo que no queremos, lo que está en mal estado, lo que ya está viejo, lo más barato, etc. Lo más importante no es lo que damos sino como lo damos. Es más, lo que tiene más valor no es lo que damos o como lo damos sino quien es el que lo da. Por último, lo que tiene valor no es lo que da, ni como lo da, ni aun quien lo da, sino la relación que hay entre la persona que hace la acción con la persona que recibe la acción, la cual no es válida si no hay amor. Todo lo que diga, aunque sea hermoso, pero si no tiene amor, no tiene valor. Todo lo que es, aunque sea el personaje más influyente de toda la tierra, pero si no ama a Dios, no es nadie. Todo lo que da, aunque sea lo más valioso de esta tierra, si no es con y por amor, esto no tiene valor alguno.

¿De qué clase de amor está hablando Pablo? No es el **eros** que solo busca algo apetecible, entre hombre y mujer. Tampoco es el **phileo** con el cual se forma la amistad. Pablo se refiere al amor **ágape** de absoluta generosidad, que busca el bien de los demás por encima de todos sus intereses. Las relaciones basadas en el amor se expresan con palabras, hechos, actitudes y comportamiento (1 Jn. 3:18, 23). ¿Qué digo, cómo lo digo, qué hago y cómo lo vivo?

El amor *es el valor* que *promueve las cosas que benefician* a los demás (v.4-6)

Unos dicen que esta parte se refiere al *fruto del Espíritu* de Gálatas 5:22-23. Otros prefieren decir que se refiere a la *descripción de Jesucristo*. Las dos perspectivas son correctas, ya que Gálatas describe el carácter de Jesucristo y tanto el fruto del Espíritu como la descripción de Jesucristo comienzan y terminan con el amor. Bajo esta óptica, hemos de recordar que el fruto del Espíritu en Gálatas explica en tres direcciones: hacia Dios, hacia los demás, y hacia uno mismo. Aquí es donde el amor juega un papel súper importante, ya que el amor es el que promueve aquellas cosas que benefician al prójimo, a quien nos rodea, los que están cerca y lejos de nosotros.

a. Solamente el que ha recibido el amor de Dios (Ro. 5:5) y ha decidido andar en amor (1 Jn. 4:7-8) es capaz de ser paciente, ecuánime, perdonador y veraz. b. El que está gobernado por el amor con paciencia aguanta, soporta y trata a las personas con igualdad, sin discriminar, sin menospreciar, sin maltratar y sin abusar. c. El que es controlado por el amor no puede pasar mucho tiempo guardando amargura, enemistad, rencor, sino que es capaz de perdonar absolutamente todo (1 Jn. 4:20).

El amor es sufrido (tiene aguante, largura de ánimo), es benigno (cariñoso, cortés, educado, es positivo), es servicial. En otras palabras, dice Ernesto Trenchard que el amor verdadero destierra toda suspicacia o malicia o injusticia (no imputa móviles indignos) y no juzga los *móviles* de las acciones de los humanos, es decir, no ve malas intenciones en los dichos y hechos de los demás. El amor ágape por ser un amor divino, es que anula el orgullo y el amor propio (celos y envidias que surgen del yo, quien no aguanta que los demás sean mejores que él). No siente celo por el bien del prójimo, sino que se alegra por ello.

Observe que desde el v.4b hasta el v.6ª la descripción está dirigida a *lo que no es el amor*, a *la manera de cómo no actúa quien ama a Dios* y todo está centrado en el yo, la carne, la identidad humana sin Cristo, la naturaleza adámica o pecaminosa. Ese "yo" "ego" solo lo puede controlar el Espíritu Santo quien no solo implanta el amor, sino que él se encarga de que esta sea la virtud dominante en nuestra vida. *Así que, cuando hay amor, todo es posible, no hay nada imposible y todos somos beneficiados, y las relaciones interpersonales se desarrollan con fluidez.*

El amor *es el valor* que *supera hasta lo insuperable* en las relaciones (v.7)

Cuando uno ama todo lo ve diferente. La Biblia dice que "Dios es amor". Si Dios, la esencia del amor está reposando dentro de nosotros, y si a él nadie lo puede vencer, y si para él nada es imposible, entonces, si dejamos que el amor de Dios nos controle, *podremos superar hasta lo insuperable*. ¿Qué es lo insuperable en las relaciones que solo el amor puede superar? Aguantar lo insoportable, creer hasta lo increíble, esperar hasta lo que parece perdido, soportar hasta cuando los demás se dan por vencidos.

Cuando una persona ama, es capaz de sufrir y *tolerar la necedad*, molestia y el ataque de los demás sin enojarse, ni desesperarse y ni darse por vencido (Ef. 4:2). El amor todo lo supera, "todo lo excusa" "todo lo cree" "todo lo espera"" todo lo soporta". Según Prov. 10:12, 1 Pe. 4:8, el amor ante la imprudencia de los demás, se calla o pasa por alto la falta o lo excusa, y no cree que tenga malas intenciones, cree que no está actuando maliciosamente. No cree fácilmente lo malo que se dice del prójimo hasta ser comprobado, porque sigue creyendo en el prójimo. Cuando el mal es comprobado, sabe esperar que el prójimo aprenda y sea restaurado y no se da por vencido, aguanta, soporta y espera sin desmayar.

El amor *es el valor* que *siempre necesitaremos* en la vida (v.8-13)

¿Alguien puede vivir sin amor? ¿Alguien es feliz cuando aborrece, odia, o desobedece? ¿Qué necesitas más un plato de comida o palabras bonitas que sacian el alma? a. Todo lo demás en esta vida terminará, menos el amor (v.8ª). b. Por el amor llegaremos a conocer a Cristo tal como él es por medio de la Biblia (v.8b-12). c. El amor es la virtud que trasciende el presente y el futuro (v.13). d. El amor supera la esperanza (v.13).

Podemos concluir y resumir que, el amor es el valor que nunca ha de faltar en las relaciones interpersonales, da valor a nuestras acciones, impulsa a hacer lo que beneficia a los demás y ayuda a superar lo insuperable. ¿Qué clase de amor es este, pues el que conocemos en el mundo no hace todo esto, el que encontramos en el hogar aún le falta un poco, entonces, cuál es? Es el amor de Dios, el que vino a dar a conocer Jesús con su muerte en la cruz y hoy ha responsabilizado a su Iglesia para que lo demos a conocer.

La amistad como un valor
es más que palabras bonitas

Hace un poco de tiempo, los jóvenes de la iglesia celebraron el día de la amistad, y escogieron como lema *"El regalo de la amistad"*. Después de un programa muy variado, divertido y con jóvenes no cristianos invitados, me dieron el tiempo para exponer el tema. Fue interesante, la aceptación que tuvo el corto desarrollo del tema, yo solo cambie el orden del lema para convertirlo en una oración completa, *"La amistad es un regalo"* donde la amistad es el sustantivo y el regalo es el adjetivo unido por el verbo *"es"* que casi es un presente universal. En todas partes del mundo, en todo momento que se practique, toda persona que se decida a experimentarla, la amistad siempre será una experiencia bella, de bendición, de enseñanza, de complementación, y de muchos beneficios.

Estos son algunos pensamientos que expuse en el día de la amistad con los jóvenes. La tecnología ha avanzado tanto hoy que está invadiendo la privacidad de las personas y el derecho universal de la libertad. Ahora, el internet se encarga de pensar, escoger y decidir por muchas personas que no tienen tiempo para hacerlo. El ofrecimiento obedece no solo a la filosofía consumista, comercial y rápida del tiempo sino a la ideología tolerante y postmoderna del siglo.

En la actualidad, una persona puede tener amigos de todo el mundo y comunicarse con miles ellos en solo segundo. No necesita gastar en sellos postales, escribir las direcciones postales, decir palabras diferentes a cada persona según el nivel de la relación y ni presentar excusas por retrasos de correspondencia. Es más, el internet tiene suficientes estilos de tarjetas, pensamientos e ideas fascinantes e innumerables candidatos para hacer más amigos.

Mi pregunta inmediata fue, ¿es genuina la amistad que se cultiva por este medio? ¿Es realmente honesta, completa y satisfactoria la amistad que sostienen dos personas que no se conocen personalmente? ¿Contribuye este tipo de amistad moderna a la preservación de los valores que forman una sociedad mejor o hemos de pensar que la amistad tradicional está en crisis?

El primer principio, aunque el internet es un avance valioso para muchas cosas, pero jamás sustituirá el estilo tradicional y bíblico de hacer amigos porque la amistad es un regalo que viene de Dios 1 Juan 4:8, 21, Proverbios 18:24. El estilo tradicional comienza en la camaradería, donde dos o más personas se conocen personalmente y por medio de estar juntos, hablar, mirarse, compartir y escuchar llegan a ser compañeros. Este nivel de relación aún no equivale a amistad pues no hay confianza, conocimiento y libertad suficiente, aunque es la antesala de una amistad saludable. En fin, el internet es efectivo para muchas cosas, pero no para formar amistades genuinas, satisfactorias y leales. Pues en este tipo de "amistades" es fácil mentir, no hay costo, no hay entrega, y presencia corporal. Todo es palabras, palabras, palabras, tan solo palabras y la amistad es más que palabras, Proverbios 24:17.

Yo tenía 27 compañeros de clase en tercer año de licenciatura en el Seminario Teológico Centroamericano en Guatemala, andaba con ellos, hablaba con ellos, jugaba, reía, teníamos actividades en conjunto, hasta llorábamos juntos, pero no todos eran mis amigos. De los 27, solo tres consideraba mis amigos, y de entre estos tres, uno era el de más confianza, era un guatemalteco. Hoy, aunque estamos a grandes distancias, de los tres es un salvadoreño a quien considero mi mejor amigo porque de vez en cuando nos comunicamos, y con el guatemalteco somos amigos, aunque no nos hemos visto en mucho tiempo, pero sigue siendo mi amigo. La amistad combinada de amor ágape nunca termina, porque el amor nunca deja de ser.

El segundo principio, Prov. 17:17 la amistad como regalo de Dios es para compartirla con los demás. "En todo tiempo ama el amigo y es como un hermano en tiempos de angustia" revela tres principales suministros que sostienen, alimentan, fortalecen y consolidan la amistad. Tiempo, lealtad y amor. No puede haber amistad sólida si no se dedica tiempo, lealtad y amor. El tiempo debe ser de calidad: hablar y escuchar, caminar y compartir, ayudar y proteger, confesar y perdonar, etc. Luego el amor no es el de atracción física, sino el fraternal combinado con el ágape que se exige en Efesios 5:25-27, el que Juan 15:13 pone la vida por la otra persona. La lealtad debe ser incondicional. Este fue el caso de David y Jonathan (1 Sa. 19,20), Jesús y Juan, Pablo y Timoteo. Esta amistad estuvo sostenida por amor, lealtad y dedicación.

Cuando se practica una amistad que nace de un honesto compañerismo, de pasar mucho tiempo juntos, de compartir alegría, tristeza, dolor, enfermedad, escasez, abundancia, etc., es una relación o un vínculo profundo que nace de un corazón que amarra, y que solo desea lo mejor para la otra persona antes que para sí mismo. El verdadero amigo no abandona al amigo, sino que lo protege, lo apoya, y lo defiende. Dice el libro de Eclesiastés 4:9-10 "Dos son mejores que uno, si uno cayere, el otro levantará a su compañero, pero ay del solo".

Tercer principio, cuando reconocemos que la amistad es un regalo que viene de Dios para compartirla con el prójimo, es valorada de tal manera, que esa relación de amistad es saludable, beneficiosa y duradera Proverbios 17:17, 27: 10a. Cuando los jóvenes establecen una relación de amistad basada en el amor ágape, y todos los días la riega, cuida, suministra con tiempo de calidad, palabras sazonadas con amor, esta beneficia a otras personas. La amistad es valorada cuando en la relación se es capaz de dar la vida, esfuerzo, entrega, sinceridad, honestidad, y sacrificio por el bien del otro. Es entonces cuando los jóvenes se encaminan hacia un nuevo estilo de vida apegado a la Biblia, al deseo de Dios, a la misión de Dios y el mundo no solo lo oirá, lo sabrá, sino que deseará ser parte de este pueblo.

En Segunda Samuel 7-10 descubrimos el cuarto principio, la amistad trae beneficios no solo al prójimo que es amigo, sino que los beneficios se extienden a muchos más. La amistad entre David y Jonathan fue tan fuerte, sincera, sana y real, que aun después de que su amigo muriera, la gratitud, el amor, generosidad y la satisfacción de esa amistad se extiende hasta un hijo de Jonathan, lisiado de los dos pies (v.3,13). Muy pocas veces la Biblia enfatiza alguna discapacidad física de una persona, pero cuando lo hace, es porque hay un propósito especial. Primero, porque no se había mencionado que Jonathan tuviese hijos, y menos lisiado.

Luego, el hecho de que David se haga responsable del hijo de Jonathan habla de su bondad, generosidad, y del gran corazón que tenía para su amigo. Lo otro es que nos deja una lección para nosotros, pues generalmente no actuamos así, cuando el amigo se muere, la amistad muere y no nos comunicamos, ni nos recordamos y mucho menos nos preocupamos si dejó deuda, o si su familia tiene necesidad. Que interesante sería saber que alguien que pierde a un amigo, después busque a sus descendientes y al encontrar a un discapacitado, decide llevárselo a su casa para cuidarlo, considerarlo y tratarlo como a uno de los miembros de su familia, ¿no es esto una amistad verdadera? Luego, el hecho de que David se haga responsable del hijo de Jonathan habla de su bondad, generosidad, y del gran corazón que tenía para su amigo.

Cuando se ama a un amigo con el amor ágape, se está dispuesto a dar la vida por el otro. Esto es lo que enseñó Jesús, esto es lo que Dios ha exigido de todos nosotros, es lo que Jesús ejemplificó al morir en la cruz por nosotros. Si Jonathan le dijo a David que estaba dispuesto a morir por él (1 Samuel 18-20) y varias veces se arriesgó por David; cuanto más no haría David por él y toda su familia. Así que, es de dudar que una persona diga ser amigo de alguien cuando no es amigo de su familia. Porque el amor verdadero hacia un amigo es aquel que acepta a todos los descendientes de su amigo, y está dispuesto a hacer todo lo que esté a su alcance para ayudarlos. Esto es lo que hizo David, es más, el gesto que hace es admirable, no solo le restituye todas las tierras que eran de Saúl su abuelo y de Jonathan su padre, sino que lo llevó hasta su casa para que participase de la mesa real como uno de su familia.

Amar a Dios entre otras cosas es…

Amar entre otras cosas es: dar, perdonar, compartir y dejar. La cultura del amor de Dios urge ser restaurada en todas las dimensiones tales como temor, respeto, integridad, autenticidad, valor a la vida, y el perdón. La sociedad postmoderna necesita aprender a dar, perdonar y compartir, expresiones prácticas del amor hacia Dios, ya que es muy hedonista, materialista, individualista y consumista.

Es dar sin esperar nada a cambio

Esto es algo que todos los hijos de Dios debemos hacer "indefectiblemente" (Dt. 14:22), pero también es un valor que todos los seres humanos estamos obligados a practicar. El texto que declara que cuando damos a Dios y a los demás con amor es muestra de nuestro temor hacia Dios (v.23). La Biblia dice que más bienaventurado es dar que recibir. Lo gratificante es que Gálatas dice que, si sembramos o damos con generosidad, así seremos bendecidos cuando cosechemos. La Biblia dice, "amaos los unos a los otros", pero el comediante Cantinflas en un discurso dijo que la gente lo ha interpretado, "armaos los unos contra los otros". No dijo mentira el Sr. Mario Moreno, es una gran verdad, la sociedad actual siempre está a la defensiva, tan susceptible que en la más mínima provocación reaccionan sin razón. Debemos sembrar, compartir, practicar y modelar una conducta y un comportamiento, un estilo de vida cubiertos del verdadero amor, porque todo lo que se hace sin amor, no sirve de nada (1 Co. 13:1-3).

Es perdonar sin esperar nada a cambio

Una segunda señal de nuestro amor hacia Dios es la capacidad de *perdonar a quien le ha ofendido, defraudado, y hasta robado*. El Dt. 15:1,2 Moisés revela al pueblo dos palabras que encierran un significado profundo y que describen el amor hacia Dios, es **remisión** y **perdón.** El significado que Moisés quiere dar es que cada siete años, la tierra descansará de ser sembrada (labrada), pero también la deuda que tenga una persona será suprimida.

¿Qué significa el perdón en este pasaje? Hay dos posiciones acerca de este perdón. Uno, que el *deudor podía vivir tranquilo el séptimo año de no pagar el préstamo*, pero los siguientes años deberá seguir pagando la deuda. La otra posición más probable es que el perdón de la deuda en este caso es total. La segunda es la más probable porque está en armonía con la intención generosa de Dios, es más consistente con los v. 9-11 y esta práctica está en sincronía con lo que se hacía en el año de jubileo, cada 50 años, donde eran devueltas las tierras a las familias (Lev. 25:8-17). La *cancelación total de la deuda* ayuda a evitar la existencia de pobreza extrema (15:4), y el hecho de cancelar la deuda totalmente concuerda con el potencial de que Israel sería prosperado por Dios.

¿Qué implica perdonar a un deudor, ofensor, estafador para nosotros hoy? Significa que, motivados e impulsados por el amor de Dios, se asume la responsabilidad o culpabilidad del deudor, dejándolo libre de deuda, para vivir en armonía, en paz y buena relación. ¿No es esta una cultura ya olvidada, pero que es imprescindible para vivir en paz? El valor del perdón camina inseparablemente del amor, mejor dicho, nadie puede amar verdaderamente si no es capaz de perdonar al que le ha ofendido, robado y defraudado. ¿Cuántas veces nos engañamos deliberadamente a nosotros mismos cuando hacemos algo hacia Dios cuando no somos honestos con los demás? El amor, el perdón, la honestidad, la equidad, la autenticidad, la integridad, es fruto del Espíritu Santo, y todo el que dice amar a Dios, debe practicar todo esto con los demás.

¿Cuánto nos amó Dios que nos perdonó toda nuestra culpa porque Jesucristo echando nuestros pecados sobre sus hombros asumió la responsabilidad y culpabilidad nuestra? Esta es una buena manera de invertir en el reino, el perdonar la deuda de alguien. La deuda no siempre es dinero, puede ser tiempo, disculpa, perdón, amistad, respeto, etc.

Es compartir sin esperar nada a cambio

Debemos compartir con el más necesitado. Estamos en un tiempo donde las riquezas están acumuladas en las minorías y las grandes mayorías viven si no en pobreza, pero con limitaciones. La pobreza tiene varias causas. Hay pobres porque otros los han hecho pobres. Hay pobres que se hacen pobres porque no les gusta trabajar. Y hay pobres porque nacen en hogares que ya son pobres. Por último, hay pobres porque las circunstancias donde se desenvuelven o viven no les ofrecen oportunidades para superarse. Ejemplo, tribus indígenas que viven en las regiones montañosas y poco civilizadas. No obstante, hay un porcentaje alto de población que vive en extrema pobreza.

La Organización de las Naciones Unidas (ONU) reporta que en Estados Unidos el número de personas consideradas pobres según La Oficina del Censo de los Estados Unidos, el índice de pobreza subió del 14,3 % en 2009 al 15.1 % en 2010. Esto se traduce en un total de 46,2 **millones de personas que viven en la pobreza** en Estados Unidos. Tome en cuenta lo mínimo que debe ganar una familia para ser considerada pobre en este país, el promedio ponderado de pobreza mínimo para una **familia de cuatro personas en 2010 fue de $22,314 dólares** y en $11.139 dólares para una persona sola.

Compare estos datos con la pobreza en Centro América, Las Naciones Unidas para el Desarrollo (PNUD), según destacó la agencia de noticias EFE. "Las tasas de pobreza de Honduras y Nicaragua andan entre 50 % y el 60 % de la población". En "El Salvador y Guatemala las tasas de pobreza andan entre un 35 y un 45 %", y en Costa Rica y Panamá están "más o menos entre el 15 y 22 %", añadió. Esta línea fue tradicionalmente fijada en 2 dólares estadounidenses de 1985 per cápita, en paridad de poder adquisitivo, para definir la pobreza y en 1 dólar para definir la pobreza extrema. En agosto de 2008, la línea de pobreza extrema fue reajustada a 1,25 dólares. Esta cantidad refleja el promedio del ingreso mínimo necesario para sobrevivir en los diez a veinte países más pobres del mundo. Así por ejemplo, es usual llamar pobres o "en riesgo de pobreza" a todos aquellos que disponen de menos del 60% del ingreso disponible medio de la sociedad en que viven. Actualmente se aceptan comúnmente tres categorías derivadas de esta forma de medir la pobreza: la población que dispone entre un 50 y un 60% del ingreso medio es catalogada como "en riesgo de pobreza", aquella que dispone entre 40 y 50% de ese ingreso es catalogada como "pobre" y la que dispone de menos del 40% se encontraría en "pobreza extrema".[99] El mínimo en El Salvador anda en las Maquilas $202.80 dólares al mes y en el Comercio y servicio $242.40 mensuales.[100]

¿Cuán diferente sería esta sociedad o este mundo si todos aprendiéramos los dos grandes mandamientos que Jesús nos en-

---

99   http/: es wikipedia.org.wiki/pobreza

100   Datos ofrecidos por el Lic. Isaú Jesús Chávez, septiembre 2014.

señó, *amar a Dios y amar al prójimo*? Pero el individualismo, el consumismo y el materialismo de los seres humanos están corrompiendo los valores de nuestra sociedad pues ha vuelto a unos egoístas y a otros avaros. Si una persona piensa con cordura, sentido común, y con una perspectiva real, se dará cuenta que *amontonar dinero no es el todo en esta vida*, pues no es lo que hace feliz ni realizado al ser humano. La vida es mejor si todos aprendemos a compartir con los más menesterosos. Es por eso por lo que Salomón escribió varios proverbios al respecto.

Hay diferentes maneras de compartir hoy. La disciplina y práctica de los diáconos de recoger víveres para ayudar a los más necesitados, la intención del ministerio Hesed de nuestra iglesia ha sido minimizar las preocupaciones de familias con necesidad, la finalidad del ministerio de visitación es llevar palabras de ánimo y algo más. La iglesia debe aprender a compartir con los necesitados, cada familia puede dar de lo que tiene sin que esto ponga en peligro su bienestar, pues Dios se encarga de recompensar.

Una filosofía de los residentes de la India, Corea, Japón, China y hasta judíos es que cuando viene un compatriota de otro país, ellos hacen equipo para ayudarle a superarse. La responsabilidad del ayudado es que cuando vea venir a otro compatriota, haga lo mismo. Esta filosofía evita que la pobreza se ensanche, y ayuda a vivir en mejores condiciones. Esto es identificarse y solidarizarse con el necesitado. Tristemente, no todos los hispanos tienen este mismo pensamiento, pues hay egoísmo, envidia e individualismo. Es por ello por lo que muchas personas son comparadas con el azadón, instrumento que sirve solo para halar hacia dentro y no hacia afuera, símbolo de egoísmo, materialismo e individualismo.

Venga conmigo y lea los Dt. 15:8-11 para confirmar que otra manera de mostrar que amamos a Dios es cuando compartimos con el necesitado. Yo fui estudiante por más de 8 años, y recuerdo perfectamente como anhelaba tener una chaqueta usada como la que tenía mi compañero. Un día, mi amigo César me dijo, Luis, he decidido darte mi chaqueta de corduroy, exactamente con la que yo había soñado tener. Era usada, pero para mí era como nueva, que bien me sentí. En otra ocasión, mi amigo Raymundo me dio una frazada que él ya había usado mucho tiempo. Después de lavarla bien, eso creo yo, me dijo, Luis te quiero regalar mi frazada. La quería tanto, que la preserve hasta el tiempo en que nació mi primer hijo.

Pensando en eso, en este momento, nuestra iglesia está enviando una caja con ropa para los estudiantes de ese mismo Seminario donde recibí esos regalos. La caja lleva más de 500 prendas donadas por los jóvenes y hermanos de la Iglesia. Otros colaboraron para el costo por el envío $300.00. Que rico se siente el poder compartir, el poder dar, el poder ayudar a otros.

El amor es una virtud necesaria, importante y determinante para el cristiano que dice amar a Dios. No hay mejor manera de demostrar que amamos a Dios que a través de lo que hacemos con relación al prójimo. A esto se refirió Jesús cuando dijo, "Mas buscad el reino de Dios y su justicia" "Amaos los unos a los otros como yo os he amado". En esto se resume toda la ley de Moisés, en dos grandes mandamientos, "amar a Dios con todo tu corazón, con toda tu alma, con toda tu mente y con toda tu fuerza y el segundo es similar, amaras a tu prójimo como a ti mismo". Jesús agregó, "amarás a tu prójimo como yo os he amado".

En fin, la amistad es un regalo precioso que Dios ha dejado al ser humano para que la disfrutemos y la compartamos con los demás, haciendo buen uso de esta al valorarla basado en lo que esta produce. Es un valor, una virtud que urge ser cultivada, preservada, cuidada y muy estimada en este tiempo donde reinan muchas otras cosas que no ayudan a las buenas relaciones. La mejor amistad, la que supera a todas, la que nunca termina, ni falla, y en todo el tiempo es la amistad con Dios. El mejor amigo que alguien puede tener es a Jesús. Con Jesús puedes hablar, llorar y reír; Él siempre te escuchará y te entenderá. Esta amistad con Dios es la que debemos cultivar, alimentar, promover, vivir y enseñar.

Preguntas de repaso y discusión en grupo

1. ¿Cuál es el mayor obstáculo que impide practicar el amor de Dios?

2. ¿Qué relación e importancia tiene la confianza y la obediencia con el amor?

3. ¿Qué relación tiene el compromiso, la entrega con la fe y esta con el amor?

4. ¿Cómo explica usted que amar a Dios es enemistad con el mundo?

5. ¿Por qué el amor es una virtud necesaria cada día?

6. Según 1 Corintios 13, ¿Por qué es indispensable el amor en las relaciones?

7
Autenticidad a la antigua

Piensa en tres objetos para probar la pureza: el **oro** que no se ahúma, la **cera** que se derrite con el fuego, el **aceite** que no se mezcla con el agua. Estos tres experimentos solo buscan comprobar la autenticidad de los metales o materiales. La verdad es que, en este tiempo, la autenticidad es otro valor que debe ser expuesto en los laboratorios del experimento, ya que es necesario, pero que tristemente, poco a poco va desapareciendo. *La autenticidad es la constante búsqueda de la verdad.* Es ser uno mismo en todo y en cada situación. Es ser genuino, cierto o verdadero. La autenticidad se demuestra por medio de la sinceridad, verdad e integridad. La verdadera relación con los demás se da cuando somos *auténticos con nosotros mismos y con Dios.*

¿Por qué autenticidad a la antigua? Según recuerdo, porque lo escuché, lo vi y me lo contaron. Nuestros antepasados practicaban la autenticidad como un estilo de vida, de manera natural, no se esforzaban mucho para practicarla. Eran auténticos en todo sentido, en lo que hablaban, en lo que pensaban y en lo que hacían. Eran genuinos en la forma de actuar y en la forma de tratarse unos a otros. No puedo asegurar que todas las personas de aquellos tiempos eran auténticas, ya que en todo tiempo han existido personas deshonestas, y falsas. No obstante, lo que quiero enfocar es que el estándar, la cultura en términos generales, la sociedad de aquel tiempo era confiable, bueno era mucho más confiable que en este tiempo. La autenticidad siempre ha sido un valor de alta estima, y abarca todo el ser de una persona.

En el año 1997, cuando Dios permitió a mi familia y a este servidor venir desde El Salvador hasta la pequeña ciudad de Abilene, de unos 115,000 habitantes a unas 160 millas de Dallas Texas, mi familia no podíamos creer el cambio de cultura en sentido de seguridad, integridad, confiabilidad y autenticidad. Veníamos de una cultura donde no podíamos dejar nada fuera de la casa porque en pleno día se lo robaban, donde no podíamos confiar en cualquier persona después de las 6:00 pm y mucho menos dejar que nuestros hijos caminaran solos por la calle. Todo lo contrario, encontramos en esta ciudad de Texas. Podíamos dejar las bicicletas, los juguetes, sillas, mesas o cualquier otra cosa fuera de la casa y nadie se las robaba. Cuando ya tuvimos el primer carro, acostumbrábamos a echarle llave, pero luego aprendimos a dejar sin llave los carros y no pasaba nada. Es más, varias veces dejamos las puertas de la casa sin llave por las noches o cuando salíamos y jamás nos robaron absolutamente nada. Una cultura que ha cambiado después de 20 años, ahora ya se necesita ser más cuidadoso. En la actualidad, en muchas ciudades de Estados Unidos ya no se puede confiar en la autenticidad de las personas. Autenticidad tiene que ver con sinceridad, integridad, libertad, honestidad, veracidad y seguridad.

La autenticidad en lo que sentimos y pensamos: honestidad

"Andamos en luz como él está en luz" (1 Jn. 1:5, Jn. 3:19-21, Fil. 4:8). Por favor, lea los siguientes pasajes que amplían el argumento (Prov. 12:5, 18,16:19,19:21, 22:4,7). ¿Qué significa andar en luz? Amor y obediencia hacia Dios (Juan 15:9-10, 11,17). Amor y lealtad hacia uno mismo (Lev. 19:18). Jorge León, dice que es imposible comprender a los demás si no hemos llegado a conocernos a nosotros mismos. Conocer a los demás es difícil por su complejidad y dinamicidad. Levítico 19:18 "amarás a tu prójimo como a ti mismo" a quien está cerca, sea conocido o no. Amarse a uno mismo no es egocentrismo, sino la acción de aceptarse, quererse, buscar el bien para uno mismo sin ser egoísta, tratarse bien, hacer lo que te beneficia. Trata a los demás como esperas que te traten a ti. Según lo que soy y tengo dentro de mí así es como yo puedo ser y dar a los que están afuera de mí.

En mi primer libro, *"Un nuevo estilo de vida"* escribí un artículo titulado, "cambia tu forma de sentir, pensar y actuar". En dicho artículo afirmo que no podemos separar los sentimientos de los pensamientos porque cada acción es el resultado de lo que sentimos y pensamos. Detrás de una palabra hay una intención impulsada por un sentimiento o por un pensamiento. Los sentimientos y los pensamientos proceden de la misma fuente, el corazón. Cuando no hay concordancia o coherencia entre estos es porque no hay autenticidad. Este es el valor donde los sentimientos, los pensamientos y las acciones están de acuerdo por lo que necesitamos urgentemente rescatar.

Si en el corazón de las personas no hay malicia, maldad y mentiras, lo más seguro es que todo lo que siente, piensa y hace es beneficioso para los demás. Esto es lo que más necesitamos restaurar, que todo lo que pensemos, sintamos y beneficiemos a los que nos rodean, por sobre todo, que agrade a Dios. Esto sucede en la mayoría de los países, decimos lo que no vivimos, deseamos lo que no queremos, practicamos lo que no somos, prometemos lo que sabemos que no daremos. Si esto nos cansa a nosotros, imagínese cómo ha de sentirse Dios al ver este caos de sociedad, una corrupción en el tema de la autenticidad.

Autenticidad es amor y sinceridad hacia los demás

Entonces, ¿Cómo debo tratar a los demás si estoy lleno de amor hacia Dios y hacia mí mismo? (Ro. 12:3) "No tenga más alto concepto de sí que el que debe tener". Tratar a todos por igual (v.3). La Biblia Lenguaje Actual traduce el versículo de la siguiente manera: "les pido que no se crean mejores de lo que realmente son". El mal uso de la autoestima nos convierte en falsos y cuando somos falsos es porque dejamos de ser auténticos o genuinos. Sentirse superior o inferior a otra persona es un pecado de falta de identidad, por inseguridad y es como se demuestra la falta de veracidad o autenticidad. Dios creó al hombre y a la mujer con igualdad, ambos son responsables de cumplir las marcadas funciones.

En los artículos que compramos cada día, hay falsificación e imitación de productos, marcas, sabores, tamaños, colores, estilos. Es sorprendente como los comerciantes mienten a los consumidores al vender productos falsificados o engañosos y a veces hasta vencidos o averiados. Este día compré un pan especial en un supermercado, y sin darme cuenta lo partí y comí dos porciones. Mi esposa tomó otro y observó que ya tenía moho. Al ver la fecha de vencimiento, era el último día permitido para comer, pero ya estaba lleno de moho. Al siguiente día fui al súper, y verifiqué la fecha de otros panes similares. Ya le habían cambiado la fecha de vencimiento, pero al observar los panes, estaban llenos de moho. Fui con uno de los empleados y le dije, esos panes están llenos de moho aun cuando la fecha decía que se vencerían en 3 días. La conclusión, simplemente cambiaron fecha a los mismos panes sin importarles el moho, y la salud de los clientes. Esto es falta de autenticidad.

Carolina Vásquez Araya hizo un análisis del discurso del Sr. presidente de la República de Guatemala, Otto Pérez Molina. En síntesis, esta señora consideró una falta de autenticidad, una falta de ética, una falta de respeto al orar por la paz del país, al decir que Jesús es el Señor de Guatemala y orar por la prosperidad. Ella dice que hay una clara contradicción entre las palabras y los hechos.

Lo anterior solo describe la falta de autenticidad. Esto mismo está pasando con la política, con las iglesias, con la literatura, con los cines y con la tecnología. Ofrecen productos más baratos y las instrucciones dicen que son iguales a los originales, pero todo eso es una estafa. Esta es la realidad postmoderna, donde la mentira, el engaño, el soborno, los robos, los fraudes, son parte de la cultura y la gente lo ve normal. Lo triste es que no se está haciendo mayor cosa para cambiar esta triste realidad. La falta de autenticidad es un problema que se da aun en los círculos cristianos. Hay predicadores, evangelistas, teólogos, pastores, maestros e individuos que con alevosía y premeditación engañan a muchos feligreses con falsas promesas, con apariencias de santidad, mensajes distorsionados, motivacionales, subliminales, con otro evangelio, diferente al que Jesús enseñó.

Dios en su palabra nos invita a cambiar nuestra forma de pensar, sentir y actuar. Romanos 12:10 "En cuanto a honra, prefiriéndoos los unos a los otros". La base para dar honra a los demás es el amor. Pablo usa acá el amor *"philostorgoi"* que se refiere especialmente a la relación conyugal, paternal, fraternal y filial. Es un amor recíproco, de cálido afecto y sincera amistad. Entonces, la segunda parte del versículo es el resultado de tener lo primero. Cuando hay amor fraternal, (hacia los demás) ninguno buscará su propia preferencia en los honores, sino que con gusto cederá a otro el honor. ¿Ve esta verdad puesta en práctica en las calles, autobuses públicos, restaurantes, centros comerciales, oficinas públicas, bancos, escuelas, carreteras, supermercados, e iglesias?

El llamado es a amar con sinceridad (Ro. 12:9-10)

Pablo dice: "El amor sea sin fingimiento", (anupócrito) en otras palabras, sin hipocresía, sin falsedad, sin intenciones mezquinas. ¿Qué importancia tiene que nos amemos los unos a los otros con amor sincero? ¿Qué puede pasar en la iglesia, con la iglesia y en la comunidad que nos rodea si aprendemos a practicar el amor en toda la expresión de la palabra? La versión de la Biblia Lenguaje Actual lo simplifica: "Amen con sinceridad. Rechacen lo malo, no se aparten de lo bueno. Ámense unos a otros, y respétense siempre".

Efesios 4:2-6 "Con humildad, soportándonos con paciencia los unos a los otros". La falta de sinceridad es lo que ha destruido miles de relaciones es la afirmación de Rick Warren. Esto exige lealtad, valor, sabiduría para confrontar las cosas que no están bien del todo (1 Co. 5:3-10). Si hay una cosa que destruye a una iglesia o una relación es la *deshonestidad, la hipocresía, y la falsedad.* ¿Qué es lo que bloquea la humildad? La arrogancia, el orgullo, la autosuficiencia. (2 Ti. 1:3, 2 Co. 2:17). Rick Warren dice: "La humildad no es pensar menos **de ti** mismo, es pensar menos **en ti** mismo".[101] Un cristiano auténtico es el que se conduce en humildad (Mt. 20:25-27).

Morrison de la China escribió: "Pienso que el gran defecto de nuestras misiones es que ninguno quiere ser el segundo". Ocho pasos para practicar la humildad: 1) Procura descubrir lo mejor de cada uno. 2) Elogia sinceramente a los demás. 3) No te demores en admitir tus errores. Dicen que la palabra más difícil para pronunciar en todos los idiomas es "Me equivoque". 4) Sé el primero en disculparte después de una acalorada discusión, la segunda frase difícil de decir es "Perdóneme". 5) Admite tus limitaciones y necesidades. 6) Sirve a los demás con disposición, alegría y desprendimiento. 7) Aprende cada día algo nuevo, porque la experiencia de comenzar y terminar algo nuevo te dará humildad. 8) Reconócele a Dios el mérito de toda cualidad que tengas.

La autenticidad nace de un corazón que ama y respeta a Dios. ¿Es posible ser auténtico sin Dios en el corazón? La Biblia dice que es imposible porque no hay ni uno bueno (Ro. 3:9). Es por ello por lo que la tarea mayor es de los que ya hemos recibido a Cristo como Salvador, nos corresponde a nosotros modelar este valor. La sociedad debe ver este valor en nosotros.

Autenticidad en la manera como decimos las cosas: Verdad

"Es mejor sufrir un día porque me digan la verdad y no vivir toda la vida engañado creyendo que estoy en la verdad". Lo importante de la verdad es que yo la conozca, la practique y la en-

101   Rick Warren, *Una vida con propósito.*

señe. Me refiero, a que *siempre hay una verdad que descubre lo que es falso* y aunque algunos la vean como relativa, la coherencia de esta va a predominar. Eso está equivocado, porque solo hay una verdad y solo quien es auténtico puede tener la verdad, las demás cosas que nosotros llamamos verdad al ser evaluada por la autenticidad, terminan siendo solo justificaciones, o mejor dicho falsedades.

Practicar la verdad incluye: pensar, sentir y decir la verdad (Fil. 4:8). - Nuestra autenticidad ha de demostrarse en la manera como decimos las cosas. Esto ha causado muchos problemas en las relaciones interpersonales, porque algunos no hablan, otros mucho hablan, pero otros hablan solo lo necesario y lo hacen muy bien. *«La verdad es lo que concuerda con la idea conocida»*. Esto es lo que Pablo enfatizó en (Fil. 4:8-9), piensen en lo que es verdad, pero vivan la verdad. En todas las cosas, historias, eventos, realidades, etc., siempre hay una verdad, la cual no necesariamente está de acuerdo con lo que yo deseo, planeo, creo y espero. Escuchar que me digan la verdad, aunque duela, confronta, golpea, desafía, y hiere, pero es mucho mejor pues más tarde será medicina a mi cuerpo.

Cuando me dicen una verdad, significa que yo no la tengo, porque solo hay una verdad; lo mejor que puedo hacer es reconocer que no estoy en lo correcto y eso requiere carácter, valor y humildad. Esta actitud es lo que hace grande a una persona. "El que confiesa su pecado y se aparta alcanzará misericordia". (1 Jn. 1:9). Recuerdo las palabras que pronunció un anciano de una iglesia cuando estaba siendo confrontado por la verdad, "déjenme que venga porque yo le puedo decir unas cuantas verdades". Esta expresión es incorrecta porque solo hay una verdad, las cuantas verdades a las que este anciano se referían son intenciones por esquivar la única verdad que hay.

Decir la verdad no solo es decir la verdad

Reconocer las debilidades, flaquezas y virtudes. Confesamos el pecado" (1 Jn. 1:7-10). Practicar la comunión dentro de la iglesia como parte del estilo de vida que Dios espera mientras esté en la tierra es: amar a Dios y al prójimo como Cristo nos ama, ser honesto y sincero al decir la verdad y hacer todas las cosas con integridad de tal modo que agraden a Dios, edifiquen a los demás y engalanen el evangelio. Vivir en comunión es ser auténtico lo cual implica *reconocer lo que soy, lo que hago, y lo que no puedo hacer. Es reconocer las virtudes y debilidades. Es la expresión genuina de lo que somos, sin apariencia, sin temor y sin esconder.* Como escribí en el capítulo anterior, "Ni la posición ni la posesión dan tanto valor como lo da nuestra propia identidad. Tener el mejor carro, tener la mejor habilidad, tener la mejor casa, vestir los mejores atuendos, usar el mejor calzado no podrán deshacerse de la identidad propia que cada uno trae dentro del ser".

Practicar o vivir lo que decimos

Saber decir la verdad, (Jn. 10:19b, 11:9, 12:6, 17,22, 13:3,15:1, Stg. 3:1-2). Decir las cosas sin tapujos *sin* rodeos, disimulo, reserva, fingimiento y enredo. El significado de una *vida sin tapujos* puede interpretarse en dos sentidos. Primero, unos creen que "sin tapujos" es ser honestos y sinceros al decir a las personas de una manera directa y clara lo que ellos creen, piensan y sienten afecte o no. En otras palabras, estas personas no aceptan los errores y las cosas mediocres de los demás, y no se detienen para llamarles la atención por el error, descuido o irresponsabilidad.

Es muy valioso tener personas con esta capacidad porque algunas veces es necesario confrontar el error, la falla, y la irresponsabilidad de las personas. Creen que la vida cristiana es para vivirla con responsabilidad, santidad y excelencia. Segundo, hay otro tipo de personas que son tolerantes y prefieren que se cometan los mismos errores antes que confrontar a otra persona por no meterse en problemas. Este es el otro sentido que se le da a la vida sin tapujos, que nadie tiene derecho o autoridad moral para meterse en la vida de los demás, y que cada uno dará cuenta delante de Dios.

Sin embargo, aquí hay un sentido conciliador basado en el modelo del Nuevo Testamento. Decir las cosas con honestidad, sinceridad, sin rodeo y disimulo, es mejor que tolerar y permitir que se siga cometiendo los mismos errores. Solo que se debe buscar la mejor manera de hacer la confrontación para decir las cosas. Primero, llamarlo a parte y decírselo en privado. Segundo, hacerlo con amor, tacto y sabiduría. Tercero, asegurarse de tener autoridad moral y proponer una nueva alternativa. Cuarto, cuando confronte o señale no ataque a la persona sino la deficiencia o error. Quinto, hacerlo todo, guiados por el Espíritu Santo, regidos a la Palabra, buscando siempre dar gloria a Dios y edificar a la otra persona. Último, buscar siempre la restauración.

La autenticidad en las cosas que hacemos: Integridad

Una cosa es *decir* la verdad, pero otra cosa es demostrarla. Dios exige *bondad moral*, en su *carácter ético* (1 Jn. 1:5-7) y en la integridad (v.8-9). En el plano horizontal, el comportamiento y la relación con otras personas implica mostrar amor hacia los miembros de la familia de la fe (1 Jn. 5:1). La relación exigida es recíproca, incluye a Dios y a su pueblo. *La vida cristiana es una vida de autenticidad,* por tanto, si no estamos en buena relación con Dios y con los demás, jamás podremos alcanzar el crecimiento deseado.

El hecho de ser veraz y honesto con uno mismo y con los demás implica un *acto de relaciones humanas conectadas con la identidad personal y las relaciones con el mundo externo.* Obtener la autenticidad personal es un desafío y mantenerla es aun más difícil (Fil. 4:8-9). "Practicamos la verdad" (v.6). Rick Warren dice que el verdadero compañerismo ocurre *cuando la gente es honesta* con lo que es, lo que tiene y con lo que sucede en su vida: comparte sus penas, revela sus sentimientos, confiesa sus fracasos, manifiesta sus dudas, reconoce sus temores, admite sus debilidades y pide ayuda y oración de los demás.[102] (Ro. 12:3-18).

¿Qué valor hay en que la iglesia practique la integridad y la honestidad como un estilo de vida? Por favor, haga la lista de las cosas que se dan cuando hay un verdadero compañerismo o auténtica comunión: Comparte sus penas, revela sus sentimientos, confiesa sus fracasos, manifiesta sus dudas, reconoce sus temores, admite sus debilidades y pide ayuda y oración de los demás.

Esta lista de acciones de honestidad nos obliga a evaluar nuestro nivel de madurez. *¿Se puede dar toda esta lista de acciones en la iglesia con la seguridad de que no se reirán, no lo comentarán, no se alarmarán y no se decepcionarán?* La amistad se da cuando manifestamos madurez, honestidad, transparencia y un respeto profundo para hacer aquello que ayuda a las demás personas por estar impulsados por el amor. Reflexione en lo que implica practicar 1 Juan 1:7-8. Cuando no se aprende este valor, aun dentro de nosotros los hijos de Dios, en vez de expresar nuestros sentimientos, felicitar por los reconocimientos, y advertir cuando viene el peligro, alegrarnos por el triunfo del otro, mejor se goza por la desgracia y fracaso del otro. Hay demasiada politiquería, cordialidad superficial, expresiones de amistad fingida. Hay demasiada máscara, la gente está a la defensiva, todo lo ven con malicia o mala intención.

Déjeme ilustrar lo anterior con la siguiente historia. Hace mucho tiempo, un emperador convocó a todos los solteros del reino pues era tiempo de buscar pareja a su hija. Todos los jóvenes asistieron y el rey les dijo: "Os voy a dar una semilla diferente a cada uno de vosotros, al cabo de seis meses deberán

---

102   Rick Warren, una vida con propósito: 149. Recomiendo leer todo este libro, contiene muchos principios que ayudan a practicar la autenticidad como persona, sea cristiana o no.

traerme en una maceta la planta que haya crecido, y la planta más bella ganará la mano de mi hija, y por ende el reino". Así se hizo, pero entre ellos hubo un joven que plantó su semilla y esta nunca llegó germinar. Mientras tanto, todos los demás participantes del singular torneo no paraban de hablar y de mostrar las hermosas plantas y flores que iban apareciendo en sus macetas.

Llegaron los seis meses y todos los jóvenes desfilaban hacia el castillo con hermosísimas y exóticas plantas. Nuestro héroe estaba demasiado triste pues su semilla nunca llegó a dar señales de vida, por lo que ni siquiera quería presentarse en el palacio. Sin embargo, sus amigos y familiares lo animaron e insistieron tanto que tomando valor decidió culminar el torneo mostrando con sinceridad el fruto de su semilla a lo largo de ese tiempo. Todos los jóvenes hablaban de sus plantas, y al ver a nuestro amigo soltaron en risa y burla. Fue en ese momento cuando el alboroto fue interrumpido por el ingreso del rey. Todos hicieron su respectiva reverencia mientras el soberano que se paseaba entre todas las macetas admirando los resultados.

Finalizada la inspección hizo llamar a su hija, y llamó de entre todos al joven que llevó su maceta vacía. Atónitos, todos esperaban la explicación de aquella acción. El rey dijo entonces: "Este es el nuevo heredero del trono y se casará con mi hija, pues a todos ustedes se les dio una semilla infértil, y todos trataron de engañarme plantando otras plantas, pero este joven tuvo el valor de presentarse y mostrar su maceta vacía, siendo *sincero, real y valiente*, cualidades que un futuro rey debe tener y que mi hija merece".

Practicar la autenticidad dentro de la sociedad, la iglesia, la familia y el matrimonio mientras esté en la tierra es amar a Dios y al prójimo como Cristo nos amó. Ser honestos y sinceros al decir la verdad y hacer todas las cosas con integridad de tal modo que agraden a Dios, edifiquen a los demás y engalanen el evangelio. Vivir en comunión es ser auténtico lo que implica *reconocer lo que somos, lo que hacemos, lo que no podemos hacer.*

Repaso y discusión

1. ¿En cuál de las tres áreas usted necesita mejorar como el estilo de vida de autenticidad?

"En andar en la luz": Sinceridad ________

"En decir la verdad": Honestidad ________

"En confesar el pecado": Integridad ________

2. ¿Qué hacer para lograr un equilibrio sano en el uso de los sentimientos, pensamientos y las acciones?

3. ¿En qué cosas se debe mostrar nuestra sinceridad, honestidad e integridad?

8
La integridad es cosa de valientes

Hay personas que están desvalorizando la integridad al decir ¿de qué sirve ser honrado, honesto y verdadero si a veces los que no lo son están prosperando más sin importarles ser íntegros? Es muy extraño decir esto, pero en este tiempo, bajo la filosofía de vida de la sociedad actual, postmoderna, con mucha frecuencia son los corruptos, injustos y deshonestos a quienes les va mejor, tienen mucho más y son más reconocidos (Job. 21:7-14) mientras que aquellos que se esfuerzan por ser honestos, honrados y veraces ni siquiera son mencionados. Sin embargo, al recordar el significado de la palabra, el buen uso y el valor que la Biblia da a quienes son íntegros y los beneficios que esto trae, la integridad sigue siendo una de las virtudes que no solo se debe enseñar sino también practicar hoy más que nunca.

Jerry White escribió: Ser honrado, cumplir nuestra palabra, decir la verdad, aunque a veces significa una pérdida. El sumo sacerdote preguntó a Jesús: "¿Eres tú el Cristo, el Hijo del Bendito?" Cristo contestó: "Yo soy; y veréis al Hijo del Hombre sentado a la diestra de Dios, y viniendo en las nubes del cielo" (Marcos 14:61-62). Por decir la verdad, Jesús fue crucificado.

¿Qué significa integridad?

La palabra *integridad* puede entenderse en dos sentidos: uno que se refiere a algo *completo* y el otro que se refiere a alguien *recto*. Sin embargo, no todo el que es completo es recto. Por ejemplo, Leonardo Da Vinci según la Wikipedia es considerado una *persona íntegra* porque fue pintor artístico, escultor, arquitecto, ingeniero, filósofo, escritor, músico y anatomista (esto tiene que ver con habilidades) pero no fue recto delante de Dios (lo que tiene que ver con la persona). La integridad tiene que ver con la virtud de pensar, sentir y hacer todo lo que es justo, puro, honesto, verdadero, agradable, digno de buen nombre, lo que vale la pena (Fil. 4:8-9, Sal. 15).

La palabra *integridad* viene de la misma raíz latina, *entero*, y sugiere la *totalidad de la persona*. El Dr. Stanford Orth dice que el sentido más fundamental es "ser entero". Es decir, la persona es entera y unida en lo que es, lo que cree, lo que dice y lo que hace. No existe discrepancia entre lo que una persona íntegra aparenta por fuera con lo que es por dentro. Entonces, en la vida del cristiano, la integridad es vivir lo que decimos tal como somos y creemos, según las Escrituras. La persona íntegra reconoce sus errores, los admite, no los encubre y acepta las consecuencias. La persona íntegra siempre dice la verdad, siente en concordancia con lo que es y lo que hace.

¿Qué dice la Biblia acerca de la integridad?

David reconoce que la integridad es un gran valor, Salmo 15:1-5, 16:3, 25:21, 26:1-2, 11-12, 41:12, 101:2. La integridad tiene que ver con nuestra conducta, se refiere a una cualidad personal "integridad de *corazón* y equidad" (Jue. 9:16, 1 Re. 9:4, Salmo 15:2, 26:1, Prov. 10:9, 11:3, 20:7, 28:18) con nuestro *carácter* (Job 2:3, 4:6, 27:5, 31:6) y con nuestro *comportamiento* (Sal. 41:12, 101:2, Ti. 2:7). Tiene que ver con el ser y el hacer de una persona. ¿Ya se dio cuenta que el valor de la integridad es necesario en este siglo que vivimos? Lo digo porque hay demasiada falsedad, superficialidad y mucha desvalorización de la vida, de la palabra, de las personas, y aun de la fe. En este tiempo ya no es suficiente la palabra, todo debe estar escrito, firmado, y sellado por un notario público.

Job no solo habla de la integridad, sino que él mismo la practica (Job 2:3, 4:6, 27:5, 31:6). Dios dice que Job era recto, temeroso y apartado del mal (Job 1:1,2:3) y Job se presenta como una persona inocente y libre de culpa de pecado (Job 31:6). Esto de la humildad no es nada fácil, Dios dice que Job basado en su integridad defiende su inocencia. Integridad acá es vivir conforme a lo que Dios le ha ordenado. Job dice, soy inocente, mi enfermedad no es por pecado, estoy libre de esa acusación, digo la verdad, soy enteramente íntegro.

Salomón concluyó que la integridad es un valor que da satisfacción a uno mismo y honra a Dios (Prov. 10:9, 11:3, 20:7, 28:18). Disfrutamos la paz de una conciencia limpia. Una persona de integridad tendrá buena reputación y temor de ser expuesta o descubierta.

¿Qué beneficios se obtienen por ser íntegros?

El Dr. Orth cita a Jerry White quien escribió un artículo sobre el poder de la integridad para referirse a los beneficios que esta trae. *La integridad no siempre garantiza el éxito inmediato.* Ser honrado, cumplir la palabra, decir la verdad, a veces significa una pérdida. Quien es íntegro de corazón no busca justificarse cuando por su error no completó algo o no hizo algo. Tal cosa es tener carácter, humildad y valor. El íntegro de corazón busca el bien para los demás, no es egoísta, no tiene preferencia por alguien, no busca lo suyo propio, siempre piensa, siente y dice la verdad.

La integridad que honra a Dios es la del corazón (1 Rey. 9:4, Salmo 15, 16:3, 26:1,11-12, 41:12, 101:2). Es un valor que satisface el corazón del hombre. (Salmo 25:21) (41:12) "Me ha sustentado Dios en mi integridad", 101:2 "integridad de mi corazón" ¿Cómo se es íntegro en el corazón y del corazón? ¿Está incluido el corazón, los pensamientos y los sentimientos? 1 Crónicas 29:17: "Yo sé, Dios mío, que tú escudriñas los corazones, y que la rectitud te agrada". Y Salmos 78:70-72 "los apacentó conforme a la integridad de su corazón, los pastoreó con la pericia de sus manos".

La integridad que fortalece nuestra proclama es la que se demuestra con la vida transformada. El Dr. Orth dice que la integridad da respeto. "De más estima es el buen nombre que las muchas riquezas, y la buena fama más que la plata y el oro" (Prov. 22:1). Además, la reputación de Dios, de la familia, de la persona, del evangelio y de la iglesia está en juego cada vez que estamos tentados a ceder al pecado. Pedro subrayó la importancia de nuestra conducta, "manteniendo buena vuestra manera *de vivir* entre los gentiles; para que en lo que murmuran de vosotros como de malhechores, glorifiquen a Dios en el día de la visitación, al considerar vuestras buenas obras".

La integridad que habla por sí sola es la que se practica cada día y puede ser vista de cerca y de lejos (Job 31). Solo que requiere carácter, seguridad y autoridad moral como la de Job quien no solo Dios lo consideró íntegro (1:1, 2:3) sino que él mismo lo afirmó ante las injustas acusaciones de sus tres amigos. Pero es necesario ser paciente, persistente y convincente al no declinar en su postura, mantener el temple con respeto y basado en su inocencia saber esperar en la decisión final de Dios (31:1-6). Aparte de todo, quién es íntegro, somete su vida al examen de Dios, está dispuesto a reconocer su falla si esta existe (31:7-40) y sin reclamo aceptar el castigo cuando justamente lo merece.

¿Qué incluye la práctica de la integridad?

Con una simple lectura del Salmo 15, Dios nos hace entender lo que significa practicar la integridad. Aunque parezca fácil, ser íntegro requiere renuncia, entrega, compromiso y carácter. Significa: primero, cuidar el corazón bloqueando lo que entra por los *ojos* (Hacer un pacto) (v.1). Este es el pacto que Job hace en el capítulo 31. Tanto los médicos como los psicólogos dan mucha importancia a lo que entra por los ojos. 1 Juan 2:15-17 dice que los deseos de los ojos no proceden del Padre, sino de la carne, del mundo y del diablo.

Una segunda cosa que incluye cuidar el corazón consagrado es la *mente* (v.9-11) (Ro. 12:1). El apóstol Pablo da suma importancia a la pureza que debe haber en la mente, dice que se debe renovar, limpiar y guardar solo para Dios. Tenemos la mente de Cristo, y esa mente debe estar gobernada por el Espíritu Santo para que no anide basura, suciedad, cosas que no ayudan al crecimiento espiritual, ni agradan a Dios. Con una mente renovada, consagrada, y entregada a Dios es que se conoce y se disfruta la voluntad de Dios.

Por último, es cuidar el corazón rindiendo la *voluntad* al control del Espíritu para tomar decisiones basadas en las convicciones espirituales (Pro. 4:23) (Salmo 119:9-11) (Ef. 5:18). Esto es muy necesario, cuidar los ojos, la mente y la voluntad. En resumen, Pablo diría, vestirnos del hombre nuevo, es cuidar del hombre interior. Esto es lo que Jesús Adrián Romero trata de decir cuando escribió el himno: "Hacemos hoy", hacer un pacto de integridad:

Hacemos hoy ante tu altar
un compromiso de vivir en santidad.
Hacemos hoy ante tu altar
un pacto de hombre que te quieren agradar.
Con manos limpias corazón puro para ti.

Hacemos hoy ante tu altar
un compromiso de vivir en santidad.
Hacemos hoy ante tu altar
un pacto de hombre que te quieren agradar.
Con manos limpias corazón puro para ti.

Cuidaré mis ojos, cuidaré mis manos,
cuidaré mi corazón, de todo lo
vano, de todo lo vano, no te quiero fallar jamás.
Cuidaré mis ojos, cuidaré mis manos,
cuidaré mi corazón, de todo lo
vano, de todo lo vano, no te quiero fallar jamás.

La *integridad* resulta de una relación santa con Dios y de un comportamiento transparente y recto delante de su prójimo (cónyuge, hijos, padres, hermanos, amigos, etc.). La falta de carácter y decisión para decir no a lo que es injusto, inmoral, deshonesto, engañoso, irresponsable, incorrecto y dañino para los demás, es lo que está desvalorizando la importancia de la práctica de la integridad en la sociedad, en la iglesia y en la familia. ¿Se da cuenta usted de cuán importante es tener carácter y decisión para terminar con transacciones, relaciones, amistades, hábitos, costumbres, prácticas que no están de acuerdo con la vida de integridad? A veces es mejor decir "no", "hasta aquí", "olvídalo", "no lo intentes", "basta ya", "no lo vuelvas a hacer", "no vuelvas a buscarme" en vez de seguir engañándote a ti mismo, ofendiendo a los demás, e irrespetando a Dios con las cosas que piensas, sientes y haces.

Ser íntegro y practicar la integridad es aprender a vivir lo que Pablo enseña en (Fil. 4:8-9). La integridad inicia en el momento que creemos en Jesús y se desarrolla durante toda nuestra vida sobre la tierra. Por tal razón, nunca es tarde para comenzar a ser íntegro, y nunca se es demasiado viejo para seguir siendo íntegro, y finalmente. La integridad tiene buena paga, aunque no lo veas hoy, porque está a veces llega muchos años después, en nuestros hijos y/o cuando lleguemos con Cristo. Con todo, vale la pena ser íntegro independientemente de lo que recibamos, pues con solo el hecho de saber que se es íntegro da satisfacción y esa ya es una recompensa.

La integridad tiene su costo

Nadie puede decir que la integridad es un valor fácil de practicar. Al contrario, para ser íntegro se requiere carácter, determinación, lealtad y compromiso. La integridad puede ser comparada con la irreprensibilidad y esta a su vez con el buen testimonio. Si ser íntegro es ser irreprensible; esto significa que se refiere a quien no tiene nada por lo cual ser censurado o señalado. Esto conlleva a algunas personas a ver esto como algo imposible humanamente.

La integridad incluye la totalidad de la persona: sentimientos, pensamientos y decisiones. En otras palabras, incluye las emociones, la inteligencia y la voluntad. Dentro de estas tres partes, se puede resumir dos, el hombre interior y el hombre exterior, ambos deben mantenerse en una condición de aprobación de parte de Dios y de los que le rodean. Así que, cuando se dice que una persona es de carácter íntegro, se está diciendo que es de buena moral, de buen testimonio, honesto, sincero, coherente y con una ética correcta.

Dios dice que Job era recto, perfecto, justo, temeroso y apartado del mal. Job sabía que su carácter era recto e íntegro por eso insistía en decir que era inocente, pero no entiende porque sus amigos lo señalan de pecador y porque Dios lo ha abandonado. Uno mismo se da cuenta cuando ha dejado de ser íntegro, y el Espíritu pronto nos lo hace saber. La naturaleza pecaminosa está pronta a impulsarnos a hacer cosas en contra de la integridad. Sin embargo, en el momento de reconocer los errores es cuando la integridad es restaurada ante Dios, pero puede que se tome tiempo para ser restaurada ante los demás y hay que lidiar con las consecuencias.

A esta integridad se aferra Job en el capítulo 31. Yo les dije que para ser íntegro se requiere carácter, determinación, lealtad y compromiso. Carácter por el valor que se necesita no solo para renunciar al error sino para defender su integridad ante las fuertes acusaciones de sus enemigos, y ante la incomprensión por la crisis en que está. Sin embargo, en lo profundo de su ser, basado en algo que solo él y Dios saben, que es su integridad, Job recurre a Dios quien atestiguará a favor de su integridad.

Esto es maravilloso, la seguridad con que Job habla. Dicha seguridad la basa en el conocimiento pleno que tiene de su persona. Sabe que es inocente, sabe que sus amigos están equivocados, y aunque no entiende por qué sufre, está seguro de su inocencia. Las cosas van cambiando, pues a pesar de las injustas acusaciones de sus amigos, Job le dice a Dios que lo evalúe poniendo su integridad en una balanza (31:6), y lo hace porque está seguro de su inocencia y que Dios lo defenderá (31:35).

Me gustaría saber si tú tienes esa misma seguridad de tu inocencia e integridad. Job dice que para ser íntegro se necesita hacer un pacto con los ojos (31:1). ¿Por qué los ojos? La mayoría de los doctores detectan muchas enfermedades con solo mirar los ojos. Pero también está la afirmación científica y psicológica que por la vista es que recibe la mayor información que provocan sentimientos, pensamientos y acciones. Dios ha revelado en su palabra que por los ojos entra la mayoría de los pecados (1 Juan 2:15-17). ¿Quién no comete pecado con los ojos? Con los ojos hacemos malas miradas, pero por los ojos entran miradas desagradables a Dios. ¿Qué vemos todos los días con los ojos? Solamente los ciegos no cometen pecados con los ojos, pero los ciegos cometen otra clase de pecados. Es por esta razón que Job hace un pacto con los ojos para mirar solo lo que está de acuerdo con su identidad, su relación con Dios y su vida íntegra.

Termino preguntando, de todo lo que ves en el día, ¿Cuántas cosas realmente honran a Dios, están de acuerdo con su Palabra o demuestran el amor de Dios? ¿Cuántas de las cosas que ves provocan la carne, sientes cosas incorrectas, deseas hacer cosas que no agradan a Dios o que simplemente están en contra de lo que la Biblia ordena? Ser íntegro es un asunto difícil, pero es la mejor manera para que el evangelio cambie la vida de la humanidad. Cristianos íntegros es lo que Dios está buscando, de buen testimonio, que no tengan nada por lo cual puedan ser señalados; que su ética y comportamiento, que lo que ve con sus ojos no entristezcan al Espíritu Santo.

Por favor, si estás haciendo algo o si estás pensando hacer algo, o si con tus ojos estás deseando algo que no está de acuerdo con tu identidad cristiana, a lo que Dios ha escrito en su Palabra, con carácter y decisión, renuncie de inmediato. Dios perdona el pecado, y restaura la integridad con él, aunque las consecuencias tendrán que experimentarlas con tal de que más tarde, la integridad sea restaurada totalmente. No descuides tu integridad, pide a Dios con todo el corazón que te ayude a mantenerla, todos los días en oración haz un pacto con tus ojos, con tu mente, con tu corazón, con tus manos, para mantenerte íntegro delante de Dios.

Integridad en la forma
de pensar, sentir y actuar.

La Biblia dice, ¿con qué limpiará el joven su camino? (Sal. 119:9). La respuesta es, con guardar su Palabra y haciendo un pacto con el hombre interior que tiene su base de operación en el corazón (Job 31:1). Aquí encontramos la explicación de por qué se nos dice que, sobre todas las cosas guardadas, el corazón debe tener prioridad, porque este es el motor, almacén, y el banco de todos los movimientos del cuerpo (Prov. 4:23). Puede ser comparado con el Central de Mayoreo de Guatemala, o la Tiendona de El Salvador, o el Centro de abastecimiento de México o las mega tiendas en los Estados Unidos que sirven como Centros que surte la mesa de todos los hogares de las metrópolis de estos países.

El corazón recibe toda la información que viene del mundo, la examina, la purifica, y la clasifica; luego la distribuye según su especie y finalmente, la mente la ordena según prioridad, calidad, e importancia y uso. En una clase de la ACEI de nuestra iglesia pregunté sobre el orden con que llegan, se sienten y se hacen algunas cosas. Por ejemplo, ¿Qué es primero, el sentimiento, el pensamiento o la acción? No olvidar que Dios ha hecho un trato con el corazón, y que, con este órgano vital del ser humano, Dios se comunica, responsabiliza, y utiliza. Así que, con justa razón el salmista exhorta a que cuidemos en primer lugar el corazón, porque de este salen los buenos y malos sentimientos, pensamientos, acciones y los hechos.

Integridad en la forma de hablar

Hablar no cuesta nada, pero hablar bien es todo un arte. En otro espacio he dicho que debemos aprender a hablar sin tapujos o rodeos, pero a esa sinceridad se le debe acompañar sabiduría, amor, tacto y mucho cuidado. Integridad al hablar tiene que ver especialmente con decir la verdad, hablar sin malicia, hablar con un solo sentido, no con malas intenciones, y mucho menos con hipocresía. Hablar con integridad es hablar con honestidad, puntualmente, sin manipulación, sin adulación, libre de intereses mezquinos, sin hacer acepción de personas, sin favoritismo y ni parcialidad.

La sociedad del siglo XXI está caracterizada por la falta de honestidad. Por ejemplo, es muy frecuente quedarse callado ante algo con tal de no meterse en problemas permitiendo así que se cometan injusticias. Se deja de hacer un favor a alguien simplemente porque no se quiere cuando si tiene las posibilidades para hacerlo. Se prefiere hacer un trámite directamente con determinada institución porque se desconfía de una persona que puede ayudarle, pero no le dicen a esta persona que desconfían de él o ella. Es rechazada una invitación bajo el pretexto de que no tiene tiempo cuando lo que está haciendo es evitar pasar tiempo con esas personas, de manera que miente.

Es increíble la cantidad de veces que no se es íntegro al hablar. Cuando se miente, cuando se dice la verdad a medias, cuando se agrega a una verdad o a una mentira, cuando se dice una cosa frente a la persona y a sus espaldas dice otra. La Biblia dice que en las muchas palabras hay pecado (Prov. 10:19), pero también dice que quien no habla cuando debe hablar es pecado. Es por ello por lo que cuando se habla, se debe saber hablar, con la verdad, sabiduría, educación, respeto, amor y tacto.

Pastor, me dijo el hermano Rodolfo, ¿Qué prefiere usted, ser un hipócrita que decide comer algo que no le gusta pero que lo hace con tal de complacer a la familia que lo ha invitado o ser franco y directo al decir, no quiero porque no me gusta la comida? Yo le respondí, claro hay que ser honestos, pero también educado y sabio al responder de buena manera. Quiere decir que la verdad se debe decir en todo tiempo, solo que se debe tener cuidado en la forma como se dice. Decir las cosas, verdades que duelen, en el momento oportuno, en la manera más sabia, es mejor que mentir con tal de evitar un dolor.

Integridad en la casa, en el trabajo, en la calle.

¿Cómo mantener la integridad intacta mientras caminas por las calles o manejas el vehículo? ¿Cómo mantenerse íntegro en el trabajo cuando todos los que te rodean tienen malos hábitos y una ética postmoderna? Más difícil es mantener la integridad dentro de la casa donde todos te ven y te conocen. No olvides que integridad se define como ser entero, completo, y está relacionado con ser irreprensible, sin tacha, sin nada que motive a ser señalado.

Integridad en el uso del tiempo, en la calidad de trabajo que haces, en las correctas motivaciones con que lo haces. Integridad en la forma que miras mientras vas por la calle, en la manera como manejas, en los pensamientos que anidas mientras ves a otras personas. No es perfección, pero si buen testimonio ante tus compañeros por la forma como hablas, actúas, con los buenos modales, en la disposición de servir y en el respeto hacia los demás.

¿Cómo eres en la casa? ¿Descuidado, mal hablado, malhumorado o eres ordenando, servicial, cuidadoso, amable, educado, respetuoso? Se escucha con frecuencia el refrán, "candil de la calle y oscuridad de la casa". Esto equivale a lo que dijo Salomón, "Me dieron a cuidar la viña y la viña que era mía no cuidé" (Cantares 1:6). Mi esposa me dijo una frase que me cayó como un balde de agua fría, "que bonito, en la iglesia le sonríes a todas las personas, pero cuando llegas a la casa vienes aburrido, empurrado y ni hablas". Alguien me dijo un día de estos, "mire pastor, mi esposo en la casa es todo lo contrario a lo que es en la iglesia. Allá es amigable, sonriente, saluda, pero nomás llega a la casa; comienzan los gritos, las respuestas ásperas, enojado, aburrido. No dan ganas ni de hablarle". ¿No es esto falta de integridad?

La práctica de la integridad exige coherencia entre el ser y el hacer, entre lo que creo y lo que vivo, entre las palabras y los hechos, en ser la misma persona en la calle, en el trabajo, en la casa y en la iglesia. Si somos hijos de Dios, debemos ser íntegros en todo lugar.

Integridad matrimonial, ministerial y relacional

La integridad ha de expresarse siguiendo un orden de prioridad para que cada nivel esté acompañado de autoridad moral.

Lo correcto es que el hijo de Dios tenga una relación íntegra con Dios, pero esta solo es demostrada o justificada cuando mostramos integridad dentro del matrimonio, dentro del ministerio, y en las relaciones fraternales o de amistad con otras personas. Las relaciones en todo nivel llegan a ser estables, saludables y beneficiosas en la medida que se construyan sobre un pacto de integridad.

Nadie puede decir que es un buen trabajador, padre, amigo, ciudadano, cristiano, siervo, líder, y miembro de la iglesia solo porque las personas lo felicitan y lo alaban por lo que hace. Con frecuencia nos hemos encontrado que las personas más famosas, las que están al frente, y las más intelectuales son las personas más deshonestas al usar varias máscaras; la del templo, la del trabajo, la de la calle y la de la casa. Esto es muy lamentable, que frente a las personas aparentan rectitud, educación, amabilidad, pero en los trabajos, en las casas, en el matrimonio hay contiendas, discusiones, pleitos, gritos, ofensas e insultos. Todo esto es falta de integridad. Cuando un ministerio o un trabajo se hacen con orgullo, doble intención y no se mantiene la honestidad, la equidad o igualdad, es falta de integridad o rectitud.

En fin, se debe ser recto en todo sentido, cabal en todas las cosas, justo y honesto en cada cosa que sentimos, pensamos, decimos y hacemos. La Biblia dice, "sed santos en toda vuestra manera de vivir" (1 Pe. 1:15). Dios dice que Job era un hombre recto, justo, temeroso y apartado de todo mal (Job 1:1-3). Lo maravilloso de Job es que toda la gente de su alrededor sabía de su integridad, bueno excepto sus amigos. Íntegro en los negocios, en los tratos, en los convenios, en las decisiones, en las convicciones, en las amistades, etc.

Necesitamos restaurar este valor, el ser íntegro en todo sentido, en todas las cosas, en todas las relaciones, en todas las transacciones y en cualquiera que sea la circunstancia de la vida. Una sociedad formada por personas con integridad asegura una vida de concordia, paz, armonía, salud, estabilidad, pureza, y bienestar o prosperidad. En cuanto esté de su parte, esfuércese por ser entero, completo, recto, íntegro, honesto, cabal, en todo. Comience en su relación con Dios, sea recto, temeroso, leal y fiel a Dios en todo. Luego, practique esta integridad en su casa, si está casado sea íntegro con su cónyuge, si no es casado en su relación y trato con sus padres y hermanos (as). En el orden correcto, sea cabal, de buen testimonio o admirable reputación en el trabajo, estudio o iglesia. No se olvide, mantenga este valor en el resto de las relaciones, actividades, etc. Si eres hijo de Dios debes ser íntegro en todo lugar, en todo tiempo y en toda vuestra manera de vivir.

Preguntas de discusión

1. ¿Qué cosas de la cultura postmoderna considera que están eliminando el valor de la integridad?

2. ¿Por qué es tan necesario y urgente restaurar el valor de la integridad?

3. ¿Dónde debe comenzar la integridad?

4. ¿Qué pasos prácticos se deben dar para impulsar o promover la integridad como un valor beneficioso para la sociedad del siglo XXI?

Primero:

Segundo:

Tercero:

9
La grandeza está en la pequeñez

Leí "La carreta vacía" y me encantó. Caminaba con mi padre cuando él se detuvo en una curva y después de un pequeño silencio me preguntó: Además del cantar de los pájaros, ¿escuchas alguna cosa más? Agudicé mis oídos y algunos segundos después le respondí: Estoy escuchando el ruido de una carreta. Eso es -dijo mi padre-. Es una carreta vacía. Pregunté a mi padre: ¿Cómo sabes que es una carreta vacía, si aún no la vemos? Entonces mi padre respondió: Es muy fácil saber cuándo una carreta está vacía, por el ruido. Cuanto más vacía la carreta, mayor es el ruido que hace. Me convertí en adulto, y ahora, cuando veo a una persona hablando demasiado, interrumpiendo la conversación de todos, siendo inoportuna o violenta, presumiendo de lo que tiene, sintiéndose prepotente y haciendo de menos a la gente, tengo la impresión de oír la voz de mi padre diciendo: "Cuanto más vacía la carreta, mayor es el ruido que hace". La humildad consiste en callar nuestras virtudes y permitirle a los demás descubrirlas. Nadie está más vacío que aquel que está lleno de sí mismo.

¿Quién es mejor? El rico o el pobre, el profesional o el no profesional, el alto o el bajito, la mujer o el hombre, el joven o el viejo, el soldado o el capitán, etc. Me encantan los contrastes, las paradojas. El primer lugar o el último, la mejor comida o la peor, lo que le gusta a usted o lo que le gusta a los demás, ama que aplaudan a otro por el premio o que le aplaudan a usted. Le gusta ganar o perder, perdonar o que le pidan perdón, etc. Sobre estos contrastes o paradojas, el Dr. Gerardo Alfaro escribo:

Jesús es la paradoja perfecta. Tan lejos pero tan cerca. Tan parecido y diferente. Tan lleno de amor y tan lleno de severidad. Tan lleno de perdón y tan lleno de juicio. Tan alto y humilde. Tan nuestro, tan dueño. Tan Señor y tan siervo. Tan divino y humano. Tan antes, tan hoy, tan futuro, tan siempre. Solo Dios puede entenderlo, solo el Espíritu puede escudriñarlo. Solo Jesús puede entender a ambos.[103]

Con todo, Jesús en su más profunda pequeñez sigue siendo el más excelso Dios, Grande y Poderoso. De fondo, lo que hace grande a una persona no es lo que tiene, lo que puede ser sino su humildad o lo que es. Gran valor que escasea en nuestro tiempo. El valor de la humildad escasea porque el siglo XXI se caracteriza por el hedonismo, humanismo, individualismo, materialismo, consumismo, modernismo, tecnicismo, y no tanto el compañerismo y la valorización de la otra persona.

Es una idea que va en contra del principio natural

Jesús dijo que si alguno quiere ser grande antes debe ser pequeño, si desea estar en un puesto alto antes debe estar en uno muy bajo, y si alguien quiere ser Señor antes debe ser un siervo. El secreto de la grandeza está en aprender a ser pequeño y a esto se refirió Jesús cuando dijo "el que se humille será exaltado" a lo que Juan el Bautista dijo: "Es necesario que Jesús crezca y que yo mengue". Esta es la paradoja de la vida cristiana que no ha sido entendida y mucho menos practicada. Si alguien te golpea en la mejilla ponle la otra. Si estás enfermo alaba a Dios. Es necesario menguar para crecer, morir para vivir.

La sociedad actual necesita rescatar el valor de la humildad, del servicio, el de no mirar por lo suyo propio en primer lugar

---

103   Gerardo Alfaro, Jesús es la paradoja perfecta, facebook el día 07 de agosto de 2013.

y el de no buscar solo lo mejor para uno. Alcanzar el valor de la humildad requiere un precio alto, requiere que muramos al ego, a nosotros y al hedonismo que no es más que la esencia del orgullo, soberbia, materialismo. Es el espíritu natural del ser humano que se enfoca en sí mismo y que es incapaz de pensar en los demás y mucho menos en el bien de los demás.

¿Por qué razón la sociedad postmoderna del siglo XXI cada día se caracteriza más por ser individualista donde las personas prefieren separarse de los demás en vez de acercarse? El pensamiento "no necesitamos a los demás para vivir, para ser feliz y para conseguir lo que nos propongamos" cada momento es más fuerte y frecuente. Esto no es otra cosa que orgullo, opuesto a la humildad. Un espíritu carnal actúa internamente que incapacita para reconocer nuestros errores y doblegarnos ante los demás en señal de que consideramos a los demás como mejores y superiores a nosotros mismos. La Biblia dice que debemos considerar a los demás como superiores a nosotros mismos y buscar lo mejor para ellos antes que nosotros mismos. Escuché esta frase por primera vez en labios de mi amigo Jim Adams, y que él lo había tomado del libro escrito por Rick Warren, que humildad no consiste en pensar menos en uno mismo y sino pensar menos en uno mismo.

Esta es la filosofía de vida que lleva a la victoria.

Tiene que ver con un estilo de vida de dependencia. José comenzó como un almuercero y Dios lo hizo el segundo en el reino de Egipto. Daniel fue llevado a Babilonia como esclavo y terminó siendo el segundo en el reino. David siendo un simple pastor de ovejas, mejor dicho, un almuercero, llegó a ser uno de los más grandes reyes de Israel. San Pablo por ser perseguidor se consideró el más pequeño de los apóstoles, pero Dios lo llevó a ser el apóstol más grande del Nuevo Testamento. El máximo ejemplo es

Jesús que, habiendo nacido en un pesebre, y morir en una cruz, Dios lo nombró Señor de Señores. La esencia de la humildad la encontramos en nuestro Señor Jesús. La clave de todo está en dos cosas: José, Moisés, David, Daniel, Jesús y Pablo, respetaban, temían, amaban y servían a Dios. La Biblia dice que "Jehová estaba con José, y todo lo que hacía lo prosperaba". Dice que Moisés fue el varón de Dios y David era conforme al corazón de Dios. Cuando hay sometimiento, Dios se encarga de que todo salga bien, porque estamos dentro de su plan y de su voluntad.

Daniel, un joven esclavo de los judíos, Dios lo hizo el segundo durante tres reinados: Nabucodonosor, Nabopolasar, Darío-Ciro: Babilónico y Medo-Persa. De la misma manera que José, el secreto de su victoria fue el temor, respeto y la obediencia hacia Dios. La buena relación con Dios es lo que le hizo ser fiel, mantener sus convicciones y por ningún momento fallarle a Dios y como resultado, Dios le dio gracia, sabiduría y poder para ponerlo en el reino por muchos años. A estas personas Dios les dio la victoria. Dependencia significa confiar, esperar, obedecer y reconocer a alguien que es superior y capaz de ayudarlo, y que merece todo el reconocimiento, respeto, obediencia y lealtad. Entonces, la grandeza de una persona está en saber depender de Dios, y eso es humildad.

Tiene que ver con actitud, convicción, carácter y humildad. En esta parte, descubriremos algunos principios de la grandeza del pequeño David quien con actitud positiva, carácter definido y profunda convicción en su relación con Dios enfrentó, desafió, retó y derrotó al gigante Goliat, el gran enemigo de los israelitas y de Dios (1 Sa. 17). Antes de develar estos principios de la grandeza según Dios enseñados a través del ejemplo de David, haremos una comparación entre los dos oponentes.

<table>
<tr><td>

GOLIAT:
Paladín del ejército filisteo

Soldado gigante de Gat (Media 6 codos y un palmo o sea 2.9 metros de altura) Robert Wadlow quien mantiene el récord Guinness del hombre más alto en la historia moderna medía 2,72 metros a la edad de 22 años.

Paladín (general) experimentado en guerra del ejército filisteo. Casco de bronce en la cabeza, armadura de malla que pesa 57 kg y la lanza unos 7 kg.

Un guerrero grande en arrogancia desafía a Dios y al pueblo Israel (17:8-10), durante 40 días (v.16).

</td><td>

DAVID:
Paladín del ejército israelita

David, **Joven inexperto** en guerra, pero ungido como Rey, el menor de todos sus hermanos, un adolescente que no alcanzaba la edad para el servicio militar (1 Sa.16:11), estatura normal, pero con hermosura especial.

Pastor de ovejas (17:15)
Músico de arpa (16:18,23)
Almuercero de sus hermanos

Sus armas, 5 piedras y una honda de mano. Ante esto, el pueblo se turbó y sintió miedo, pero el joven David, aun sin armas, traje, con valor no solo para matar leones, osos, sino para enfrentarse a Goliat (20-26, 33).

</td></tr>
</table>

¿Qué Goliat se está acercando a ti? Enfermedades, problemas familiares, dificultades económicas, relaciones interpersonales, cualquier problema, alguna tentación con el sexo opuesto; la salida es guardar el corazón en temor, respeto, reverencia, santidad, y dependencia. Dios siempre nos fortalece, nos anima y nos exhorta con sus palabras. Dt. 7:21 dice: "No desmayes delante de ellos, porque Jehová tu Dios está en medio de ti, Dios grande y temible. Dios es más grande y poderoso que cualquier enemigo, adversario, dificultad u obstáculo." Dios te da las fuerzas suficientes para ganar.

Un día se acercó un periodista al expresidente de los Estados Unidos, el Sr. Lincoln y le pregunta: "Ud. ¿dónde cree que esté el secreto de su sorprendente éxito?" Lincoln que sonrió dijo. Eso es porque he fracasado más que otras personas. Cada vez que fracasaba aprendía la voluntad de Dios, y esa experiencia la utilizaba como puente. Satanás cada vez que fracasaba me engañaba diciendo "Ahora ya estás acabado". Sin embargo, cada vez que yo fracasaba Dios me decía "aprende de este fracaso y haz desafíos más grandes".

Perdió 7 veces las elecciones, fracasó 2 veces en su negocio y para pagar todas sus deudas tuvieron que transcurrir unos 17 años. A los 10 años perdió a su madre, y a los 20 a su hermana mayor Sara. Incluso, cuando tenía 27 años, fallece su comprometida por una enfermedad repentina, a los 42 años pierde a su segundo hijo Edward de 5 años y a los 53 pierde a su tercer hijo William de 13 años.

Además, fracasó muchas veces en las elecciones a senador o a diputado y presidente.

> En 1832, a los 24 años pierde las elecciones para miembro parlamentario.

> En 1838, a los 30 años pierde la presidencia de la Asamblea Nacional.

> En 1840, a los 32 años pierde las elecciones para candidatos presidenciales.

> En 1844, a los 36 años queda excluido de la lista como candidato a senador.

> En 1855, a los 47 años pierde las elecciones para senador.

> En 1856, a los 48 años pierde las elecciones presidenciales.

> En 1858, a los 50 años pierde las elecciones para senador.

Lincoln no tenía miedo al fracaso, la desdicha, la desgracia ni a la preocupación, él creía que a los que aman a Dios todas las cosas les ayuda a bien. Finalmente, en 1861 venciendo todo fracaso, se hizo realidad su sueño al ser el 16º presidente de los Estados Unidos.

Si tú sientes que has fracasado en todo es porque dentro de ti no has valorado lo grande que eres. Cambia tu forma de pensar, sentir y actuar, valora tu vida, y no te detengas por el fracaso, toma fuerzas para enfrentarte al siguiente reto. Un fracaso, dos fracasos, tres fracasos, cuatro fracasos, cinco fracasos, seis fracasos, y siete fracasos no son lo suficientemente fuertes y capaces de detener al Dios que te ha creado y que tiene un plan y un propósito para tu vida, que no es ser un fracasado, sino todo un vencedor. Lincoln no tenía miedo al fracaso y dijo: De fracaso en fracaso llegué a ser el decimosexto presidente de Los Estados Unidos.

La victoria de David sobre Goliat

David confiaba plenamente en Jehová de los ejércitos y salió a la batalla en Su Nombre, (1 Sa 17:45) y dijo: Tú vienes a mí con espada y lanza y jabalina; mas yo vengo a ti en el nombre de Jehová de los ejércitos, el Dios de los escuadrones de Israel, a quien tú has provocado. El arma de David era la fe en el nombre de Jehová de los ejércitos. Sal 20:7 "Estos confían en carros, y aquéllos en caballos; Mas nosotros del nombre de Jehová nuestro Dios tendremos memoria". "Jehová de los ejércitos, es nuestro Dios poderoso" (Sal 84:12). "Jehová de los ejércitos, Dichoso el hombre que en ti confía".

Observe la actitud, el carácter, la seguridad, la convicción y sobre todo la fe de David al enfrentarse a Goliat, el gigante. Mientras David hablaba con los soldados, Goliat se puso en medio de los dos campamentos y habló las mismas palabras de desafío y reto y las oyó David (v.23). Mientras que todos huían con miedo, David dijo: *"¿Quién es este incircunciso, para que provoque a los escuadrones del Dios viviente?"* (v.24, 26). Palabras que llegaron a oídos del rey Saúl (v.31).

David dijo al rey Saúl: "No desmaye tu corazón, tu siervo irá y peleará contra este filisteo" (v.32) aunque es solo un muchacho y Goliat un hombre de guerra (v.33). Yo he matado leones, osos y este incircunciso será como uno de ellos, porque ha provocado al ejército del Dios viviente" (v.36). Jehová, que ***me ha librado*** de estos animales, me librará de este filisteo" Saúl dijo: Ve y Jehová esté contigo (v.37). David tomó su cayado en su mano y escogió 5 piedras lisas del arroyo y las puso en el saco pastoril. Luego tomó su honda en su mano y se fue hacia el filisteo. (v.40). Cuando el filisteo vio a David, *lo tuvo en poco*, porque era muchacho (v.42) y maldijo a David y a sus dioses (v.43). Goliat consideró esto un insulto, pelear con un muchacho. Jamás subestimes al enemigo, o atacas con valor en el nombre de Dios, o huyes con determinación para defender tu identidad, la que pone en alto a Dios.

La mayor debilidad que lleva al hombre al fracaso y derrota es su autoconfianza y su autoinmunidad espiritual ante la caída, derrota, o fracaso, al creer que es imposible fracasar. Es la mayor debilidad y la más grande trampa que Satanás ha usado para que grandes fracasen al olvidarse de Dios, y olvidarse que cada día es una batalla la que hay que enfrentar, por lo tanto, se necesita todos los días depender de Dios, confiar en él, y esperar en él.

El secreto de la grandeza de David

El centro de la demostración de la fe, la convicción y el carácter de David lo vemos en los versículos 45-47 del capítulo 17. Primero está la grandeza en el hombre interior, el corazón (1 Sa. 16:7) y no en el cuerpo. Segundo, la grandeza está en el hombre que se deja controlar por el Espíritu Santo (1 Sa.16:13) y no por las fuerzas de la carne. Tercero, 1 Sa. 17:45-47 la grandeza está en el hombre cuando es reconocida por otras personas y no por sí mismo (16:18). Finalmente, la grandeza se ve en el carácter al defender su fe, sus convicciones y estar dispuesto a luchar por sus valores y a los suyos (17:20-26).

El secreto de la grandeza de Jesús

Definitivamente, fue *Jesús quien nos dio el mejor ejemplo* de cómo ser grande: nació en un lugar humilde, vivió con una familia sencilla, caminó, sirvió, ayudó, defendió a la gente humilde y murió como un esclavo, pero declarado Señor de todo y de todos. Sin embargo, también hemos aprendimos de David que *siendo pequeño venció a un gigante* sin los brazos y piernas de Schwarzenegger, ni la inteligencia de Steve Jobs, ni la estatura de Goliat. Lo hizo solo con la actitud, carácter y la convicción que le dio el depender y creer solo en el nombre de Dios.

En fin, todos podemos llegar a ser grandes si tan solo aprendemos a ser humildes. Todos podemos vencer al Goliat que nos ataca, si lo hacemos en el nombre de Jesús, creyendo que Dios está con nosotros. La grandeza de una iglesia no está en la cantidad de miembros sino en la humildad de cada miembro como estilo de vida. Jesús dijo, si alguno quiere ser grande, antes debe ser como un niño (Mr.10:43-45).

¿Quisiera ser grande como José, David, Job, Daniel, Pablo y Jesús? Solo debe confiar en Dios, ser humilde como Jesús, muy pequeño en la tierra para llegar a ser grande en el reino.

Preguntas

1. ¿Dónde está el secreto de la grandeza?

2. ¿Qué personajes en la Biblia sabe usted que fueron humildes, pequeños pero que Dios los llevó a lugares, puestos, posiciones y privilegios grandes?

3. ¿Conoce usted a alguien fuera de la Biblia que le ha impactado por la manera como se ha superado hasta llegar a tener un lugar de reconocimiento aun cuando su origen fue humilde, sencillo, y aun de pobreza?

4. ¿Qué elementos considera usted que se debe practicar para ser humilde?

5. ¿Hasta qué punto debemos ser humildes ante la provocación de otros?

10
La tolerancia no siempre es la mejor alternativa

Hace unos años leí un libro escrito por el famoso exponente, Josh McDowell titulado *"La nueva tolerancia"*.[104] Lo leí para el cumplimiento de una tarea en Maestría con el Dr. Danny Carroll, pues necesitaba hacer una monografía sobre "La proclama (El kerigma) del evangelio entre los hispanos en Estados Unidos". Fue en ese libro donde descubrí **el otro sentido de la tolerancia**, movimiento que se ha infiltrado no solo en la sociedad norteamericana sino en la del mundo entero, pero también en la mentalidad de los cristianos. Esta moda o estilo de vida está aliada con el movimiento de **la nueva era**, donde hay un sincretismo o mezcla de toda clase de pensamiento, ideología, teología y creencias para crear una religión apóstata, aglomerando así a la mayoría de los habitantes del mundo al darles libertad para que vivan como quieran aquietándoles la conciencia al decirles que son parte de esta nueva forma de creer. Es la nueva expresión del postmodernismo del siglo XXI, conocido desde hace muchos años como la globalización que está permeando en todas las estructuras de la sociedad llevándola a un caos anárquico.

Dos perspectivas sobre la tolerancia

La nueva tolerancia consiste en dar libertad a la razón donde cada persona determina lo que es bueno, correcto y verdadero o no, en vez de someterse a los lineamientos que establece Dios en su Palabra. Va de la mano con la ética situacional donde el fin jus-

---

104   Recomiendo encarecidamente este libro de Josh McDowell. Es excelente por el uso de la Biblia que hace al enfrentar y discutir el tema de la nueva tolerancia.

tifica los medios. Todo lo que hagas mientras tengas en mente un buen fin, no importa como lo hagas. Así que, una persona puede desobedecer, robar, secuestrar, matar y violar si el fin es justificable, el ayudar a una fundación. Por ejemplo, ayudar a una organización de niños desamparados, o enviar el dinero a los países más pobres como Haití, aun cuando ese dinero sea el resultado de un fraude, una estafa, robo de un banco, o un engaño. Llega un momento donde la razón es lo que determina lo que es bueno y lo que es malo olvidándose realmente de lo que es prioridad, de lo que es importante, lo que Dios manda que se deba hacer y lo que la Biblia ordena que se haga. Cuando la razón hace alianza y equipo con los sentimientos en contra de las convicciones, la verdad absoluta, la fe, y los absolutos divinos escritos en la Biblia, termina en caos total la sociedad actual.

Hay otro significado para tolerancia que la Biblia traduce como la capacidad de soportar a los demás por amor, lo cual no significa tolerar el pecado o el mal. Efesios 4:2 "soportándoos con paciencia los unos a los otros". La Biblia King James usa una sola palabra en inglés para traducir "soportándonos con paciencia" (longsuffering) que se traduce como mantenerse bajo la presión, provocación, sufrimiento sin perder la calma, sin enojarse, actuando con mucho amor, serenidad y consciente de lo que es bueno y lo que es malo. Esta palabra es el equivalente de tener tolerancia en la Biblia. Es casi otro sinónimo de amor y paciencia que todo hijo de Dios debe tener en las relaciones con los demás. La tolerancia bíblica no tolera el pecado, no tolera el mal, no encubre el mal, no coopera con lo que es injusto con tal de recibir remuneración, no se deja controlar por las relaciones familiares o sentimentales para cubrir un crimen, un delito, un pecado, sino que con dolor y ética lo da a conocer.

La tolerancia bíblica ama la lealtad, la integridad, la educación moral, la obediencia a Dios, promueve los valores espirituales, la justicia humana, es correcta, honesta, amable, bondadosa, sincera, corrige, instruye, anima, guía, dice la verdad, enseña la verdad y se conduce según la verdad. El valor que se debe rescatar es la tolerancia bíblica, la que Dios nos enseña, pues es sinónimo de amor, paciencia, contentamiento, rectitud, lealtad y verdad. La tolerancia que promueve el postmodernismo es libertinaje, es egoísta, irresponsable, anti bíblica, es mundana, es contraria al deseo de Dios porque es carnal.

Mal uso de la tolerancia

En este error cayó el sacerdote Elí con sus hijos (1 Sa. 2:22-3:13), y David como padre al lamentar, llorar y enlutar por la muerte de su hijo Absalón (2 Sa. 18:33). Recuerde, una cosa es el amor profundo del padre hacia su hijo que está dispuesto hasta morir en su lugar, pero otra cosa es olvidarse de todos los que lo han apoyado, le han servido, lo han seguido, lo han protegido, por apoyar a su hijo quien ha desacreditado su nombre, su fe, y su buen testimonio. Hacer eso es actuar según la razón, según la relación de padre a hijo, pero no según las leyes establecidas por Dios. David era el rey de Israel, su responsabilidad era reinar, y si alguno atentaba contra su reino o su persona, era atentar contra Dios y su voluntad. Por lo tanto, ese alguien debía ser juzgado y castigado según la ley ordena, aunque sea su propio hijo.

¿Por qué no actuó así con Amón? Pareciera que David tenía favoritismo. Si Absalón hubiera sido un buen hijo, tendría razón por el dolor, lamento, lloro, pero no fue así. Absalón fue un revoltoso, rebelde, malcriado, irrespetuoso, violento, vengativo, tramposo, mentiroso, etc. Pero también su otro hijo Amón fue un abusador, mentiroso, violador, y no se ve que haga algo contra él. Es por ello por lo que, Joab en (2 Sa. 19:1-7) confrontó con autoridad a David, le abrió los ojos del entendimiento, le dijo literalmente que estaba actuando incorrectamente, estaba avergonzando a todo el pueblo y a todo su ejército. Lea despacio los vv. 4-7, y se dará cuenta que la confrontación es fuerte, pero necesaria, genuina, y bien intencionada. Joab estaba siendo usado por Dios para eliminar el mal ejemplo que David estaba dando. En el v.8, observamos que David reaccionó, despertó, reconoció el error en que estaba y de inmediato tomó otra actitud, y se preparó para enfrentar la mala impresión que había dado ante el pueblo.

Es posible que todos
lo hayamos hecho

Todos, es posible, que en alguna ocasión hemos caído en el mismo error de los padres de Jacob y Esaú. Elí y David también sucumbieron ante esta influencia al querer tolerar (cubrir) el error, la falla, la debilidad, la falta, el engaño, el descuido, el berrinche, la niñería, la irresponsabilidad, el mal carácter, la haraganería, la soberbia, el orgullo y el pecado de alguien por ser su hijo o su hija, su hermano o hermana, su esposo o su esposa, su mamá o su papá, su tía o su tío, su amigo o su amiga, su novio o su novia, su cómplice o compañero, el anciano o el diácono, el pastor o la esposa del pastor. Hacer eso es ir en contra de la ética que la Biblia enseña, encubrir o cubrir algo que es pecado o algo que está en contra de las reglas divinas con tal de favorecer o evitar algún tipo de reprimenda, es pecado, es incorrecto. Tales acciones son hacer mal uso de la tolerancia, es actuar con la razón y no con la convicción y los absolutos de la Biblia.

No decir que el niño se comió el pastel que le habían prohibido comer para que no lo regañen o castiguen es pecado. Justificar la ausencia a la iglesia de un hijo o una hija cuando sabemos que faltó por irresponsabilidad, por irse con un amigo o amiga al centro comercial o al mar, es pecado. Esconder el error de un padre o una madre con tal de que no los disciplinen, es pecado. Enojarse con los demás por la disciplina impuesta a un hijo que lo merecía por haber violado y desobedecido la Palabra de Dios es hacer mal uso de la tolerancia, es pecado también. Aplaudir o no decir nada a un niño cuando este le tira el agua sobre la cara a otro niño o le pega a su compañerito, es incorrecto. El no decir nada a los jóvenes cuando estos no cumplen el ministerio o faltan cuando ellos así lo deciden, es irresponsabilidad. Dejar un privilegio que Dios le ha dado sin una aceptable justificación, es falta de responsabilidad, es pecado. Favorecer a alguien porque se siente comprometido por un favor hecho anteriormente es falta de ética.

¿Se da cuenta del error en el que había caído David, creyendo que con llorar y lamentar la muerte de su hijo rebelde estaba demostrando responsabilidad como líder? Ante el pecado o falta de un hijo; la ética y la responsabilidad de los padres son más importantes. No quiere decir, ser inhumano, sin sentimiento, pero cada cosa en su lugar, cada cosa en su tiempo, y para todo hay tiempo. Tenga cuidado usted, *haga buen uso de la tolerancia, pues no siempre es buena, cuidado con dejarse llevar solo por la razón.* La vida cristiana es de fe y convicciones en Dios y su Palabra. Sométase a la Palabra, crea en ella y esta dará los lineamientos a seguir. Y mucho cuidado con este movimiento de la nueva tolerancia que anda por todas las esquinas de las cosas, tratando de eliminar los absolutos, la verdad de Dios y de la Biblia, diciendo que todo lo que tú creas que es bueno y correcto, los demás solo deben aceptarlo, y esto es una gran mentira del diablo.

Abra bien los ojos y los oídos, examine todo a la luz de la Biblia y no a la luz de la razón. Por no ser coherentes con lo que creemos y vivimos, con lo que decimos y hacemos, es que estamos como estamos. Vamos, ten carácter, sé responsable y responde de acuerdo con la herencia familiar, a la cultura del entorno, a la formación bíblica, académica y a la valorización personal regido a su relación personal con la voluntad de Dios y no según lo que le dicta la razón. Personalmente creo que en esta parte está el meollo del asunto, de la problemática, de la confusión de identidad, del cambio de comportamiento, y del rompimiento con los valores que siempre han identificado y guiado muy bien a la sociedad. Claro está, siempre, desde el inicio de la humanidad hasta el día de hoy ha existido un poder, una fuerza, una intención y un plan antagónico, el de hacer lo contrario a lo que Dios ya estipuló. Desde Génesis 3 hasta el día de hoy, Satanás ha luchado por hacer todo lo opuesto al deseo y voluntad de Dios (Ef. 6:12). La sociedad actual está obedeciendo las directrices de este impostor, Satanás, el engañador quien haciendo creer al hombre con manipulación está causando un caos moral, espiritual, social y civil con una cosmovisión incorrecta y pecaminosa.

La nueva tolerancia es el postmodernismo de hoy

No nos engañemos pastores, maestros, teólogos, predicadores, evangelistas, líderes y laicos. Somos responsables de custodiar, obedecer y enseñar todo el consejo de Dios dando el significado único que tiene, el que Dios le dio desde el momento que la inspiró. Debido a que daremos cuenta de esto delante de Dios, el desafío más grande que tenemos es seguir custodiando con lealtad la verdad, siendo celosos de la Biblia, de la doctrina sana, de la misión de Jesús, de la función correcta del Espíritu Santo, y la práctica del amor verdadero según Dios. Es súper necesario que ser fieles a los absolutos, valores y principios originales que están experimentando fuerte lucha y oposición por causa de la influencia del postmodernismo.

Todo lo que encierra la globalización o el postmodernismo bajo la fachada de la nueva tolerancia, la nueva era, la ética situacional, el hedonismo, nuevas modas, y las tendencias liberales, son las muchas cosas que nos están presionando a los pastores por las cuales cada día se hace más difícil su labor. La tarea de hacer esta labor en este siglo XXI es más difícil cuando los pastores, maestros, predicadores, teólogos, evangelistas y escritores mantienen como convicción, la lealtad en seguir siendo fieles al texto sagrado, a los valores del reino, y a la misión encomendada por nuestro Señor Jesús.

Después del fracaso del hombre en su autosuficiencia modernista, llegó el tiempo del escapismo, del relativismo, del hedonismo, de la búsqueda de la felicidad por la felicidad, de la negación de los absolutos, etc. y a esto los sociólogos le han llamado: el Postmodernismo. El gran desafío está en *¿cómo debemos responder los pastores, maestros, teólogos, escritores, líderes y misioneros a la influencia del postmodernismo que amenaza con anular los valores tradicionales, conservadores y la verdad absoluta revelada por Dios en la Biblia?*

Un primer paso que sugiero es leer el siguiente artículo para que después, el lector mismo tome una decisión con una decisión.

Cambia tu forma de pensar

En mi corazón ha persistido una profunda *preocupación* en los últimos años de ministerio pastoral a causa de la actitud de los cristianos del siglo XXI. Yo creía que esta actitud, nada agradable a Dios y nada satisfactoria para un pastor, se veía solo en otros continentes y en otras iglesias, pero no en la mayoría de las iglesias hispanohablante de los Estados Unidos. La realidad es tal que se ve esto aquí y allá, no solo en el continente latinoamericano sino en el europeo, asiático y africano. Sin embargo, mi mayor preocupación es que esta actitud también está en las iglesias y lo más grave es que *amenaza* con volver a la Iglesia una *comunidad postmoderna,* un tanto light, liberal o superficial. ¿Qué es lo que le hace falta que los pastores hagan para detener esta avalancha destructiva?

Es una *actitud apática* hacia el crecimiento espiritual y de poco compromiso con Dios. Se ve en las iglesias demasiada mundanalidad en la forma de pensar, razonar, sentir, hablar y actuar, tanto que el mundo no cristiano tiene dificultad en distinguir entre el que es cristiano y el que no es. Hay poco interés y preocupación por vivir apegados a la Palabra de Dios. De manera que, *el estilo de vida de la iglesia* no está retando, no está motivando, no está impactando como para que los no cristianos deseen o anhelen buscar una salida a su condición espiritual por medio de la Iglesia o la fe en Cristo. Además, la clase de vida cristiana que está llevando la Iglesia del siglo XXI no está respondiendo a las necesidades y demandas de este mundo; y mucho menos a las de Dios (He. 5:11-6:6). Es tanta la indiferencia y el cinismo espiritual que dicen como los judíos de antaño, "no es tiempo de trabajar para el Señor" (Hg. 1:2).

Esta profunda preocupación es lo que me obligó a reflexionar y preparar esta serie de estudios escritos en mi primer libro, *hacia un nuevo estilo de vida:* renovación espiritual, formación espiritual, edificación y autoridad espirituales. Sin embargo, al terminar estos estudios, y ver la realidad de las iglesias, todavía continuó mi preocupación porque no percibí cambió en la forma de pensar, sentir y actuar de los cristianos. Hay demasiado desinterés en mantener los valores, los fundamentos de la fe y muy poco esfuerzo por luchar porque todo lo que se piense y se sienta; se haga ajustado (apegado) a la Palabra y no a los intereses, habilidades y posibilidades de las personas. Esto me pone el corazón apesadumbrado.

Dallas Willard, quien ha escrito el libro titulado *"Renueva tu corazón, sé como Cristo"*[105] la Palabra de Dios en Romanos 12:2, "No os conforméis a este siglo sino transformaos por medio de la renovación de vuestro entendimiento para que comprobéis cuál sea la buena voluntad de Dios, agradable y perfecta", me han retado a seguir enfatizando la necesidad de tener un nuevo estilo de vida como cristianos que responda a las necesidades del mundo y las demandas de Dios. Esto ha sido el motivo por el cual Dios me encargó esta tarea de escribir el tercer libro que se enfoca en el rescate de los valores que poco a poco han ido desapareciendo por lo cual la sociedad está llegando a ser todo un caos.

---

105   Dallas, Willard, "Renueva tu corazón, sé como Cristo", Editorial Clie, Terrassa, Barcelona, España, 2004. Este libro servirá de base para el desarrollo de este estudio, auxiliado por la Biblia y otros libros más. La razón es porque Dallas hace un análisis de la preocupación que yo tengo y llega a la conclusión que es urgente un cambio en el corazón de donde brotan los pensamientos, los sentimientos y la voluntad.

La fe en tiempos postmodernos; es un valor no negociable

La razón de agregar este el valor de la fe es por la afluencia que ha tenido en mi blog personal, casi los 365 días del año es leído por más de una persona de todo el mundo. Significa esto que la fe es necesaria en el tiempo postmoderno, liberal e incrédulo. Hasta la fecha, abril 7, 2014, más de 87,000, y marzo 2015, 190,000 personas de más de 80 países del mundo están leyendo mis escritos en www.reflexioneshoy.com. Entre los primeros cinco artículos más leídos se encuentra el tema de la fe como un valor necesario para todos los tiempos, más hoy donde el postmodernismo está desvirtuando la autoridad de la Biblia y descalificando la vida cristiana por medio de sus propuestas liberales.

La fe es el valor del cristiano que no se negocia por ningún precio. Este valor identifica, sostiene, fortalece, conecta, da significado, alimenta el alma, es lo que da razón a la existencia. La fe debe ser entendida en el NT en sus diversos usos y significados. 1) La fe salvadora es la capacidad que Dios da de creer en Cristo para vida eterna (Ef. 2:8-9; Ga. 2:16,3:8,24). Es un regalo de Dios que es desarrollada en la persona por medio del Espíritu Santo únicamente para el momento de su regeneración (Jn. 3:3). 2) La fe como un sistema de creencias o cuerpo de verdades (Hch. 6:7) "abrazaron la fe" (Hch. 16:5) "Las iglesias se afirmaban en la fe y aumentaba el número cada día" (Ef. 4:13) "hasta que todos lleguemos a la unidad de la fe". 3) La fe como don espiritual. Getz cree que este don no está necesariamente relacionado con madurez espiritual, ya que Dios lo da a hombres maduros ((Hch. 6:5) pero también a bebés espirituales (1 Co. 1:4-6; 3:1-3). 4) La fe diaria o viva del cristiano (1 Co. 13.12-13). La fe es el producto de observar la Palabra de Dios y creer en sus promesas y debe estar integrada con el diario accionar (He.11:1).

Solo el NT utiliza la palabra fe más de 250 veces. Por ejemplo, "sin fe es imposible agradar a Dios" (He. 11:6). "Si tuvieses fe como el tamaño de un grano de mostaza podrías trasladar esta montaña" (Mt.17:20). Sin embargo, los discípulos dijeron, "Maestro, auméntanos la fe" (Lc.17:5) que en otras palabras querían decir, refuerza la fe, ya que la fe total es dada como parte del fruto del Espíritu en el momento de creer. ¿Qué es lo que pasa? Vivimos la vida cristiana sin tomar en cuenta que tenemos este poderoso recurso que no puede ser ejercitado a menos que mantengamos una vida de santidad y buena relación con Jesús.

La fe es reforzada en la medida que nos deleitemos en el estudio de la Palabra, en la práctica de la oración y en el servicio cristiano (Sa.37:4-7ª; 27:4; 19:7-10). a) La Biblia dice que "la fe viene por el oír la Palabra" (Ro. 10:17) que unido a 1 Jn. 5:13-15, fe es la acción de creer en algo o alguien del cual ya se tiene conocimiento. El creer más el saber es lo que forma la fe que no es más que convicción o la confianza en Dios. En fin, lo que necesitamos hacer para reforzar la fe es *volvernos a la Palabra*, leerla, estudiarla, creerla, memorizarla, disfrutarla, obedecerla y enseñarla. Un cristiano que se disciplina en el estudio diario de la Palabra de Dios promueve el fortalecimiento de su fe. b) El mismo pasaje de 1 Juan 5:13-15 enfatiza la necesidad de orar como demostración de la fe en Dios. Necesitamos creerle a Dios, estar seguro de que lo que Dios ha dicho en su palabra es verdad, que las más de 6000 promesas de Dios en la Biblia son verdaderas (He. 11:6), que quien dice esa palabra existe, es real y verdadero.

¿Por qué Jesús llama la atención a los discípulos en Marcos? Jesús sabedor del poder y de la importancia de la fe en la vida de cada cristiano, y de la iglesia para alcanzar los proyectos de Dios, insistió en que es necesario orar con mucha fe (Mr.6:41.46; 11:23-24; Mt.17:20-21, 21:21-22). En estos pasajes hay algunas frases que describen a una persona que ora con fe. "Repartió los dos peces entre todos", "no dudare en su corazón", "lo que diga le será hecho", "creed que lo recibiréis", "fe como el tamaño de un grano de mostaza", "nada os será imposible", "no dudareis". Leamos Mateo 21:22 "Y todo lo que pidiereis en oración, creyendo, lo recibiréis". Mateo 21:22 "Y todo lo que pidiereis en oración, creyendo, lo recibiréis".

¿Cuál es el problema de los discípulos en Marcos 6:46-52? Es que a pesar de estar cerca del Maestro y ser testigos del milagro de la multiplicación de los panes y los peces, ellos siguen dudando del poder de Jesús. ¿Qué es lo que pasa con frecuencia en nosotros? Es que, a pesar de haber experimentado el poder y la fidelidad de Dios en numerosas ocasiones, en el momento de orar, hay duda e incredulidad en nuestros corazones y no creemos que Jesús tenga poder para hacer grandes cosas.

¿Qué les dijo Jesús a los discípulos que necesitaban en Marcos 9:23-24? Fe, porque al que cree, todo le es posible. Puede repetir dos veces estas frases: "La oración eficaz del justo puede mucho" y "porque sin fe es imposible agradar a Dios". Para el que cree, nada le es imposible, todo le es posible. Recuerde, la oración es un recurso que Jesús nos ha dejado para crecer espiritualmente y para alcanzar todos los proyectos que nos propongamos. Solo que esa oración debe estar soportada por una fe sólida y real. Ningún cristiano será removido de su relación con Dios, aun cuando sea visitado por el oleaje postmoderno, porque su fe en Dios es sólida, genuina, fresca y real.

c) Los cristianos que se involucran en el servicio a Dios tienen más oportunidad de que su fe sea reforzada que los que no sirven a Dios. Hay muchos pasajes en la Biblia que hablan de servir a Dios y confirman que en la medida que servimos a Dios nuestra fe es reforzada. Ro. 12:1-2 se nos exhorta a ofrecer servicio diario a Dios, 1 Co. 4:1-2 dice que todos somos siervos de Cristo y debemos ser fieles (faithful), 1 Co. 15:58 dice que debemos estar firmes y creciendo en la obra sabiendo que vuestro trabajo (servicio) no es en vano. Teológicamente, Cristo nos compró con su sangre, nos redimió de la esclavitud del pecado, le pertenecemos (Sal. 24:1) por derecho de creación y redención, por tanto, somos sus *dulos* (siervos o esclavos). Lo interesante es que cuanto más servimos a Dios, más oportunidad tenemos para que nuestra fe, confianza y dependencia de Dios crezca y se fortalezca. El servicio nos hace exponer la fe en el terreno de la práctica donde es probada como el oro.

¿No cree usted que una de las grandes necesidades que la iglesia necesita reforzar es la capacidad de confiar en Dios en este tiempo postmoderno? La Biblia dice que nuestro Dios es real, poderoso, amoroso, fiel y soberano. Dios es trascendente e inmanente, está con nosotros todos los días, nadie lo puede derrotar, es mayor que todas las cosas y que para él no hay nada imposible. Son tres cosas que debe hacer para reforzar su fe: Estudio de la Biblia personal y disciplinado. La oración como un estilo de vida refuerza y confirma la fe. El servicio nos hace exponer la fe en el terreno de la práctica donde es probada como el oro.

Esta es una de las maneras como un pastor, maestro, evangelista, teólogo y escritor puede hacer frente y responder a las artimañas del postmodernismo, estimulando a cada creyente a permanecer firme en la fe genuina, sólida, diaria, bíblica y espiritual. Cuando una persona vive en una fe con estas dimensiones, nada lo hará mover de sus convicciones, ni dudar de Dios, Su Palabra y las exigencias de la vida cristiana, sino que se mantendrá fiel y leal en todo, aunque le cueste la vida. La fe es un valor no negociable, y, por consiguiente, esta debe prevalecer en la mente y en el corazón. La relación con Dios fortalece la fe la cual nos capacita para vivir cada día con lealtad y firmeza.

Vigila la vulnerabilidad y la insensibilidad de la sociedad

La nueva forma de pensar de las personas del siglo XXI está impulsada por el postmodernismo quienes ven los valores y los estándares de la sociedad con indiferencia, sin importarles. Hay un sobre empoderamiento de la razón humana que ha llevado a poner en tela de duda la existencia de Dios, la autoridad de la Biblia, y la efectividad de los valores éticos morales, espirituales y cívicos. Esto ha hecho que el ser humano piense y se considere autosuficiente; con plena libertad para tomar sus propias decisiones.

Esta forma de pensar, aunque comenzó en el siglo XVII con el liberalismo, hoy, en pleno siglo XXI ha tomado fuerza y con una diversidad de matices. Ya el profeta Isaías señaló este gran error de pensamiento humano, al llamar buenas a las cosas malas y las cosas buenas malas. El postmodernismo dice que no todo lo malo es realmente malo, que no hay verdad absoluta, que todos pueden llegar a la verdad por medio de la razón. Esto ha hecho que los valores que habían sido respetados, guardados y practicados por mucho tiempo, en la actualidad, sean violados, irrespetados y desobedecidos; promoviendo un estilo de vida liberal.

Hoy, muchas personas se toman la libertad de cuestionar, agregar, quitar, cambiar, arreglar, e interpretar la verdad divina plasmada en la Biblia. Cualquier persona decide que es lo que les conviene, lo que se debe hacer, lo que es correcto, aunque esté en total desacuerdo con lo que Dios ha dicho en la Biblia. Lo grave de todo esto es que esta manera de pensar y actuar ya se ha extendido a todas las estructuras de la sociedad y aún a las instituciones religiosas y eclesiásticas.

El gran desafío para los pastores comprometidos en custodiar la sana doctrina, los valores eternos, los principios divinos y la pureza del comportamiento humano sometido a Dios y a la Palabra es que no saben cómo responder, defender, actuar y mantenerse fiel a Dios y la Biblia. Más difícil aún es cuando la proliferación del evangelio viene por parte no solo de los movimientos no cristianos ya reconocidos, sino de falsos maestros disfrazados como evangelistas, predicadores y pastores que interpretar la Biblia incorrectamente para engañar a miles de personas al ofrecerles un evangelio sin requisitos, sin cargas, con una mentalidad tolerante, liberal y material.

En las últimas décadas, el postmodernismo disfrazado de diferentes matices ha ganado mucho terreno al hacer que los gobiernos cambien leyes encargadas de resguardar la ética y los valores de la sociedad. Reconocidas instituciones y organizaciones religiosas están cambiando sus credos y doctrinas que les identifican con tal de favorecer a intereses que no son los de Dios sino de algunas minorías. Todo esto ha hecho que la sociedad cambie su forma de pensar, sentir, decidir y actuar. Tales cambios no siempre favorecen a las mayorías, ni dan estabilidad, garantía, y salud a la sociedad. Tristemente, estos cambios son el producto de una ideología maligna, de la nueva tolerancia, de una mentalidad liberal, racional, individual y mundana.

El comportamiento de la sociedad postmoderna ya se ha radicado en todas las estructuras e instituciones de la sociedad. Algunas denominaciones religiosas y seminarios bíblicos y teológicos antes conocidas como conservadores han abierto sus mentes para escuchar los gritos del hombre en vez de escuchar la voz de Dios dando como resultado el cambio de perspectivas, credos, reglas y prácticas que no necesariamente las aprueba Dios. Es por ello por lo que ya hay iglesias cristianas donde los pastores, líderes y miembros en general dudan de la autoridad e infalibilidad de la Biblia. Eso les da poder para cuestionar, criticar, cambiar y torcer el significado único y original que Dios le dio a la Biblia al inspirarla. De manera que, temas como el divorcio, segundas nupcias, matrimonios entre el mismo sexo, abortos, infidelidad, uso de drogas, están siendo consideradas no necesariamente como malos, sino casi buenos, por lo tanto, Dios los aprueba, tomando el lugar de Dios al decidir lo que es bueno y lo que es lo malo.

El postmodernismo ha contribuido al incremento de la vulnerabilidad y la insensibilidad masculina, al incremento de la tecnología y a la anulación de las cosas antiguas, manuales, y personales. Después de la segunda guerra mundial, el movimiento feminista tomó fuerza, y los roles en la familia sufrieron algunos cambios. Las mujeres decidieron liberarse del rol de madres que les hacía quedarse en casa todos los días mientras el hombre salía a trabajar para traer el pan para la familia. Después de esta guerra, muchos hombres se quedaron en casa haciendo todos los quehaceres mientras la esposa salía a trabajar trayendo el dinero para sostener la casa. Con la revolución industrial, la tecnología tomó tanta fuerza que desplazó mucho de lo que antes era valioso, respetado, aceptado y bien aprovechado. Ese cambio de rol, esa experiencia de ganar el dinero parece que no solo le gustó a la mujer, sino que le dio poder o por lo menos le hizo creer que es capaz como los hombres de hacer todo. Una manera de balancear esta situación llegó para quedarse como un estilo de vida donde tanto hombre como mujer necesitan trabajar debido a las exigencias de modus vivendus de la sociedad postmoderna que es consumista, individualista y materialista.

Dos polos opuestos de comportamiento de quienes representan la familia entraron en constante guerra, ambos reclamando sus derechos, ambos defendiendo sus habilidades, y ambos olvidándose de los roles originales de creación. El postmodernismo ha venido a apoyar la permanencia de esa guerra apoyados en el concepto de igualdad, derechos, potencial, que tanto el hombre como la mujer tienen en este tiempo moderno. Lo que se esperaba es que este cambio de roles o la igualdad de derechos diesen a la sociedad un estilo de vida sano, estable, seguro y perdurable lo cual no ha sucedido así. Al contrario, la sociedad de este tiempo está en crisis, es un caos, está dividida, está en constante pelea, pues la erosión de valores es sin precedente, un bando ve las cosas con la razón, y el otro con la fe, pero solo los últimos están preocupados en hacer lo que Dios ordenó en su Palabra que se hiciera, obedecer a Dios.

Preguntas de Discusión en Grupo

1. ¿Podría mencionar los dos sentidos de la tolerancia y explicar cuando podemos usar la tolerancia correctamente?

2. ¿Explique en qué forma Eli y el rey David usaron mal la tolerancia?

3. ¿Cómo debemos responder los pastores, maestros, teólogos, escritores, líderes y misioneros a esta influencia del postmodernismo que amenaza con anular los valores tradicionales, conservadores y la verdad absoluta revelada por Dios, la Biblia?

4. ¿Qué hacer para vigilar la vulnerabilidad e insensibilidad de la iglesia frente a la nueva tolerancia impulsada por el postmodernismo?

11
Regreso radical

La mejor manera que tiene todo pastor para hacerle frente a la avalancha del postmodernismo y sus aliados es la Biblia, la Palabra de Dios. No necesitamos inventar formas, estrategias, mecanismos, alternativas para responder a la fuerte oposición e influencia de este mundo caótico, materialista, liberal, tolerante, sin valores, acomodados a un sistema de este mundo, regidos por su propio razonamiento, la Biblia es suficiente. Todo pastor debe creer, respetar, obedecer y enseñar la Biblia. Todo cristiano debe creer en la Biblia como la máxima autoridad divina para todo el tiempo, respetarla en todo lo que en ella está escrito, porque es la Palabra de Dios, y el obedecerla en todo su estilo de vida y enseñarla para cultivar los valores en la nueva generación es nuestro máximo deber.

El temor de Dios: el valor de los valores

Los valores son elementos que se transmiten de generación a generación, de familia a familia, de padre a hijo. Solo que para que mantengan su pureza y eficacia requiere que se mantenga el proceso de cultivación. A lo largo y ancho de la vida hemos oído, visto y conocido muchos valores, es más, algunos los hemos practicado. Una nota positiva es que nunca se es viejo para cultivarlos y nunca es tarde para comenzar a practicarlos, ya que en todo tiempo y a toda edad traen satisfacción, remuneración y son preventivos.

Un valor es una propiedad que tienen las cosas, acciones y personas en virtud de las cuales nos sentimos atraídos, aceptados o rechazados. Los valores no son la vida, pero son necesarios para la vida. Son más que enseñanzas, son convicciones que se enseñan, modelan y demuestran. Los valores son principios, enseñanzas, convicciones y verdades que no se imponen, sino que se enseñan para ser adoptados. En Proverbio 22:6, los padres *enseñan e instruyen,* pero no los imponen a la fuerza, sino que el hijo es quien decide aceptarlos, adoptarlos o rechazarlos. Así que, un valor es una virtud, una cualidad o habilidad que tienen las personas, las cosas, las acciones, las enseñanzas y las verdades.

El reto de los valores está en la calidad de tiempo en que vivimos. Hoy es más difícil mantener los valores, pero hoy es más urgente cultivarlos. 2 Ti. 3:12 dice: "En los postreros días vendrán tiempos difíciles porque habrá hombres desobedientes a los padres". Luego 2 Ti. 4:3-4 describe la calidad de ese tiempo y de las personas que vendrán, quienes buscarán relativizar la verdad absoluta y menospreciarán los valores espirituales de la familia. La familia no puede aguantar la presión del presente siglo, a menos que regrese a la estructura original y reconozca la necesidad de ser fiel a las directrices de Dios para la familia.

Hoy tenemos el mayor de los retos, cultivar valores preventivos en nuestra familia para asegurar el destino de nuestros hijos. El valor de los valores es que estos contribuyen en la formación de la personalidad de nuestros hijos, de la próxima generación que sostendrá y guiará a esta sociedad. La iglesia refuerza la labor de la familia. La iglesia es un remanso de valores, pero el hogar es el crisol donde se forja el carácter de la persona o del cristiano. Salmo 144:12.

Sin embargo, el valor del cual dependen todos los valores es el temor a Dios (Pro. 1:7; Ecl. 12:13; Job. 28:28). El temor hacia Dios ha de ser la prioridad de vida de todo ser humano, de toda institución, ya sea la familia, la escuela o el gobierno para que beneficie a la sociedad (Sal. 128: 1a). Me encanta comenzar con Proverbios 1:7 *"El principio de la sabiduría es el temor de Jehová"*. Sin embargo, de inmediato me siento obligado a buscar referencias previas y posteriores a la idea del temor de Dios en la Biblia. El predicador Albert Martin dice que hay entre 150 y 175 referencias distintas y explícitas en cuanto al temor de Dios.

Unas pocas referencias en el Antiguo Testamento. Ge. 31:42 "Si el Dios de mi padre, Dios de Abraham, y temor de Isaac, no hubiera estado conmigo, ciertamente me hubieras enviado ahora con las manos vacías". Éxodo 18:21 dice: "Además, escogerás de entre todo el pueblo hombres capaces, temerosos de Dios, hombres veraces que aborrezcan las ganancias deshonestas, y los pondrás sobre el pueblo como jefes de mil, de cien, de cincuenta y de diez". Job 1:1 "Hubo un hombre en la tierra de Uz llamado Job; y era aquel hombre intachable, recto" (Job 1:1). Luego, tenemos el alma interna de esa vida: "temeroso de Dios". Job 28 dice que "la fuente de ese temor es Dios", luego Salomón en Eclesiastés 12:13 dice "el todo de una persona es temer a Jehová".

También hay referencias en El Nuevo Testamento. Mateo 10:28 Jesús dice: "Y no temáis a los que matan el cuerpo, pero no pueden matar el alma; más bien temed a aquel que puede hacer perecer tanto el alma como el cuerpo en el infierno". Jesús vino a reforzar este valor y a enseñar que la gente ame, respete, reconozca y adore a Dios. Ef.5:21 dice, "someteos unos a otros en el temor a Dios".

Sin embargo, deseo hacer referencia a los Salmos 127,128:1,4. Encontramos los siguientes aspectos: 1) Solo con Jehová como fundamento se puede edificar una familia que agrade a Dios. 2) Solo cuando se teme a Jehová se puede ser feliz y bendecido. (Salmo 128:4b). 3) Solo cuando cada miembro de la familia teme a Dios, se apega a la palabra y cumple las funciones que le corresponde, entonces estarán dejando un legado inolvidable a la próxima generación.

¿Por qué se debe temer a Dios? Por lo que él es para nosotros (Dt. 4:6, 15, 24, 10,12) y por lo que él hará si no lo respetamos

(Dt. 4:25-31). *¿Qué significa temer a Jehová?* El temor de Dios es el alma de la piedad. Sin ese temor, la piedad es solo religiosidad. El temor del Señor es la parte principal del conocimiento, no es temor del terror o pánico, sino al temor de la veneración, del sobrecogimiento y de la reverencia. El temor de Dios es el reconocimiento de la persona y de la presencia misma del Dios santo por lo cual le adoramos y hacemos todo para congraciarnos con él y darlo a conocer por medio de nuestras vidas.

Significa en primer lugar, *creerle.* Prov. 1:7 en otras versiones es traducido, *"necio es el hombre que no reconoce a Dios".* Segundo lugar, *obedecerle.* Ge. 12:3 comparado con Hebreos 11:7-19 dice que Abraham fue considerado hijo de Dios, porque *obedeció al hacer todo lo que Dios le mandó hacer, porque creyó en Dios y su palabra.* Por último, *darlo a conocer* todos los días a quienes no lo han aceptado y reconocido como su Dios. A Josué le dice "solamente esfuérzate y sé valiente, no te aparte a ningún lado, solo obedece", y de esta manera fue reconocido como el Dios de Israel. En tercer lugar, significa honrarlo, adorarlo, amarlo y celebrarlo en santidad, fidelidad, compromiso y entrega.

Resumen: Solo la familia que ha hecho a Jesús como el Señor de sus vidas, y del hogar es la que agrada a Dios. No es suficiente con ser buena gente, piadosos, religiosos; es necesario tener una relación personal con Dios a través de Jesucristo. Esta es la decisión que hará cambios en cada persona y en toda la sociedad al vivir apegados a la Biblia, guiados por el Espíritu Santo, saturados del amor de Dios y comprometidos con la misión de Jesús. Este es el desafío de todos los pastores, enseñar a cada miembro de sus iglesias a vivir bajo el temor de Dios cumpliendo estos cuatro paradigmas.

La Biblia como el fundamento bíblico-teológico-práctico

Este es el *fundamento bíblico-teológico-práctico* e indispensable para alcanzar la auténtica formación espiritual en cada cristiano. Dice Kenneth Gangel y James Wilhoit en el libro ***"The Christian´s Handbook on Adult Education"*** "Sin la autoridad de las Escrituras, el protestantismo puede pronto venir a ser solo un eco de una sociedad decadente". ¿Cómo puede haber crecimiento normal en una persona si no hay alimento espiritual adecuado?

San Pablo escribió inspirado por el Espíritu Santo: "Toda la Escritura es inspirada por Dios, y es útil para enseñar, para redargüir, para corregir y para instruir en justicia, a fin de que el hombre de Dios sea perfecto, enteramente preparado para toda buena obra" (2 Ti. 3:16-17). La Biblia es como una espada de dos filos que no solo sustenta-alimenta-prepara-capacita, sino que unido a Efesios 6:13-18 como parte de la armadura, sirve para defenderse de los ataques de toda índole. Un cristiano no puede ser formado espiritualmente aparte de la Biblia y una iglesia no puede ser fuerte, saludable, estable-firme y madura espiritualmente si no toma en serio la Palabra de Dios como el manual de conducta, de autoridad, fuente de nutrición, fortaleza y bendición.

Estos son algunos detalles importantes con relación al regreso a la Biblia. Ya lo he dicho, la mejor manera de detener la influencia del postmodernismo es que todo pastor vuelva a enseñar a sus iglesias a conocer y estudiar con seriedad la Biblia, a acatar y obedecerla con lealtad la Palabra de Dios y vivirla y enseñarla con autoridad. Hay tres niveles de percepción de la Palabra: *Los que están hambrientos y sedientos por oír y aprender la Palabra. Los que aprenden solo si se les exige. Los que no se esfuerzan ni tienen interés por oír, leer y menos estudiar la Biblia.* Esto hace imperioso el trabajo del pastor, enseñar a la iglesia a volver a Dios y su Palabra.

Niveles de percepción de la Palabra

(1) *Para <u>percibir</u> la Palabra de Dios se debe **escuchar con interés.** Ro. 10:17. Se debe Escuchar:* en los templos y las casas (Sal. 27:4, Hch.5:42). Medios de comunicación, lecturas diarias, devocionales, etc.

(2) *Para <u>conocerla</u> debe **leerse con disciplina.***- Leer diariamente libro por libro (Dt. 17:19) Leer porciones seleccionadas (Ap. 1:3), etc. Leerla disciplinadamente, con prioridad.

(3) *Para <u>disfrutarla</u> se debe **estudiar con anhelo y disposición*** (Esd. 7:10). - Lectura rápida para un panorama general. Lectura con curiosidad para observar elementos especiales. Lectura subrayando textos claves y hacer preguntas. Resuma el pasaje en una oración y aplíquela a usted.

(4) *Para <u>entenderla</u> se necesita **meditarla con mucha reflexión*** (Sal. 1:2-3) ¿Por qué meditar en la Palabra? En la meditación hay satisfacción, placer (Sal. 104:34), al meditar se encuentra la voluntad de Dios (Jn. 5:39, Ro. 12:1-2) y la meditación nos hace fuertes en la fe (Prov. 4:23; Jn. 15:7). ¿Cómo podemos meditar para sentirle sabor a lo que leemos? Isa. 43:10.

(5) *Para <u>recordarla</u> se debe **memorizar con creatividad*** (Prov.7:1-3) ¿Cómo podemos memorizarla? Buscando un versículo que le enseñe, antes repita la cita, lea tres veces seguidas el texto en voz alta, divida el versículo en frases, busque las palabras claves, escriba el versículo en una hoja de papel, borre frases claves, ponga música o parafraséelo. ¿En qué forma ayuda la memorización? Conocemos más a Dios (1 Pe. 1:14-21), muestra el camino a la salvación y la perfección (2 Ti. 3:16-17), ayuda al crecimiento espiritual (Jn. 5:39) y da fuerza para resistir la tentación (Sal. 119:105).

(6) *Por último, para <u>enseñarla</u> antes debe **aplicar así mismo (Stg. 1:22).** Esta es la parte que nos hace mucha falta en estos días, aplicarla y enseñarla. Aquí está el vacío, el impase, la gran necesidad que la iglesia debe llenar, obedecerla, vivirla y enseñarla.

La Biblia es la principal fuente de teología y compromiso educacional. Es el código de valores que mide nuestro crecimiento, habla de nuestro nivel espiritual, testifica de nuestro desarrollo en Cristo. Quiere decir que el ministerio de formación espiritual que impulsa todo pastor debe estar centrado, enfocado, guiado, respaldado, soportado y monitoreado por la Biblia. Una iglesia, un pastor y un cristiano sin Biblia no es una iglesia, un pastor y un cristiano del Señor. Es por ello por lo que la gran responsabilidad de un pastor, de una iglesia y de un cristiano es *conocer* la Biblia, *obedecer* la Biblia y *enseñar* la Biblia. Se debe enseñar a la iglesia a amar, escudriñar, investigar, memorizar, aplicar, obedecer, respetar y compartir la Palabra de Dios de manera diaria, disciplinada y como un estilo de vida.

Se necesita conocer, obedecer y enseñar la Biblia

Los pastores no necesitamos hacer trucos para que la iglesia crezca, y se mantenga en una relación saludable, fresca, y transparente con Dios, solo necesitamos volvernos a Dios y su Palabra. La gran responsabilidad que todo pastor debe cumplir en este siglo XXI para no solo hacerle frente a la avalancha del postmodernismo sino debilitarlo hasta eliminarlo promoviendo la disciplina espiritual en la iglesia para *conocer, obedecer y enseñar* la Biblia como la Palabra de Dios.

Significa conocerla y creerla (Salmo 128:1b) (1 Pe. 2:1-2). -El ABC de la vida cristiana en cuanto a la Biblia está en el Salmo 119, debe abrir el corazón para recibirla (v.1-8), beberla para crecer en la fe (v.9-16) y creerla para obedecerla (v.17-24). Hace unos años escribí tres folletos para los grupos de crecimiento titulados, "Conozcamos a Dios a través de la Biblia". La meta era estudiar toda la Biblia destacando un atributo de Dios por cada libro. Con los primeros tres manuales estudiamos los 39 libros del AT. El propósito de esta serie era que cada miembro de cada grupo evalúe a la luz de la Biblia sobre la importancia de que cada cristiano alcance un conocimiento suficiente acerca de Dios y que como resultado adquiera firmeza, estabilidad, y madurez espiritual para ser dirigido por el Espíritu Santo y Dios cumpla su voluntad en cada hijo. En mi primer libro, Hacia un nuevo estilo de vida, refiriéndome a la instrucción bíblica que debe recibir una iglesia:

> ¿Qué significa e implica que la iglesia sea instruida en todo el consejo de Dios? Que la iglesia leerá, conocerá, estudiará toda la Palabra de Dios desde Génesis hasta Apocalipsis lo cual debe ser coherente con la obediencia, vivencia, práctica y enseñanza de la iglesia en su estilo de vida. Leer, conocer y estudiar todo el consejo de Dios requiere un profundo esfuerzo personal. No es suficiente con el sermón dominical y el estudio de la semana, se necesita más tiempo para poder observar, apreciar, y disfrutar la Palabra de Dios. Puede hacerse de manera sistemática, libro por libro, tomando notas, sintetizando los pensamientos y repasando las enseñanzas. Además del profundo esfuerzo no solo por oír la Palabra de su pastor y estudiarla personalmente, se requiere una actitud correcta hacia el consejo de Dios. Todo cristiano interesado en conocer todo el consejo de Dios debe hacerlo con la convicción de que esta es la Palabra de Dios y fuente del crecimiento espiritual.

El cristiano que anhela ser formado espiritualmente se acerca a la Biblia con fe, humildad y obediencia. No se limita a solo conocerla, sino que se proyecta a obedecerla o practicarla (Stg. 1:22-23; 2 Ti. 3:16-17). Quien reconoce y acepta la Biblia como la Palabra infalible de Dios, poderosa para transformar vidas, la busca con *hambre y sed*, la *desea* con desesperación y la *disfruta* con satisfacción (Sal. 27:4, 63:1, Mt. 5:6, 1 Pe. 2:2; Heb.5:14, 4:12).

Se requiere humildad para recibir la instrucción de Dios

y obediencia para practicarla en todo lo que nos ordena que hagamos (Stg. 1:22-23; Fil. 4:8-9; 2 Ti. 3:16-17). Eso es lo que la Iglesia Primitiva hizo en (Hechos 2:42), *"perseveraban en la doctrina (enseñanza) de los apóstoles"* quienes no conocían otra enseñanza que no fuera la que recibieron y aprendieron del mismo Jesús. ¿Qué es lo que marca la diferencia entre la Iglesia Primitiva y la iglesia contemporánea en relación con la instrucción que recibe? Es el compromiso profundo en *estudiar* la Palabra de Dios con mucho esfuerzo y en *obedecerla* con humildad. Ellos estaban seguros de que lo que les enseñaban y lo que enseñaban era la Verdad, la Palabra de Dios y la obedecían a toda costa como la máxima autoridad.

En resumen, *buscaban* con fe, hambre y sed la Palabra de Dios al leerla, observarla, estudiarla, investigarla y memorizarla. Pero por el otro lado, la *practicaban* al obedecerla, vivirla, enseñarla y compartirla con humildad. Cuando la Iglesia es instruida en todo el consejo de Dios, esta habla, transforma, cambia, forma y hace crecer integralmente. Esto enseña (Fil. 4:8-8, Stg. 1:22-23). Esta es la clase de instrucción que la Iglesia Primitiva recibía, tal instrucción es la que les hizo crecer: en cantidad y cantidad. [106]

El cristiano debe aprender a abrir el corazón para oír la Palabra de Dios, y creerla. (Sal 119:1-8; Ro. 10:17). El cristiano debe alimentarse de la Palabra con un corazón limpio para crecer (v.9-16). Significa leerla, estudiarla y meditarla en el corazón. Esto requiere una *búsqueda constante* de la Palabra para meditar y gozar de su bendición, pero *requiere compromiso por obedecerla y compartirla*. Solo cuando se está saturado de la Palabra podemos ser controlados por ella (1 Pe. 2:2). El cristiano debe conocer la pa-

---

[106] Gómez, Luis Alberto, *Hacia un nuevo estilo de vida*, Editorial Palibrio, Bloomington, IN, 2012:103-4.

labra para saber vivir (v.17-24). El abrir el corazón para conocerla y el meditar para disfrutarla nos hace responsables de obedecerla y compartirla. Este es el deseo de Jesús, que todos guardemos (obedezcamos) su palabra como señal de nuestro amor hacia él (Jn. 17:12,17). Abrir el oído a la Palabra, beberla desde el corazón y obedecerla con convicción.

En el año 2011 desafié a 100 miembros de la Iglesia a aceptar el reto de leer toda la Biblia en 40 días. Prepare un programa con la distribución de todos los capítulos de la Biblia de tal manera que en 40 días podíamos leerla. Al final, a pesar de que muchos aceptaron el reto, solo unos cuantos terminaron juntamente conmigo. Otra manera de impulsar el conocimiento de la Biblia fue a través de la lectura de la Biblia en un año en el 2012. En este caso, animé, exhorté e invité a 30 hermanos que aceptaran el reto de leer la Biblia en un año. Cada día, cada hermano leía 3 capítulos en orden cronológico comenzando en Génesis, y de los tres capítulos, su servidor escogía un tema difícil, curioso, desconocido e importante que se menciona en alguno de los capítulos y desarrollé un devocional. Al final del año, unas 15 personas testificaron que terminaron de leer la Biblia y más de 600 páginas de los 365 devocionales que preparé. Aprovecho para adelantar que, en unos años, estos 365 devocionales formarán parte de un manual de devocionales diarios de toda la Biblia.

El año 2013, desarrollé una serie de estudios titulados: *El estilo de vida del cristiano, o paradigmas de comportamiento de la iglesia: vidas apegada a la Palabra de Dios, vidas sometidas al control del Espíritu Santo, vidas saturadas del amor de Dios, y vidas comprometidas a la misión de Jesús.* Vivir apegados a la Biblia es la solución a la realidad de decadencia de esta sociedad en que vivimos, donde la iglesia misma ha perdido de vista el propósito de su existencia, y urge un regreso sincero a la Palabra de Dios como prioridad.

Los cristianos del primer siglo tenían en sus vidas un *lugar predilecto* para las Escrituras, daban a las Escrituras un *valor moral, espiritual y educacional* para sus vidas, lo más importante, habían tomado la *decisión de regirse o someterse* a ella en todo. Por regla, todos eran sometidos al estudio, memorización y acatamiento de las Escrituras en los primeros 13 años. Esta debe ser la actitud y la decisión que los padres y la iglesia del siglo XXI han de tomar, la de conocer consciente y seriamente la Palabra de Dios, respetarla y amarla con sinceridad y lealtad; y finalmente enseñarla disciplinadamente.

Juan escribió: "Escudriñad las Escrituras porque en ella os parece que tenéis la vida eterna" (Jn.5:39). "Toda la Escritura es inspirada por Dios y útil para enseñar, para reprender, para corregir y para instruir en justicia a fin de que el siervo de Dios esté enteramente capacitado para toda buena obra" (2 Ti. 3:16-17). "Una cosa he prometido a Jehová, esta buscaré, que esté yo en la casa de Jehová todos los días de mi vida para contemplar la hermosura de Jehová y para *inquirir* en su Templo" (Sal. 27:4). Es por ello que San Pedro dice: *"Desead como niños recién nacidos la leche espiritual no adulterada"* (1 Pe. 2:1-3). Significa que, en los templos, el púlpito debe ser usado por los pastores, maestros, evangelistas, y líderes para enseñar la Palabra tal como Dios ha ordenado que se enseñe, sin sustraer o restar, sumar o agregar, coartar, imponer, cambiar y/o parafrasear el contenido original.

El reto entonces es, *no solo conocer a Dios* por medio de la Biblia sino *obedecerlo* por medio de una relación estrecha. Un cristiano, un matrimonio, y una familia consagrada y esforzada no solo por conocer a Dios sino por obedecerlo se rigen por lo que la Biblia dice, y cumple su rol ante la sociedad lo cual resulta en iglesias saludables e influyentes.

Implica acatarla y someter la vida a la Biblia (Sal. 128:4b, Pro. 3:1-9). - *La iglesia primitiva escuchaba, acataba y enseñaba la Palabra de Dios (Hch.2:41-42, 4:4, 13,19-20,29-32, 5:42).* - El que creía en Jesús, de inmediato transmitía a otro su experiencia (Hech.11:19-23, 18:5). Es lo que hizo Saulo, el endemoniado gadareno, la mujer samaritana, y la iglesia que no dejaba de predicar (Hch. 13:5, 7,12) y defender lo que creían, porque estaban seguros de que era la verdad (Hech.18:4,28). Estaban dispuestos no solo a sufrir sino hasta morir antes que negar su fe (Hch. 14:19-23), mucho menos cambiarla o intercambiarla.

El resultado de vivir la fe en Dios es la obediencia total. - A Dios se obedece porque se cree (He. 11:1). Por ejemplo, Abraham obedeció sin pedir detalles y explicaciones, porque le creyó a Dios. Someter la vida a la Palabra es obedecer incondicionalmente aun cuando no lo entendemos. Es caminar en fidelidad aun cuando se tenga dificultad y es vivir creyendo que lo que Dios dejó escrito en su Palabra es su perfecta voluntad (Sal. 128:1b, 4b- Pro. 3:1-9). *"Bienaventurado el hombre que anda (vive) en sus caminos con temor a Dios".*

Lo que Dios desea es que cada uno *acate* lo que la Biblia ordena y la obedezca incondicionalmente. Incluye cumplir las funciones por naturaleza (Sal. 127,128). - El padre trabaja, provee, guía para criar a sus hijos en el temor de Dios (Sal. 127, 128:2). La madre cría (da a luz, amamanta), cuida, protege y vela en temor a Dios (Sal. 128:3). Todo hijo de Dios, por naturaleza debe cumplir su función dentro del Cuerpo (Ef. 4:16), como esposo y padre debe amar, proveer, educar, guiar y representar a Dios en el hogar. Como esposa y madre debe amar, respetar, obedecer, co-administrar, guiar a los hijos y representar a Dios. Como hijos e hijas, hermanos y hermanas; amar a Dios, a los padres, obedecer y representar a Dios en todo lugar.

Solo cuando cada miembro de la familia teme a Dios, se apega a la palabra y cumple las funciones que le corresponde, entonces estarán dejando un legado inolvidable a la próxima generación. Mamás, papás, hijos, hermanos; el mejor legado, la mejor herencia, lo mejor de lo mejor que podemos hacer en beneficio de la próxima generación es vivir bajo el temor de Dios y en obediencia a la Palabra. El llamado que se hace a los cristianos es a *volvernos a la Palabra en este tiempo* donde se está cumpliendo Efesios 4:14, y 2 Timoteo 4:3-4. Insisto, el reto hoy es, *no solo conocer a Dios* por medio de la Biblia sino obedecerlo por medio de una relación estrecha.

Urge regresar a Dios y la Biblia a nuestras vidas, iglesias, escuelas, hogares.

La Anne Graham, en una entrevista describe el error en que está la sociedad presente con mucha sabiduría, conocimiento, asertividad y contundentes ejemplos, e implícitamente presenta la solución. En la entrevista que le hicieron a la hija de Billy Graham en el Early Show, Jane Clayson le preguntó,

"¿Cómo pudo Dios permitir que sucediera esto?" (Se refería a los ataques del 11 de septiembre). Anne Graham dio una respuesta sumamente profunda y llena de sabiduría. Dijo: "Al igual que nosotros, creo que Dios está profundamente triste por este suceso, pero durante años hemos estado diciéndole a Dios que se salga de nuestras escuelas, que se salga de nuestro gobierno y que se salga de nuestras vidas. Y siendo el caballero que Él es, creo que se ha retirado tranquilamente. ¿Cómo podemos esperar que Dios nos dé Su bendición y Su protección cuando le hemos exigido que nos deje estar solos?" A la luz de ciertos sucesos recientes... ataques terroristas, balaceras en las escuelas, etc., creo que todo comenzó cuando Madeleine Murria O'Hare (fue asesinada, hace poco que se descubrió su cuerpo) se quejó de que no quería que se orara en nuestras escuelas, y dijimos que estaba bien. Luego alguien dijo que mejor no se leyera la Biblia en las escuelas...la Biblia dice no matarás, no robarás, amarás a tu prójimo como a ti mismo. Y dijimos que estaba bien. Luego el Dr. Benjamín Spock dijo que no debíamos pegarles a nuestros hijos cuando se portan mal porque sus pequeñas personalidades se truncarían y podríamos lastimar su autoestima (el hijo del Dr. Spock se suicidó). Dijimos que los expertos saben lo que están diciendo. Y dijimos que estaba bien. Luego alguien dijo que los maestros y directores de los colegios no deberían disciplinar a nuestros hijos cuando se portan mal. Los administradores de las escuelas dijeron que más valía que ningún miembro de la facultad de las escuelas tocara a ningún estudiante que se porte mal porque no queremos publicidad negativa y por supuesto no queremos que nos vayan a demandar (hay una gran diferencia entre disciplinar, tocar, golpear, cachetear, humillar, patear, etc.). Y dijimos que estaba bien. Luego alguien dijo, dejemos que nuestras hijas aborten si quieren, y ni siquiera tienen que decirles a sus padres. Y dijimos que estaba bien. Luego uno de los consejeros del consejo de administración de las escuelas dijo, ya que los muchachos siempre van a ser muchachos y de todos modos lo van a hacer, démosles a nuestros hijos todos los condones que quieran para que puedan divertirse al máximo, y no tenemos que decirles a sus padres que se los dimos en la escuela. Y dijimos que estaba bien. Luego algunos de nuestros principales funcionarios públicos dijeron que no importa lo que hacemos en privado mientras cumplamos con nuestro trabajo. Estuvimos de acuerdo con ellos y dijimos, no me importa lo que nadie, incluyendo el presidente, haga en su vida privada mientras yo tenga un trabajo y la economía esté bien. Luego alguien dijo vamos a imprimir revistas con fotografías de mujeres desnudas y decir que esto es una apreciación sana y realista de la belleza del cuerpo femenino. Y dijimos que estaba bien. Y luego alguien más llevó más allá esa apreciación y publicó fotografías de niños desnudos, llevándola aún más allá cuando las colocó en Internet. Y dijimos que estaba bien, tienen derecho a su libertad de expresión. Luego la industria de las diversiones dijo, hagamos shows por televisión y películas que promuevan lo profano, la violencia y el sexo ilícito. Grabemos música que estimule las violaciones, las drogas, los suicidios y los temas satánicos. Y dijimos, no es más que diversión, no tiene efectos negativos, de todos modos, nadie lo toma en serio, así que adelante. Ahora nos preguntamos: ¿por qué nuestros niños no tienen conciencia, por qué no saben distinguir entre el bien y el mal, y por qué no les preocupa matar a desconocidos, a sus compañeros de escuela, o a ellos mismos? Probablemente, si lo pensamos bien y despacio, encontraremos la respuesta. Creo que tiene mucho que ver con "LO QUE SEMBRAMOS ES LO QUE RECOGEMOS."

Es curioso cómo la gente simplemente manda a Dios a la basura y luego se pregunta por qué el mundo está en proceso de destrucción. Es curioso ver cómo creemos lo que dicen los periódicos, pero cuestionamos lo que dice la Biblia. Es curioso cómo se mandan "chistes" por la red y se riegan rápido como pólvora, pero cuando empiezas a mandar mensajes del Señor, la gente lo piensa dos veces antes de compartirlos. Es curioso cómo hay artículos lujuriosos, crudos, vulgares y obscenos que circulan libremente por el ciberespacio, pero la discusión de Dios en público se suprime en las escuelas, los espacios de trabajo y a veces hasta en el hogar. Es curioso ver cómo nos preocupa más lo que piensan los demás de nosotros que lo que Dios piensa de nosotros.[107]

Es volvernos a los objetivos originales según Dios y su Palabra

Me encanta la respuesta de Anne Graham a la pregunta "¿Cómo pudo Dios permitir que sucediera esto?" refiriéndose a la caída de las torres gemelas en New York el 11 de septiembre del 2001. Me gusta porque en su respuesta no solo describe la realidad caótica de la sociedad por haber sacado a Dios de todo el acontecer, sino que presenta de manera implícita la solución, es volver a darle el espacio que Dios se merece. Significa dejar el espacio legítimo que le corresponde por derecho de creación, providencia, redención y soberanía. Esto implica también, que cada uno se vuelva a Dios y a las instrucciones originales del arquitecto original del universo, de la humanidad, del matrimonio, de la familia, del estado y de la sociedad.

El regreso ha de comenzar en el corazón. Dice el Salmo 119:11 ¿con qué limpiará el joven su camino? Con guardar su palabra. Así que, todo cristiano, todo líder, todo matrimonio, toda familia y la iglesia en general debe conocer a Dios y de Dios por medio de la Biblia y tener una estrecha relación con él. La Iglesia debe recibir una instrucción bíblica, integral, contextualizada, y bien presentada. La instrucción debe basarse en la Biblia y ha de venir de la Biblia. Debe enseñarse todo el consejo de Dios, libro por libro, desde Génesis hasta Apocalipsis, pero todo cristiano debe esforzarse, anhelar y buscar con esmero el conocer la Palabra con una actitud correcta de fe, humildad, obediencia y respeto.

Roberts Evans un minero de carbón fue llamado por Dios en 1904 para predicar en Gales. Antes de comenzar este ministerio

---

107   Palabras de Vida, Entrevista hecha Anne Graham, hija de Billy Graham en el Early Show, Jane Clayson le preguntó, "¿Cómo pudo Dios permitir que sucediera esto?". http://palabrasdevida.info/y-dijimos-que-estaba-bien-anne-graham

oró 4 años para que Dios le permitiera predicar. Su primer mensaje ante 17 curiosos el miércoles fue: 1) Debemos confesar todo pecado conocido a Dios, 2) Debemos terminar con todo hábito dudoso de su vida, 3) Debemos obedecer la inspiración del Espíritu Santo y 4) Debemos hacer público el testimonio de Cristo. En otras palabras, es un regreso radical a Dios basado en 2 Cro. 7:14.

La instrucción que recibe la iglesia además de ser bíblica debe ser integral, en el sentido de que toma en cuenta a las personas como el objeto de la instrucción, las necesidades de las personas y del ambiente o el escenario, y la enseñanza es dada tomando en cuenta las diferentes edades de los oyentes. La instrucción debe ser contextualizada al aplicar la Palabra a la situación, necesidad y persona en particular. Por último, la instrucción debe ser bien presentada. Significa que quien la enseña debe estar aprobado por Dios, ejemplo, coherente, diligente, actitud de siervo y sabe preparar, interpretar y explicar la palabra de verdad. La iglesia cuando por largo tiempo ha estado dormida; necesita despertar, abrir los ojos del corazón y los oídos del alma para oír la voz de Dios.

Volvernos de nuestros pecados (2 Cro. 7:14). - Arrepentirse es dar media vuelta y hacer un cambio. En este pasaje se refiere al cambio en la forma de pensar "confesar los pecados personales, familiares y del pueblo". Este es un paso importantísimo en la vida del cristiano y de la iglesia que marca la diferencia. Es una confesión, personal, eclesial y nacional, porque no solo hemos pecado como personas, como iglesias sino como nación. Tanto pastores, como instructores y gobernantes hemos sacado a Dios del diario vivir y nos hemos atribuido el derecho y la libertad de tomar nuestras propias decisiones sobre como pensar, sentir, actuar y vivir.

Volvernos voluntariamente a los objetivos originales de Dios. - Es volvernos a Dios y su Palabra. Jesús dijo: "Si me amáis, guardad mis mandamientos". Una iglesia sin Palabra perece (1 Sa. 3:1; Hab. 3:2; Sal. 119:26). Así que, debemos regresar a la Biblia y reconocerla como la voz, la voluntad, la Palabra, el manual de conducta y fe del cristiano y máxima autoridad de Dios para la Iglesia. Los objetivos originales son: dar gloria a Dios, edificar el cuerpo de Cristo y proclamar el evangelio.

Es volver a regocijarnos en Dios (vida de contentamiento) (Sal. 37:3-7ª). - Una iglesia humillada delante de Dios en una vida de oración se regocija en Dios. La iglesia pasa tan afanada en tratar de hacer tantas cosas que se ha olvidado de alegrarse en Dios. Con frecuencia los afanes de este mundo nos hacen olvidarnos de lo más importante de la vida cristiana que es estar bien con Dios. Hacemos todo lo posible por quedar bien con el vecino, jefe o cliente, pero no hacemos muchos por estar bien con Dios. Según el Salmo 85:6; 37:5-7, la iglesia debe aprender a gozarse, alegrarse y deleitarse en Dios. El cristiano debe rebosar de alegría al contemplar a Dios, su amor, poder, misericordia, majestad y belleza Sal. 27:4.

Cada lector necesita concluir que el regresar a Dios y la Biblia es la mejor arma que tiene y que es suficiente para enfrentar al movimiento postmodernista que atenta con destruir los valores, los principios, y la fe del ser humano en Dios. Vuelvo a decir, el pastor, el maestro, el teólogo, el misionero, y el escritor no necesita hacer trucos para que el evangelio avance, la iglesia crezca, solo necesita vivir de acuerdo con la Biblia, al plan de Dios, saturados del amor de Dios, guiados por el Espíritu y comprometidos con la misión de Jesús. Esto es suficiente porque implica una relación estrecha, santa, fiel y transparente con Dios.

El gran engaño del siglo XXI
Isaías 27-29

En la actualidad hay muchísimas mega iglesias donde miles de cristianos se reúnen para adorar a Dios. Pero también hay alrededor del mundo miles de iglesias pequeñas donde muchos cristianos se reúnen para adorar a Dios. El criterio para determinar el éxito de estas para muchos es la cantidad de personas congregadas. Otro parámetro para determinar el éxito es su pastor predicador, su fama y poder de convocación que tiene al atraer a multitudes. Hay un tercer parámetro que muchas iglesias grandes y pequeñas iglesias afirman que son iglesias bendecidas, ungidas, y exitosas, por la manera como alaban a Dios.

¿Cuál de los tres parámetros considera usted que está más en sintonía con el criterio que Dios tiene sobre el verdadero éxito de una iglesia? Porque una iglesia puede ser exitosa según el criterio de Dios, aunque esta no sea de las más grandes en número. Lo anterior no significa que las iglesias pequeñas tienen o no tienen éxito. El éxito según la perspectiva de Dios es diferente a la del hombre.

Trate de descubrir lo que sucede en Isaías 29:9-16. Después de leer este pasaje, observe que Dios hizo caer en el pueblo de Israel un sueño que cerró los ojos para que no pudiesen leer ni entender la palabra que los profetas les predicaban. ¿Qué es lo que no les permite leer o entender la Palabra que Dios les da? El versículo 13 ofrece la respuesta y este versículo descubre el gran engaño en el que no solo el pueblo de Israel había caído sino las grandes y pequeñas iglesias del siglo XX. Es el gran engaño en el que muchos cristianos han sucumbido al quedarse con tan solo la adoración de labios, pero no la de corazón.

¿Podemos engañar a Dios cuando lo adoramos solo con labios, pero no con el corazón? Una pregunta más específica sería, ¿A qué se refiere cuando dice que los judíos se acercaban a Dios con su boca y con sus labios lo honran? Creo que es exactamente lo que están experimentando muchas iglesias evangélicas alrededor del mundo, sean estas grandes o pequeñas, están adorando a Dios solo con sus labios, lo honran con todo su esfuerzo personal, con todos los recursos disponibles, con la firme intención de sentirse bien, ser aplaudidos, ser reconocidos por los demás, ser felicitados, y engrandecidos.

Cuando las grandes iglesias se conforman con tener un predicador famoso y asisten a sus iglesias no para adorar a Dios sino para escuchar a su pastor famoso, esto es acercarse a Dios solo con la boca, y honrar a Dios solo de labios. Cuando las personas se congregan en las iglesias solo para ver qué clase de milagro hace su pastor, solo están honrando a Dios con los labios. Cuando los cristianos se conforman con el ruido, el canto, la fama, y la cantidad de personas que tiene su iglesia, están acercándose a Dios solo con la boca.

Lo que se ve es a líderes que controlan, dominan y que se enseñorean de las iglesias como si les perteneciera. Si abundan los miembros que se enojan con rapidez porque se les llama la atención por no hacer bien el ministerio, o porque no se les da espacio para servir, o porque no se les tomó en cuenta en las actividades de la semana, o porque no le llamaron durante la semana. Hay mucha inmadurez y un enanismo espirituales sorprendente, y es en lo que había caído el pueblo de Israel por lo cual, no podían leer ni entender la Palabra.

Amado amigo, no sé si te enojas cuando no te felicitan, no sé si tú cuando cantas lo haces a la fuerza, no sé si tú eres capaz de servir a Dios sin haber confesado delante de Dios una falta cometida la noche anterior. Eso es honrar a Dios solo con los labios, pero no con el corazón, y eso es hipocresía, eso es pecado, y todo lo que tú haces, por muy bien, por muy lindo, aun cuando todo mundo te haya aplaudido y felicitado, sigue siendo desagradable a Dios, es solo adoración de labios. Dios está cansado de este estilo de adoración, donde nos preocupamos más por los instrumentos, por las voces, por los directores, y por el tipo de música a emplear antes de la calidad de relación que se tiene con Dios, vida de santidad del ministro, del buen testimonio del que sirve a Dios, de la fidelidad, compromiso, entrega e involucramiento que tiene en la obra de Dios.

Dios no puede ser burlado, Dios busca corazones limpios, contritos y humillados antes que la música, voces, enseñanzas, ofrenda, servicio, predicaciones, milagros, fama y grandeza. Dios busca fidelidad, ante todo, Dios busca tu corazón no tu profesión, tu corazón no tu voz, tu corazón no tu música. Por favor, no caigas en el engaño donde quien es adorado eres tú, o el diablo y muy poco Dios (Isaías 29:13).

Preguntas de discusión en Grupo

1. ¿Cuál es el valor para la iglesia si se aplica a seguir los 6 niveles de asimilación de la Palabra?

2. ¿Qué significa e implica que la iglesia sea instruida en todo el consejo de Dios?

3. ¿Cuál es el precio por pagar por volvernos a los objetivos originales de Dios?

4. ¿Significado y valor de tener vida de contentamiento hoy?

5. ¿Cuál de los tres parámetros considera usted que está más en sintonía con el criterio que Dios tiene sobre el verdadero éxito de una iglesia?

6. ¿Podemos engañar a Dios cuando lo adoramos solo con labios, pero no con el corazón?

Conclusión

Hoy ya no leemos, solo "vemos", y lo que vemos no es precisamente los valores cristianos, sino los valores propios de la cultura postmoderna no solo en los Estados Unidos sino en todo el mundo. Lo que tanto ha costado erigir en cuanto a los valores cristianos en nuestras familias, está siendo velozmente erosionado por la influencia que nos rodea. La erosión de valores promueve un cambio de creencias, costumbres, hábitos, y comportamientos que lamentablemente no respeta edad, estatus social, creencias religiosas, por lo tanto, muchos pastores e iglesias débiles e inseguras en su identidad son movidas con facilidad hasta optar por dichos cambios vendiendo así, su identidad.

¿Dónde están entonces nuestras prioridades? ¿Cuándo seremos capaces de ofrecer una imagen de iglesia sólida, firme y saludable que usa todos los recursos que tiene de parte de Dios para "aliviar" el hambre de nuestro pueblo? ¿Acaso no decimos que ese papel le corresponde al gobierno? ¿Pero, no somos acaso del mejor gobierno existente, el gobierno del Reino de Dios sobre la tierra? Ante la tragedia que agobia a nuestra sociedad estamos para "celebrar y alabar" las maravillas de Dios, y sentirnos compungidos por lo que no estamos haciendo.

A pesar de todo, no cabe la menor duda que vivimos tiempos bastante complejos y difíciles, pero de gran oportunidad para la Iglesia. En vez de sentirnos amedrentados ante los profundos retos que nos plante la postmodernidad, al menos entre la clase media y profesional, busquemos mecanismos para presentar el mensaje del Evangelio a nuestra sociedad sin apartarnos de la verdad de la Biblia. En ese sentido, y para mucha de nuestra clase media el movimiento neo pentecostal ha sido muy efectivo, pero en el proceso, mucho del evangelio ha sido distorsionado a través de enseñanzas ajenas y falsas, y lo que es peor, en el esfuerzo de presentar el mensaje a nuestro mundo, hemos también sacrificado el mensaje.

Los pastores se preguntan: ¿cuál será el método más efectivo para hacer crecer la iglesia? Porque lo cuantitativo ha anulado lo cualitativo. Así, las técnicas de mercadeo se aplican a la actividad de la iglesia, haciendo de esta un club social y espiritual de gente religiosa que, por medio de un culto, una ofrenda, y un sentido diluido y aplicado "según el deseo popular" que acalla sus conciencias; encubren sus pecados. La iglesia es un gran mercado que le ofrece a cada cual aquello que más le complazca, olvidándose del verdadero objetivo de su existencia, dar gloria y honra a Dios.

¿Cuál es entonces el papel de la Sagrada Escritura en la formación de la iglesia donde predomina la cultura de la imagen? ¿Dónde quedaron los grandes sermones expositivos del texto bíblico ante los mensajes en power point de nuestros días? ¿Cómo y qué estamos haciendo para lograr que nuestro pueblo recupere el amor por el estudio de la Palabra y los valores tradicionales? ¿Dónde están las exégesis contemporáneas que nos invitan a profundizar en materia bíblica y teológica? ¿No es acaso cierto que una gran superficialidad espiritual y de conocimiento se ha apoderado de muchos cristianos? Vivimos en un mundo "Light" y el consumismo es la tónica de nuestros días. La iglesia nos es ajena, porque es humana, y vive inmersa en un mundo caído y separado de Dios. No debe permitir que los patrones del mundo la conformen.

Estos son los grandes retos, que, a mi juicio, tenemos que responder ante las nuevas incursiones del mundo globalizado y postmoderno, que aún es rescatable en nuestro entorno, puesto que en la vieja Europa y en los Estados Unidos postmoderno, los "mega relatos" como el expresado en la Sagrada Escritura, ya no tienen ninguna validez para el hombre del siglo XXI.[108]

Insisto, el regreso a la Biblia, la disciplina de leerla, el buen hábito de obedecerla y el profundo compromiso en enseñarla es el mejor recurso que tenemos los cristianos para defender lo que

---

108   Dr. Federico A. Meléndez, LA BIBLIA FRENTE AL DESAFIO DEL POST-MODERNISMO, Para tener todo el artículo ingrese a la página: https://es.scribd.com/document/373934963/Postmodernidad-en-Guatemala

creemos y amamos. La Biblia unido a una serie de valores que alcancemos a rescatar por medio de fomentarlos, es el recurso con el que todo pastor, maestro líder, evangelista, teólogo, misionero y escritor cuenta para sustentarse, defenderse y atacar para que el reino de Dios sea recibido, aceptado y celebrado. Es por ello por lo que, en la primera parte del libro, invito al lector a conocer un poco acerca del movimiento que está absorbiendo los buenos valores de nuestra sociedad, para luego en la segunda parte presentar por lo menos 11 valores que necesitamos rescatar.

El orden de los valores no está desarrollado en base al nivel de importancia, no obstante, estos llevan cierta secuencia. Tuve mucha duda en cuanto al orden de importancia o necesidad, pero más que todo en decidir si encabezaba el desarrollo de los valores con un capítulo exclusivo para conocer en qué consiste el movimiento postmoderno. La duda, por un lado, tomó fuerza y espacio por lo extenso que es el tema del postmodernismo que podría hacer perder el interés en el lector. Pero por el otro lado, yo sabía que la terminología postmoderna estaría incluida en cada valor desarrollado. Finalmente, decidí por lo primero, encabezar el libro con el tema del postmodernismo, pero de manera escueta e iría mencionando, contrastando y evaluando la influencia que tiene sobre la sociedad actual, pero al mismo tiempo estimulando al lector a utilizar cada valor amparado en la Biblia como el recurso más valioso que tenemos para frenar, detener y de ser posible, triunfar sobre esta fuerza maligna.

Las iglesias evangélicas necesitan ser re instruidas a la luz de la Biblia sobre todo estos valores para que una nueva generación resurja con mayor fuerza, vigor y seguridad para defenderlos. Somos nosotros los padres, los pastores, los maestros y los líderes quienes con humildad, ejemplo, carácter y fidelidad debemos enseñarlos, pero más que ello, modelarlos.

¿Considera usted que esto de rescatar los valores es un asunto utópico tomando en cuenta la realidad en que está la sociedad actual? Creo que todos podemos hacer algo por **rescatar estos**

valores que nuestros ancestros nos enseñaron. Ellos los aprendieron de una sociedad libre de malicia, solo sabían practicarlos, pues aún no habían inventado los antónimos de los valores. Pareciera imposible, pero no lo es. Todo está en que nos comprometamos con Dios y con nosotros mismos para iniciar de manera individual este significativo trabajo, el de rescatar los valores, lo cual es una inversión que vale la pena hacer. No espere que el vecino comience a hacerlo, comience usted a vivir y modelar los valores. Vuélvase al Dador de los valores, al que es la esencia de los valores, a Dios, la Biblia y el evangelio, conózcalo, créalo y obedézcalo, y allí estará poniendo la base hacia una nueva sociedad (Prov. 1:7). Esto no es un esfuerzo de una semana, un mes, o un año, esto es un proceso que dura toda la vida, pero una vez comience, de inmediato comenzará a ver la diferencia.

Resumen y recomendaciones:

1. Vuélvase a Dios, a la Biblia, al Espíritu Santo, al amor de Dios, a la misión de Jesús y haga un compromiso de lealtad con Dios donde promete vivir cada valor enseñado en la Biblia. Viva solo para enseñarlos comenzando en casa, en el trabajo, en la calle, en la escuela, en el templo, con los hijos, con el pariente, con los vecinos, con la iglesia; en todo lugar y en todo tiempo.

2. Haga un compromiso con usted mismo donde delante de Dios promete vivir el resto de sus días para estudiar, investigar, enseñar y modelar los valores ante la generación actual con la esperanza que de esta resurja una nueva generación con mayor fuerza, vigor y seguridad para defenderlos.

3. Pastores, misioneros (as), teólogos (as), maestros (as), y líderes solo necesitan volver a la Biblia, la Palabra de Dios. Esta es la armadura, el recurso suficiente unido al Espíritu Santo para desarticular las artimañas y los planes del postmodernismo. Usted no necesita otra estrategia sino solo la de enseñarla con lealtad. Deje que esta diga lo que Dios quiso decir cuando la inspiró, pero más que enseñarla a diestra y a siniestra, con celo y fidelidad; obedézcala y vívala para que alcance el mayor impacto.

4. Iglesias, maestros (as) y líderes, ocúpense en enseñar la Biblia. No la relegue a un segundo plano, y al enseñarla deje que ella misma se interprete, no le imponga sus razonamientos, criterios o interpretaciones. Ella misma como la Palabra de Dios sabe que debe hacer, Dios la dejó con un propósito y eso es lo que hará, no la diluyamos.

5. Padres, hermanos (as) e hijos (as) dediquen mayor tiempo para escuchar a Dios en su Palabra, más que otras cosas como TV, internet, teléfonos inteligentes, tabletas, películas, celulares, etc. Padres hablen más de Dios, hijos pregunten más acerca de Dios, hermanos compartan más de Dios, todos busquemos a Dios en su Palabra. La Biblia es la Palabra de Dios.

6. Líderes, directores (as), presidentes (as), y coordinadores (as) de las grandes instituciones eclesiásticas y teológicas; enfóquense más en la Palabra y menos en los asuntos sociológicos, tecnológicos, modernos, humanísticos, filosóficos, científicos, estructurales, comunicación moderna, relaciones institucionales, acomodamientos a la sociedad moderna, que, aunque son buenos, pero si están anulando la autoridad, poder y centralidad de la Biblia, es necesario reordenar las prioridades.

7. Pastores, a ustedes me dirijo como pastor, volvamos más a Dios y a la Biblia y tendremos el suficiente soporte para saber responder a los desafíos del postmodernismo, a la globalización sincretista y mal intencionada. En la medida que seamos leales a Dios y a los valores que la Biblia enseña, y no solo los enseñamos, sino que los modelamos; poco a poco el postmodernismo dejará de avanzar, y no podrá llegar al trans-modernismo, sino que la sociedad nueva resurgirá con fuerza, solidez, valor, carácter y mejor futuro. Desde hace unos 4 años, yo hice este compromiso, que, en los siguientes 15 años, mi ministerio siempre estará enfocado en investigar, estudiar, vivir, enseñar y escribir sobre los valores. Haz ese compromiso tú también.

8. A usted me dirijo, si ya es un hijo (a) de Dios, lo (a) exhorto a dedicar el resto de sus días a impulsar, enseñar, y modelar los valores que la Biblia enseña (Fil. 4:8-9), los buenos valores que sus padres le enseñaron, aquellos que buscan una sociedad justa, confiable, con una cultura de perdón, respeto, integridad, autenticidad, matrimonios al estilo de Dios, educación familiar integral, que practica la tolerancia a la luz de la Biblia, que enseña a creer en Dios, obedecer la Biblia, a amar a los demás como Dios lo manda.

Si aún no eres hijo (a) de Dios porque no has abierto tu corazón a Cristo, el primer y gran valor es el temor a Dios (Prov. 1:7). Una vez recibas a Cristo como tu Salvador personal, será el comienzo de todos los valores, los cuales estarás impulsado a desarrollarlos mientras vivas sobre la tierra. Así que, entrega tu corazón a Cristo hoy, dile, "Señor necesito que me recibas como tu hijo, pido perdón por mis pecados, pero a partir de este día, quiero vivir para obedecerte, en el nombre de Cristo, amén".

9. Finalmente, todos los gobernantes de la tierra, presidentes, gobernadores, congresistas, senadores, alcaldes y demás líderes. Todos ustedes han sido comisionados por Dios en primer lugar a promover los valores morales, cívicos, espirituales e intelectuales basados en lo que desde el inicio se tenía como el código de valores, la Biblia. No olviden, Dios los ha puesto en ese lugar (Ro. 13:1-10); él los puede quitar si ustedes no cumplen con esa obligación. Y si por su propio razonamiento, presión, interés, o voluntad se alejan de esos valores que buen resultado han dado por centenares de años, tendrán que dar cuenta delante de Dios, y, es más, Dios se reserva el derecho soberano no solo de moverte del lugar donde estás, sino de castigarte, castigo que puede alcanzar hasta una tercera y cuarta generación. Vamos, respetable autoridad, hagan lo bueno, y no hagan cosas buenas que parecen malas, y no hagas cosas malas diciendo que no son tan malas, que casi son buenas, y, por lo tanto, deben permitir que se hagan.

10. Si estamos juntos y empeñados en rescatar los valores perdidos seremos mejores, pero si estamos unidos y comprometidos en no solo enseñarlos sino en vivirlos y modelarlos, triunfaremos, seremos una sociedad invencible.

Mi aporte fue gritar con voz al cuello sobre la necesidad de rescatar los valores y plasmar estos gritos en páginas de papel que, aunque parezcan mudas, estas tienen poder para impactar y promover el cambio. Tu parte será leer este libro, si ya lo hiciste, te felicito (a), pero ahora eres mucho más responsable de no solo vivir los valores sino enseñarlos y aplicarlos en primer lugar en tu casa y en tu diario vivir, para que quienes estén en contacto contigo, los vean en ti y decidan imitarte.

Dios nos ayude
a ser fieles
mientras dure
nuestro peregrinaje
sobre la tierra.

Dr. Luis A. Gómez

Epílogo

Tener el carácter y la determinación de defender los valores morales es el desafío urgente que nos hace el Dr. Luis Gómez, en su libro "Al rescate de los valores". Él los llama valores originales descritos en la Palabra de Dios. Sin duda que no es una tarea fácil porque significa enfrentarse al status quo, a un sistema bien entramado y porque no decir, a la cultura que hemos heredado y que se ha transmitido de generación en generación, a la cual la iglesia se ha ido adaptando y hasta sin darse cuenta de ello.

Alguien tiene que decirnos que esto es una verdadera crisis en la que vive nuestra sociedad, son los antivalores los que se practican y todo gracias al postmodernismo, el cual sacó a Dios de la escena y colocó al hombre como el centro de todo. El autor hace todo un análisis histórico acerca del postmodernismo y como el correr del tiempo ha ido permeando de manera sutil la vida de la familia y de la iglesia.

El autor nos propone una lista de valores que son considerados fundamentales para contrarrestar la influencia del postmodernismo. Estos valores no podrán ser practicados si no son enseñados desde el hogar, como la primera escuela para los niños y las niñas. De allí que es sumamente importante recuperar el verdadero rol de los padres, que modelen ellos primero una buena conducta y que sean capaces de ofrecer a sus hijos una educación integral, teniendo como fundamento la Palabra de Dios.

No podemos negar que en este siglo XXI es la familia la que está enfrentando la mayor crisis. Ser "padres responsables" es una tarea muy difícil, pero es la más gratificante de todas. Requiere unidad, compromiso, fidelidad, responsabilidad y trabajo en equipo, y es en el seno del hogar en donde primero debemos ser sal y luz, como lo dijo Jesús en Mateo 5:13-16.

El contenido del libro se puede resumir en dos grandes secciones: La primera es un abordaje al Postmodernismo y la segunda sección hace un desarrollo amplio de nueve valores morales y espirituales. Desde el punto de vista del autor son estos valores los que más se han deteriorado con el tiempo.

Lo más importante es poder dar testimonio en todo el contenido del libro, el cual está respaldado por el estilo de vida del autor. Su celo por la obra de Dios ha demostrado a lo largo de su vida ministerial, la pasión y la valentía que lo han impulsado a proclamar el evangelio de Jesucristo, en los países en los que ha desarrollado su ministerio. Su coherencia en la práctica de estos valores en su propia familia lo han respaldado siempre en el ministerio.

Vale la pena leer y disfrutar el contenido de este libro, rogando al Señor que pueda provocar una reflexión honesta sobre aquellos aspectos de la cultura postmoderna que han tenido una influencia negativa. En el ser y que hacer de la iglesia, que nos conduzca a hacer los cambios necesarios y que el Espíritu Santo nos inspire.

Isaú Chávez
Licenciado en Psicología
Máster en Administración de Empresas

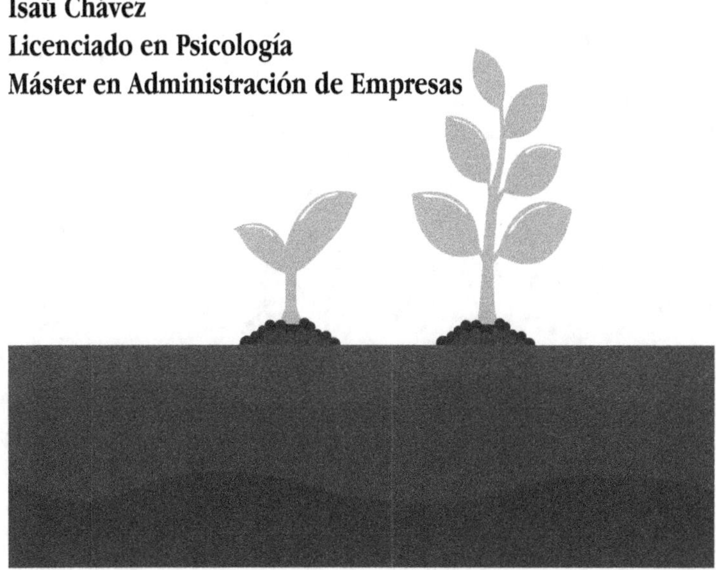